Andreas Ebert

Die Spiritualität des Enneagramms

Andreas Ebert

Die Spiritualität des Enneagramms

Claudius

Bibliografische Informationen Der Deutschen Bibliothek
Die Deutsche Bibliothek verzeichnet diese Publikation in der Deutschen Nationalbibliografie; detaillierte bibliografische Daten sind im Internet über <http://dnb.ddb.de> abrufbar.

Birkerstraße 22, 80636 München
www.claudius.de

Foto Seite 110: Lagois
Umschlaggestaltung: © HildenDesign, München
Druck: fgb, freiburger graphische betriebe

ISBN 978-3-532-62362-6

Ohne Vision geht das Volk zugrunde.
(Sprüche 29,18)

Müht euch um euer Heil mit Furcht und Zittern!
Denn Gott ist es, der – über euren guten Willen hinaus –
in euch das Wollen wirkt und das Vollbringen.
(Philipper 2,12f)

Wach auf, der du schläfst, und steh auf von den Toten,
so wird Christus dich selber erleuchten.
(Epheser 5,14)

Die Frucht des Geistes ist Liebe, Freude, Friede, Geduld,
Freundlichkeit, Güte, Treue, Sanftmut und
Selbstbeherrschung.
(Galater 5,22)

Wir fallen und wir stehen auf,
wir fallen und wir stehen auf,
und abermals fallen wir und stehen wieder auf.
Wir finden die Stärke aufzustehen,
indem wir Gott unsere Schwäche bekennen.
(Der Mönchsvater Pachomius)

Meinen Lehrern und geistlichen Begleitern:

Richard Rohr,
Dietrich Koller,
Franz Jalics,
Peter Musto,
Christian Herwartz

Inhalt

Einleitung

„Ich will zweierlei erkennen: Gott und die Seele. Sonst nichts? Nein, sonst nichts!“ Dieses programmatische Bekenntnis des Kirchenlehrers Augustinus bringt die christlich-spirituelle Suchbewegung auf den Punkt. Ähnlich bei Franz von Assisi, der in der Einsamkeit der umbrischen Berge wieder und wieder zum Himmel gerufen haben soll: „Wer bist du? Und wer bin ich?“ Aus der Begegnung mit dem Du Gottes erhofft er letztgültigen Aufschluss über sich selbst. Aber auch umgekehrt: Nur auf dem Weg der Selbsterfahrung und Selbsterkenntnis ist für ihn wirkliche Gottesbegegnung möglich. Dieses dialektische Verhältnis hat Blaise Pascal sinngemäß so formuliert: „Gotteserkenntnis ohne Selbsterkenntnis führt in die Überheblichkeit. Selbsterkenntnis ohne Gotteserkenntnis führt in die Verzweiflung.“

Was hat das Enneagramm mit dieser doppelten Suchbewegung zu tun? Das Enneagramm hat in den letzten Jahrzehnten weltweit viele Millionen Menschen angesprochen und beeinflusst. Obwohl die Ursprünge und Hintergründe dieses geheimnisvoll aussehenden Symbols und typologischen Modells nicht vollständig aufgeklärt und von Mythen umrankt sind, erleben es viele Menschen als hilfreiches Werkzeug, um sich selbst, ihre Mitmenschen und zugleich Gott bzw. dem „Göttlichen“ neu und vertieft zu begegnen.

In vielfältigen Arbeitsfeldern hat sich das Enneagramm inzwischen bewährt. Eine Studie an einer der renommiertesten US-amerikanischen Universitäten (Palmer und Daniels, Palo Alto, Stanford University) hat die hohe Validität des Modells klinisch nachgewiesen. Im deutschsprachigen Raum gibt es seit 20 Jahren eine große Fülle und Bandbreite von seelsorgerlichen und therapeutischen Erfahrungen. Das Enneagramm wird zum Beispiel in der evangelisch-lutherischen Kirche in Bayern zur Weiterbildung von Pfarrerinnen und Pfarrern eingesetzt; viele katholische Orden nutzen es zur Supervision ihrer Gemeinschaften oder im Rahmen von geistlichen Exerzitien. Unter den über 500 Mitgliedern des Ökumenischen Arbeitskreises Enneagramm gibt es einen hohen Anteil von spirituell, therapeutisch oder sozial qualifizierten und arbeitenden Mitgliedern. Das Enneagramm lässt sich nicht als esoterischer Humbug abtun.

Freilich gibt es auch ernst zu nehmende Kritik am Enneagramm und an einer bestimmten Weise, mit ihm umzugehen. Als Enneagrammlehrer und geistlicher Begleiter mit langer Erfahrung kenne ich die Tücken dieses Modells nur zu gut und versuche, mit ihnen nüchtern und kritisch umzugehen:

– Allzu leicht wird das Modell mit der Wirklichkeit verwechselt, was zu einer plakativen Vereinfachung komplexer Zusammenhänge führt. Menschen werden mit-

Die Gefahr, Menschen auf ihr Enneagrammmuster zu reduzieren, ist zu Beginn der Arbeit mit dem Enneagramm besonders groß.

hilfe des Enneagramms von anderen (oder von sich selbst) in Schubladen eingeordnet, auf ihr Enneagrammmuster reduziert und so zur „Nummer“ – anstatt in ihrer komplexen Eigenart und Einmaligkeit wahrgenommen zu werden. Diese Gefahr lauert vor allem zu Beginn der Arbeit mit dem Enneagramm, wenn komplexe Zusammenhänge notwendigerweise reduziert und vereinfacht dargestellt werden müssen, damit seine Grundzüge deutlich werden.

- Das Enneagramm kann zur „selbst erfüllenden Prophezeiung“ werden, wenn sich Menschen mit ihrem Enneagrammtypus *überidentifizieren.* Unbewusst verstärken sie Verhaltensweisen, die in das angenommene Muster passen. Es kommt zu einer „Enneagrammfixierung“, die Erstarrung fördert, anstatt der Verlebendigung zu dienen. In diesem Zusammenhang kann auch das eigene Enneagrammmuster zur Ausrede werden: „Ich bin nun mal eine NEUN und kann nicht anders ...“
- Enneagrammatische Einsichten werden als „Herrschaftswissen“ gegen andere missbraucht, um ihre Verhaltensweisen einzuordnen oder vorherzusagen. Diese Gefahr ist beispielsweise gegeben, wenn das Enneagramm im Bereich der Wirtschaft eingesetzt wird, um bestimmte Kundentypen gezielt zu manipulieren.

Alles, was nicht Gott ist und uns dennoch besetzt und in Beschlag nimmt, wird zum Götzen.

- Das typologische Enneagramm der Fixierungen beschreibt einen *Zustand,* aber keinen *Prozess.* Dabei bleibt eine wichtige Frage letztlich ungeklärt: Wie kann die spezifische Blockade gesprengt werden? Wie kommt Leben, das in einem Muster fixiert ist, wieder in Fluss?

Die innere Arbeit mit dem Enneagramm *beginnt* notgedrungen mit der Suche nach der eigenen Fixierung. Die sich dabei ergebende Identifikation mit einem der neun Muster des Enneagramms hat spirituell jedoch einen paradoxen Sinn: Sie dient gerade der *Überwindung* des Musters. Ich muss erkennen, womit ich *unbewusst identifiziert* bin, damit ich mich *bewusst desidentifizieren* kann.
Die *erste* spirituelle Aufgabe besteht darin, Abstand zu gewinnen von Gewohnheiten, Mustern und automatischen Verhaltensweisen. Die Entwicklung solcher Fixierungen rührt daher, dass wir vom göttlichen Ursprung des Lebens, unserer Gottebenbildlichkeit, und von den *Heiligen Ideen,* der Anteilhabe am göttlichen Sein, abgetrennt sind und deswegen von Kindesbeinen an eine Notlösung bzw. einen Ersatz suchen, um zu überleben. Die Überlebensstrategie manifestiert sich in unseren Automatismen und Fixierungen. Sie ahmt in gewisser Weise die verloren gegangene ursprüngliche Lebensenergie nach (Martin Luther: „Der

Teufel ist der Affe Gottes!“), aber sie vermag das Vakuum nicht wirklich auszufüllen. Mit der Rückwendung zu Gott werden jene Muster entwurzelt, in denen das falsche Selbst (das Ego) Gestalt angenommen hat. In den *östlichen* Religionen spricht man in diesem Zusammenhang vom Nicht-Anhaften. In den *monotheistischen* Religionen spielt das Verbot des Götzendienstes eine zentrale Rolle. Im Grunde geht es beide Male um dasselbe: Alles, was nicht Gott ist und uns dennoch besetzt und in Beschlag nimmt, wird zum Götzen: „Woran du dein Herz hängst und worauf du dich verlässt, das ist eigentlich dein Gott“ (Martin Luther, Großer Katechismus). Unsere Fixierung auf ein falsches Ideal ist Götzendienst. Um Abstand zu gewinnen, muss ich Festschreibungen und unbewusste Festlegungen, denen ich anhafte, zunächst wahrnehmen. Götzen müssen beim Namen genannt werden, damit sie stürzen können. Wer sich beispielsweise allzu sehr mit der Helferrolle identifiziert und auch von anderen in dieser Rolle wahrgenommen und auf sie festgelegt wird (Muster ZWEI), muss begreifen, dass es sich um eine *Rolle* handelt – und nicht um sein *wahres Selbst*. Der notorische Helfer vergötzt sich selbst, indem er sich göttliche Autorität anmaßt („Ich weiß, was für dich gut ist“) oder dem Messiaswahn erliegt („Ich bin für die Rettung der ganzen Welt zuständig“). Er muss bewusst aus dieser Rolle aussteigen und – zum Beispiel – ein gesundes

Selbstliebe, Nächstenliebe und Gottesliebe sind kommunizierende Röhren.

Maß an Selbstfürsorge entwickeln, anstatt ständig andere zu „retten". Das aber ist nur möglich, wenn die Attraktivität der „Heiligen Idee" und die Ausrichtung auf sie zunimmt

(im Falle der ZWEI ist es vor allem die Idee der „Heiligen Freiheit") und die betroffene Person Verantwortung für das eigene Leben übernimmt, von Gewohnheiten ablässt und sich der heilenden Kraft der Heiligen Idee überlässt. Zur Erlangung solcher Erkenntnisse und bei den daraus folgenden Befreiungsprozessen kann das Enneagramm unschätzbar wertvolle Hilfe leisten. Es analysiert und benennt den Ist-Zustand und weist den Weg zur Desidentifikation.

Die *zweite* spirituelle Aufgabe, bei der das typologische Enneagramm einen respektablen Beitrag leisten kann, besteht in der verstehenden und nicht-verurteilenden Annahme der Mitmenschen. Nach christlicher Lehre sind Gottesliebe und Nächstenliebe kommunizierende Röhren. Wie es um unsere Gottesbeziehung wirklich steht, lässt sich an dem Maß realer Nächstenliebe ablesen, zu der wir fähig sind (Franz Jalics). Jesus identifiziert sich insbesondere mit den „Kleinsten", also denen, die übersehen werden und gesellschaftlich im Schatten stehen. Das Maß an Respekt und Verständnis im Umgang mit ihnen spiegelt „mathematisch genau" (Jalics) unseren realen spirituellen Zustand. Das Enneagramm ist zudem die einzige Typologie, die aufzeigt, wie wir allmählich in die ethische Spitzenforderung Jesu hineinwachsen können, die Feindesliebe! Denn der Feind, der Gegner, konfrontiert uns mit unserem „Schatten“, unseren verdrängten und nicht gelebten unbewussten Anteilen. Nehmen wir den *äußeren* Feind an, dann lernen wir gleichzeitig auch, unseren *ärgsten* Feind zu lieben, uns selbst. Auch Selbstliebe und Nächstenliebe sind kommunizierende Röhren. Mit der Feindesliebe wachsen die Selbstliebe und die Gottesliebe. Mit der Selbstannahme wächst die Toleranz für andere. Wenn der Geist Gottes uns bei der Lösung aus unserem Muster hilft und wir geistlich hineinwachsen in die „Gemeinschaft der Sünder und Heiligen“, zu der Christus, der Fürst des Friedens, einlädt, dann entfaltet sich eine Dynamik, die Unmögliches möglich macht. Indem das Enneagramm wertfrei neun unterschiedliche Charaktermuster beschreibt, lädt es zum barmherzigen Umgang mit sich selbst und anderen ein. Wir *alle* sitzen im selben Boot, wir *alle* haben den Kontakt zur Quelle des Daseins und zu den aus dieser Quelle fließenden Heiligen Ideen verloren. Wir *alle* sind erlösungsbedürftig. „Wir sind alle Sünder und können uns vor Gott nicht rühmen“ (Paulus, Römer 3,23). Deswegen sind Überheblichkeit und Selbstbeweihräucherung unangebracht; die Solidarität der Verwundeten hingegen kann zum Ausgangspunkt der Heilung werden.

Das Enneagramm lehrt *drittens,* wie man in die Tugenden

und Geistesgaben hineinwachsen kann, die Paulus beschreibt (1. Korinther 12-14), und wie die neun Früchte des Geistes reifen können: Liebe, Freude, Friede, Geduld, Freundlichkeit, Güte, Treue, Sanftmut und Selbstbeherrschung (Galater 5,22). Wesentlich an diesen Geistesfrüchten ist, dass es sich um Eigenschaften Gottes handelt. Jedes Enneagrammmuster birgt eine dieser Früchte in besonderer Weise in sich. Reift sie heran, so nimmt ein Aspekt Gottes Gestalt an und trägt im Zusammenspiel mit den anderen göttlichen Eigenschaften zur Befreiung, Versöhnung und Heilung aller bei. Echte spirituelle Gemeinschaft ist immer „Gemeinschaft der Sünder" (Dietrich Bonhoeffer, Gemeinsames Leben) und der Verwundeten und niemals Gemeinschaft der Gerechten oder gar Selbstgerechten. Unter dieser Prämisse entwirft Paulus sein Kirchenmodell. Gerade den Schwachen, Übersehenen oder Verachteten kommt dabei eine Schlüsselrolle zu (1. Korinther 12-14).

Jedes der neun Muster ist wie gesagt eine Notlösung und Überlebensstrategie in einer gefährlichen und feindseligen Welt. Wir alle sind verwundet und gezeichnet, fixiert und erlösungsbedürftig – auch wenn die Symptome der Menschheitskrankheit beim einzelnen Menschen unterschiedlich ausgeprägt sind. Nur in der Solidargemeinschaft der Gebrochenen und Gebrechlichen ist Heilung möglich. In der Ge-

Der Ort, wo Wunden und Sünden nicht mehr versteckt werden müssen, ist ein heiliger und heilender Ort.

meinschaft der vielfältig Verwundeten leuchtet bereits die versöhnte Gemeinschaft der von Gott Begabten und Erlösten auf. Der Ort, wo Wunden und Sünden nicht mehr versteckt werden müssen, ist ein heiliger und heilender Ort. Heilung beginnt mit Annahme und ermöglicht nicht zuletzt, dass der durch die Verwundung unterbrochene geistliche Wachstumsprozess erneut in Gang kommt. Die Identifikation mit der Opferrolle hat ein Ende. Blockierende Schuldzuweisungen können losgelassen werden. Selbstverantwortetes Leben wird wieder möglich.

Wenn das Enneagramm ein brauchbares Instrument sein oder werden soll, das zur Reifung und Heilung von Individuen, Gemeinschaften und Gesellschaftsordnungen beitragen kann, muss seine spirituelle Intention geklärt werden. Es bedarf einer Art Gebrauchsanweisung für den Umgang mit diesem grandiosen und gleichzeitig hochsensiblen und darum potenziell auch gefährlichen Werkzeug.

Seit fast 20 Jahren arbeite ich als Seelsorger und Seminarleiter mit dem Enneagramm. Die Einführung von Richard Rohr und mir („Das Enneagramm – die neun Gesichte der Seele") hat sich als „Longseller" erwiesen; das Interesse an Seminaren und Workshops zum Thema ebbt nicht ab. Aus zahllosen Briefen und Begegnungen weiß ich, wie wichtig der Impuls des Enneagramms für den spirituellen Aufbruch oder die Reifung und Entwicklung vieler Menschen gewor-

Das Enneagramm ist ein verlässlicher Spiegel,
der spirituelle Illusionen aufdeckt
und gleichzeitig ermutigt,
den nächsten Schritt der Befreiung zu wagen.

den ist. Ich selbst erfahre immer wieder, wie tief meine eigenen „typischen" Motive sitzen. Das Enneagramm ist ein verlässlicher Spiegel, der meine spirituellen Illusionen aufdeckt und mich gleichzeitig ermutigt, den nächsten Schritt der Befreiung zu wagen.

Gleichzeitig sind mir in diesen Jahren auch die Schwächen und Grenzen der Charaktertypologie bewusster geworden. Einige davon habe ich bereits eingangs angedeutet. Das *Typenmodell* des Enneagramms bedarf der Ergänzung durch Modelle, die den *Prozess* der Wandlung beschreiben und unterstützen, damit der Weg von der Fixierung zur Befreiung tatsächlich als *Weg* in den Blick kommt.

Das Symbol des Enneagramms selbst lässt sich auch als bewegtes *Prozessmodell* „lesen", das nicht nur spezifische Fixierungen zeigt, sondern auch die Gesetzmäßigkeit von Veränderungsprozessen beschreibt und den Weg der spirituellen Wandlung weist. Erst in den letzten Jahren ist das Prozessmodell neben dem typologischen Modell stärker ins Blickfeld gerückt (siehe Näheres ab Seite 208).

Dieses Buch nimmt die Fäden unseres Grundlagenbuches „Das Enneagramm – die neun Gesichter der Seele" auf, führt sie weiter und vertieft sie. Es enthält zunächst noch einmal eine knappe Einführung in das typologische Enneagramm, sodass die Lektüre des Einführungsbuchs nicht unbedingt notwendig ist. In diesem Buch geht es jedoch weniger um typenspezifische Details, wie sie anderswo zigmal dargestellt sind, sondern vor allem um Wachstums- und Reifungsimpulse. Dazu greife ich nicht nur auf das enneagrammatische Prozessmodell zurück, sondern vor allem auch auf die Erfahrungen und Einsichten der frühen Wüstenmönche aus dem 4. Jahrhundert, insbesondere Evagrius Pontikus, die sich heroisch der Auseinandersetzung mit jenen „Leidenschaften", die menschliche Reifung und spirituelle Erleuchtung blockieren, gestellt und die Stufen eines Heilungsweges beschrieben haben, der auch für uns erhellend und wegweisend sein könnte.

Ich hoffe, dass dieses Buch einen Beitrag leistet zu vertiefter Selbsterkenntnis und Gotteserkenntnis, dass es Mut macht, der spirituellen Schläfrigkeit zu widerstehen und tapfer und wach die eigene Berufung und Bestimmung zu suchen, zu finden und verantwortungsvoll zu verwirklichen. Ich hoffe auch, dass es zu Respekt und Wertschätzung von Andersartigkeit und Vielfalt und so zur Heilung der Erde, zu Frieden, Gerechtigkeit und Versöhnung beiträgt.

Ich danke an erster Stelle dem Lehrer meiner jungen Jahre, dem Franziskaner *Richard Rohr,* dessen persönlichen und geistlichen Impulsen ich unendlich viel verdanke und durch den ich vor über 20 Jahren auf das Enneagramm gestoßen bin. An zweiter Stelle schulde ich dem Jesuiten *Franz Jalics*

Dank für die Initiation in den kontemplativen Weg des Herzensgebets. Nicht weniger aber bedeuten mir jene Wegbegleiterinnen und Wegbegleiter, mit denen ich seit längerer oder kürzerer Zeit auf der Suche war und bin: Exemplarisch nenne ich *Dietrich Koller, Marion Küstenmacher, Tilmann Haberer, Pater Peter Musto, Hans-Peter Premur,* die Schwestern der Christusbruderschaft Selbitz in München und Wülfinghausen, *Klara Koller, Maike Schmauss, Ulrike Flemming* und *Susanne Szemerédy*. Dietrich Koller, Marion Küstenmacher, Ulrike Flemming und Susanne Szemerédy haben zudem die Entstehung dieses Buches kritisch begleitet. Zahlreiche ihrer Anregungen sind in die Endfassung eingegangen. Bei Dietrich Koller, Ulrike Flemming und in dem Christusbruder-Konvent Kloster Wülfinghausen fand ich gastliche Orte der Zuflucht, wo ich in Muße an diesem Buch schreiben konnte. Vergelt's Gott! *Wolfgang Zink,* meinem Freund und Mitstreiter bei vielen Enneagrammseminaren, und den zahllosen Teilnehmer/innen dieser Kurse verdanke ich ebenfalls mehr, als sich in Worte fassen lässt. Die Verantwortlichen des Ökumenischen Arbeitskreises Enneagramm haben nach meiner Zeit als Vorsitzender die Sache des Enneagramms kompetent und engagiert weiterentwickelt und vorangebracht. All ihre Namen zu nennen würde den Rahmen dieses Buches sprengen. Stellvertretend nenne ich *Ludwig Zink*. Er hat mir das Prozessmodell des Ennea-

Das Symbol des Enneagramms lässt sich auch als bewegtes Prozessmodell „lesen".

gramms nahegebracht. Der Berliner Jesuit *Christian Herwartz* schließlich hat mir in den letzten Jahren neu die Augen geöffnet für die soziale Sprengkraft des Evangeliums. Er ermutigt mich, Gott „in allen Dingen" (Ignatius von Loyola) und vor allem bei den „Kleinsten" der Brüder und Schwestern Christi zu suchen.

Dieses Buch verzichtet um der Lesbarkeit willen weitgehend auf Anmerkungen und Fußnoten. Bücher, die mich inspiriert haben, sind am Ende genannt. Dieses Buch versteht sich nicht als wissenschaftliches Werk, sondern als ein Stück Lebenshilfe. In diesem Sinne wünsche ich allen, die es lesen, eine gesegnete Lektüre.

Was ist Spiritualität?

Die Begriffe „Spiritualität“ und „spirituell“ sind *en vogue,* außerhalb wie innerhalb verfasster Religionsgemeinschaften. Die einen benutzen sie, um sich von dogmatisch starrer und institutionalisierter Religion abzugrenzen („Ich bin nicht religiös, aber spirituell“), aber auch religiöse Institutionen wie Kirchen und Klöster greifen auf das Etikett „spirituell“ zurück, um die eigenen Angebote auf dem Markt der Sinnstiftungen zu platzieren. Der evangelische Theologe Christian Möller schreibt: „Es gibt Begriffe, die einem Stern gleichen, der am Horizont aufgeht und heller und heller zu leuchten beginnt. ‚Spiritualität‘ scheint mir gegenwärtig so ein Begriff zu sein. Je dunkler eine funktional verwaltete und zielorientiert verplante Welt wird, desto heller leuchtet das Hoffnungswort ‚Spiritualität‘. Es weckt Sehnsucht nach einer Welt, die sich funktional nicht in den Griff kriegen lässt, weil sie zwecklos ist und gerade deshalb das Leben lebenswert macht.“

Ich selbst bin *spiritueller* Leiter des *Spirituellen* Zentrums St. Martin am Glockenbach in München. Das vorliegende Buch heißt „Die *Spiritualität* des Enneagramms“. So viel Spiritualität war nie! Geradezu eine Inflation! Das Wort Spiritualität weckt Sehnsucht und Hoffnung und Spiritualität verkauft sich – trotz oder gerade wegen der schillernden Unschärfe des Wortes. Ich bin mir der Zwiespältigkeit und galoppierenden Abnutzung des Begriffs durchaus bewusst – und verwende ihn dennoch in Ermangelung einer brauchbaren Alternative und weil es sich um einen unverzichtbaren und zudem genuin christlichen Terminus handelt.

Der Begriff

Der Begriff Spiritualität leitet sich vom lateinischen „spiritus" (Geist, Atem, Hauch) ab und meint die geistige, aber nicht allein rational erfassbare „Innenseite" einer Religion oder Weltanschauung, die empfundene und gelebte Verbindung zum Transzendenten bzw. zu Gott und die Lebenspraxis, die aus dieser Bezogenheit erwächst. Als spirituell suchend kann man Menschen bezeichnen, die von der Annahme ausgehen, dass das Leben einen göttlichen bzw. transzendenten Ursprung und Sinn hat, und die versuchen, in lebendigen Kontakt mit diesem Urgrund des Seins zu treten und aus ihm heraus das Leben zu gestalten. Der Spiritualität geht es – unabhängig von konfessionellen und weltanschaulichen Varianten – immer um beides: inneres Erleben und seine Deutung. Erfahrung will verstanden werden! Eine Fixierung auf bestimmte Interpretationen verhindert jedoch ein weiteres Wachstum. Manche spirituellen Wege setzen bei einer veränderten Lebenspraxis an und ermöglichen so, mehr und mehr die inneren Kräfte und Zusammenhänge

Spiritualitäten existieren nebeneinander, sie ergänzen und befruchten sich gegenseitig.

des Lebens zu ergründen; andere beginnen mit der Wende nach innen und wollen von inneren Erfahrungen und Einsichten aus zu einer veränderten Lebenspraxis führen. Immer aber geht es um beides: innere Erfahrung *und* neue Lebenspraxis.

Spiritualität und *Mystik* gehören eng zusammen, sind aber nicht identisch. Mystik bezeichnet die ganzheitliche und unmittelbare Erfahrung und „Schau" des Göttlichen jenseits religiöser Autoritäten, Lehrgebäude und Einrichtungen. Spiritualität zielt zumindest indirekt auf mystische Erfahrung, die sich freilich nicht erzwingen lässt, sondern den Charakter des Überraschenden und Gnadenhaften behält. Spiritualität ist in diesem Zusammenhang das Sich-Öffnen und Offenhalten für die Erfahrung der unverfügbaren transzendenten Gnade. Dabei schließen sich Spiritualität und Institution ebenso wenig aus wie Spiritualität und Tradition. Die Rückbindung an Tradition und Institution erdet die Spiritualität und gibt ihr Wurzelgrund. Einer der wichtigsten Aufgaben der Institution ist das Bewahren und Weitertragen *echter* Tradition – gerade um einer sich jeweils neu und zeitgemäß entfaltenden Spiritualität willen.

Spiritualität und Spiritualitäten

„Die" Spiritualität gibt es nicht; wohl aber verschiedene Spiritualitäten. Um nur einige Beispiele aus dem engeren christlichen Kontext zu nennen: Im Bereich des katholischen Ordenslebens steht die *benediktinische Spiritualität* (Balance von Gebet und Arbeit, Gastfreundschaft, lebenslanges Ausharren an einem Ort) neben der *franziskanischen Spiritualität* (Identifikation mit den Armen durch eigenes Armwerden, Mobilität statt Ortsgebundenheit) und den *kontemplativen Spiritualitäten* (Karthäuser, Trappisten: Suche nach Gott im Schweigen und in der Einsamkeit). Diese Spiritualitäten existieren nebeneinander, sie ergänzen und befruchten sich gegenseitig. Die *orthodoxe Spiritualität* setzt bei der Verwandlung des Menschen in das Ebenbild Gottes an; Ikonen und das kontemplative Jesusgebet intendieren die Vergöttlichung der Seele, die Vereinigung mit ihrem Urgrund. *Evangelische Spiritualität* orientiert sich an der Bibel. Das äußere Wort der Schrift sucht seinen Widerhall im Inneren des Menschen, wobei die Unterscheidung von Schöpfer und Geschöpf wesentlich bleibt. Spiritualität ist hier vor allem Beziehungsgeschehen, die Kommunikation des Menschen mit Gott.

Außerchristliche Spiritualitäten finden sich in allen Kulturen und Religionen, besonders profiliert und eindrucksvoll zum Beispiel im *Zen-Buddhismus,* in mystischen Bewegungen des *Judentums* (Kabbala, Chassidismus) und des *Islam* (Sufismus) und in zahlreichen *indianischen Traditionen.*

28 Häufig werden charismatische Gestalten oder „Stifter“ zu Initiatoren spiritueller Bewegungen (zum Beispiel Rudolf Steiner für die *Anthroposophie*). *Esoterische Formen der Spiritualität* versuchen meist, Elemente verschiedener Religionen und Weltanschauungen eklektisch oder synkretistisch zu verbinden. Häufig bleibt die Umsetzung jedoch oberflächlich. Allerdings gibt es auch seriöse und ernst zu nehmende Versuche, Spiritualitäten des Ostens und des Westens zusammenzuschauen (zum Beispiel der Philosoph *Ken Wilber*). *Zwölf-Schritte-Gruppen* wie die Anonymen Alkoholiker entwickeln unabhängig von einer bestimmen Religiosität eine Spiritualität, bei der jeder Einzelne Gott oder die „Höhere Macht“ selbst wählt, an die er glaubt.

Die Vielfalt spiritueller Varianten und Angebote ist kaum zu überblicken. Und doch gibt es Gemeinsamkeiten: Gemeinsames Anliegen der meisten ernst zu nehmenden spirituellen Ansätze ist die Zurücknahme, Auflösung oder Verwandlung des individuellen kleinen *Ich* (Ego) zugunsten des (wahren) *Selbst,* die Verwandlung von *Dualität* in *Einheit* (liebende Beziehung oder Verschmelzung von Menschlichem und Göttlichem), die Transformation von *Haben und Wissen* in *Sein und Bewusstsein.*

Die spirituelle Wahrheit und Erfahrung ereignet sich immer im Hier und Jetzt.

Die spirituelle Wahrheit und Erfahrung ereignet sich immer in der *Gegenwart,* im Hier und Jetzt, und ist letztlich nicht lern- oder lehrbar. Mystische und spirituelle Erfahrungen werden in den unterschiedlichsten Traditionen des Ostens gern als Erwachen aus dem Trancezustand der Unbewusstheit oder als Erleuchtung, im Westen zum Beispiel als Neugeburt des Selbst nach dem Tod des Ich bezeichnet, die Suchenden „widerfährt" und sie von innen her verändert und zu einer neuen Art des Fühlens, Sprechens und Handelns motiviert.

Die Brise bei Tagesanbruch will dir Geheimnisse verraten.
Schlaf nicht wieder ein.
Du musst um das bitten, was du wirklich wünschst.
Schlaf nicht wieder ein.
Menschen gehen hin und her über die Türschwelle,
wo die zwei Welten sich berühren.
Die Tür ist rund und offen.
Schlaf nicht wieder ein.
(Dschelaleddin Rumi, Mystiker des Sufismus)

Zum spirituellen Erwachen gehören in der Regel „magische Momente" (Tilmann Haberer) und mystische Erlebnisse der universalen Ganzheit, Liebe und Geborgenheit, die uns wieder in Kontakt bringen mit unserem göttlichen Ur-

Erleuchtung dringt auf einen kontinuierlichen Prozess der Verwirklichung.

sprung, aber auch der mühsame Prozess des Wachbleibens, der Vertiefung des gnadenhaft Erlebten, disziplinierte Übung und die Umsetzung des geistlich Erahnten und Erlebten in den Niederungen des Alltags. *Erleuchtung* dringt auf einen kontinuierlichen Prozess der *Verwirklichung*. Endziel ist eine umfassende Befreiung und die Versöhnung mit dem eigenen Dasein, mit den Mitgeschöpfen und mit Gott.

Christliche Spiritualität

Christliche Spiritualität in all ihren Ausdrucksformen und „Unter-Spiritualitäten“ speist sich aus dem Impuls, der von Jesus Christus ausgegangen ist und sich im Neuen Testament niedergeschlagen hat. Sie lebt aus dem Mysterium von Menschwerdung und Menschlichkeit (Inkarnation) sowie Tod und Auferstehung Christi (Paschamysterium). Die Taufe stiftet Teilhabe an diesem Geheimnis. Der Impuls der Taufe hat das tägliche Sterben des „alten“ Menschen (Adam) und die tägliche Auferstehung des „neuen“ Menschen (Christus) zur Folge: „Wir fallen und wir stehen auf, wir fallen und wir stehen auf, und abermals fallen wir und stehen wieder auf. Wir finden die Stärke aufzustehen, indem wir Gott unsere Schwäche bekennen“ (Der Mönchsvater Pachomius).

Christliche Spiritualität ist getragen von der Sehnsucht nach dem Kommen des Gottesreiches, das mit Jesus bereits angebrochen ist. Aus dieser Sehnsucht erwächst das Bewusstsein, Bürger zweier Welten und deshalb auf der Erde nicht völlig zu Hause – und ihr dennoch verpflichtet zu sein. Getragen von der bedingungslosen Liebe Gottes, die in Jesus Christus Gestalt angenommen hat, und ausgerichtet auf den dreieinigen Gott, folgt christliche Spiritualität dem Ruf in die Nachfolge Jesu. Nachfolge bedeutet nicht den Rückfall in moralische Gesetzlichkeit, sondern ist Befreiung zu wirklicher Lebendigkeit und zum Dienst am Nächsten und zur Mitwirkung an der Heilung der Erde. Martin Luther hat das Paradox christlicher Spiritualität in seiner berühmten Schrift „Von der Freiheit eines Christenmenschen" auf den Punkt gebracht: „Ein Christenmensch ist ein freier Herr über alle Dinge und niemand untertan durch den Glauben. Ein Christenmensch ist ein dienstbarer Knecht aller Dinge und jedermann untertan durch die Liebe." Die Nachfolge schließt Gebet und Meditation, die Zuwendung zu den Armen und Leidensbereitschaft um der Wahrheit und Gerechtigkeit willen ein.

In christlicher Spiritualität verbindet sich der unverwechselbare und *individuelle* Lebens- und Glaubensweg der/des Einzelnen (die einmalige persönliche Berufung) mit der gleichzeitigen *Relativierung* des Individuums in der Gemeinschaft des Glaubens, die als sichtbarer Leib Christi auf Erden verstanden und erfahren wird. Ein rein individualistisches Christentum ohne Gemeinschaftsbezug ist ein Unding: „Ich statuiere kein Christenthum ohne Gemeinschaft“ (Graf Zinzendorf). Christliche Spiritualität lebt im Spannungsfeld von *Kontemplation* (Ausrichtung auf Gott, Stille), *Dialog* (Selbstrelativierung, Teilhabe an der Gemeinschaft und an der *gemeinsamen* Suche nach Einheit und Wahrheit) und *Engagement* (aktiver Einsatz für die Heilung der Erde, insbesondere für Ausgegrenzte und Leidende). Die Betonung der tätigen Nächstenliebe und Weltverantwortung – neben Einkehr und Gebet – ist ein *Spezifikum* christlicher Spiritualität. Aus der Selbstannahme folgt die Annahme der Welt, folgt Verantwortung für die Welt. Abendländisch geprägte Christen oder die Menschen des Westens suchen seit dem Ende des Mittelalters verstärkt und mit Recht nach einem individuellen und nicht (allein) kollektiv vorgegebenen Weg zu Gott. Christliche Spiritualität nimmt das berechtigte Anliegen des Individualismus ernst, indem sie die Einmaligkeit des Individuums und seiner Berufung unterstreicht, bindet das Individuum jedoch zurück in die verantwortliche Mitgliedschaft in der „Gemeinschaft der Heiligen“. Individuum und Gemeinschaft schließen sich nicht aus, sondern ergänzen und befruchten einander. Die spezifische Gabe des Individuums kann sich

Die Betonung der tätigen Nächstenliebe und Weltverantwortung ist ein Spezifikum christlicher Spiritualität.

überhaupt erst in der Rückbindung an die Gemeinschaft entfalten, wo sie nicht egozentrisch missbraucht, sondern in den Dienst gestellt wird.

Christliche Spiritualität hat sich lange „exklusiv", das heißt in strikter Abgrenzung von außerchristlichen Religionen und spirituellen Bewegungen verstanden: Nur der manifeste Glaube an Jesus Christus als Erlöser rette und erlöse, so lautete die christliche Formel meist. Erst in den letzten Jahrzehnten vollzieht sich (zumindest mancherorts) ein Wandel: Der Gott hinter allen Gottesbildern, der verborgene und anonyme Christus in den Armen und Ausgegrenzten oder in den aufrichtig Suchenden anderer Religionen kommt in den Blick. Freilich fehlt oft eine adäquate Sprache, um das Eigene, das Trennende und das Gemeinsame so zu unterscheiden, dass die eigene Identität gewahrt bleibt und dennoch ein Dialog auf Augenhöhe, Offenheit und Wandlungsfähigkeit möglich sind. Bei der Suche nach einer interkulturellen und interreligiösen Sprachbrücke kann das Enneagramm einen brauchbaren Beitrag leisten.

Spiritualität und Religion

Spiritualität und Religion gehören zusammen und sind doch nicht identisch. Jede Religion hat einen spirituellen

Religion bringt das Beste und das Schlimmste im Menschen hervor.

Ursprung und eine spirituelle und mystische „Innenseite“. Im Idealfall unterstützen, tragen und fördern religiöse Texte, Liturgien, Riten und Einrichtungen die spirituelle Entfaltung. Aber sie sind nicht per se spirituell; sie können sinnleer und hohl oder geistlos missbraucht werden. Das geschieht insbesondere dann, wenn Religion als Werkzeug oder Legitimation innerweltlicher Machtansprüche instrumentalisiert wird. Eine so benutzte Religion hat kein Interesse am spirituellen Wachstum ihrer Mitglieder, sondern im Gegenteil an uniformierten Herdenmenschen, die lenkbar und gehorsam sind, die gerade keinen eigenen *inneren* Weg gehen, sondern sich von außen leiten lassen. Religionen, in denen der Machtanspruch den spirituellen Urimpuls zu ersticken droht, organisieren sich hierarchisch und antidemokratisch und halten die Masse der Mitglieder unreif und unmündig. Dogmen, Regeln, Verwaltung und Gesetze treten an die Stelle der Erfahrung und können sie ganz blockieren. Die Kaste der Funktionäre bevormundet die Masse der „Laien“. Religiöse Machtsysteme definieren sich in der Regel selbst als göttlich legitimiert und „vernünftig“. Solche Art von Religion lässt sich auch unschwer instrumentalisieren; mit ihr können Hass, Intoleranz und Gewalt gegen Andersdenkende gerechtfertigt werden. Nie hassen und morden Menschen mit größerer Inbrunst, als wenn sie es im Namen Gottes tun! Die Geschichte ist bis heute voll von traurigen Beispielen solch religiöser Irrwege. Das Christentum bildet dabei keine Ausnahme. Religion bringt das Beste und das Schlimmste im Menschen hervor.

Im *Christentum* hat sich der Wandel von einer spirituellen Bewegung zu einer hierarchisch organisierten Machtstruktur verschärft, als die Christenverfolgung im 4. Jahrhundert endete und die Kirche zur Staatsreligion avancierte. In der Verfolgungszeit der ersten Jahrhunderte hatte Christsein die Bereitschaft impliziert, für den eigenen Glauben zu leiden. Das setzte eigene spirituelle Erfahrung und tapfere Entscheidung voraus. Nach der kirchenpolitischen Wende wurde es gesellschaftlich opportun, sich taufen zu lassen. Das hatte zur Folge, dass die Botschaft der Kirche verflachte, staatstragend (unter anderem Aufgabe des frühchristlichen Pazifismus!) und moralisch lax wurde. Mancherorts setzte eine Heidenverfolgung ein, die der vorherigen Christenverfolgung in nichts nachstand.

Diejenigen, die mit Ernst Christ sein wollten, gerieten plötzlich an den Rand der Institution. Eine Folge waren neue spirituelle Bewegungen, vor allem das Entstehen des frühen Mönchtums in der Wüste Ägyptens, wo Männer um Frauen darum rangen, Gott zu finden und „geeinte“ Menschen zu werden (*monachus*, „Mönch“ = der Einzelne, der Einsiedler, aber vor allem auch der Eins-Seiende!). Auf diesem spirituellen Weg des Ausstiegs aus der *äußeren* Machtstruktur der Kirche und aus der „Zivilisation“ wurde die *innere* Konfrontation mit den „Dämonen“ und den von ihnen verursachten Gedanken und Leidenschaften virulent.

Immer im Laufe der christlichen Geschichte hat es spirituelle Gestalten und Bewegungen gegeben, die inmitten kirchlicher Machtstrukturen nach dem ursprünglichen Geist Jesu und des Evangeliums fragten. Oft wurden solche Gestalten und Bewegungen unterdrückt und verketzert (wie die *Waldenser*), manchmal aber auch als eine Art Frischzellenkur ins System integriert (wie die *Franziskaner:* Papst Innozenz III. hatte in einem Traum gesehen, wie Franz von Assisi mit seinem Leib als Säule die Kirche vor dem Einsturz bewahrt). Im Mittelalter ist es vor allem die *Mystik,* nicht zuletzt die Frauenmystik, die neue spirituelle Akzente setzt. Ihr geht es um das Leerwerden, eine verinnerlichte Nachfolge Christi und um die geradezu erotisch empfundene Einung der Seele mit Gott (Brautmystik). Die Erfahrungen und Erkenntnisse einiger mittelalterlicher Mystiker (insbesondere Meister Eckhart und der Verfasser der „Wolke des Nichtwissens“) erinnern in erstaunlichem Maße an die spirituellen Einsichten fernöstlicher Wege (besonders Zen-Buddhismus). Die mystischen Aussteigerinnen und Aussteiger trugen und tragen noch immer maßgeblich dazu bei, dass Religion nicht zum reinen Macht-

Erfahrungen und Erkenntnisse einiger mittelalterlicher Mystiker erinnern in erstaunlichem Maße an die spirituellen Einsichten fernöstlicher Wege.

instrument wird, sondern lebendig und transformierend bleibt.
Die Reformatoren entwickelten eine alltagstaugliche Spiritualität, die nicht in Klöstern, sondern inmitten von Familie, Beruf und Weltverantwortung gelebt werden sollte. Der von Gott gerechtfertigte und begnadigte Mensch muss keinen spirituellen Sonderweg mehr suchen, um Gott zu gefallen, sondern kann das Dasein mit seinen Freuden und Lasten bejahen und nüchtern leben. Der weltliche *Beruf* wird zum Ort der *Berufung* und des Gottesdienstes. Freilich führte das teilweise zur Verflachung des Glaubenslebens, insbesondere angesichts der dogmatischen Streitigkeiten und Glaubenskriege im Gefolge der Reformation. Die „rechte Lehre" trat häufig an die Stelle des „rechten Lebens". In der katholischen Kirche versuchten zur selben Zeit neue Ordensgründungen, der veränderten Zeit gerecht zu werden (*Ignatius von Loyola* mit der Entwicklung methodisch ausgearbeiteter geistlicher Exerzitien oder *Franz von Sales* mit einer humanistisch ausgerichteten Spiritualität der Liebe); im Protestantismus entstanden immer wieder neue Gruppen und Abspaltungen, denen es auf dem Hintergrund spiritueller *Erfahrung* um überzeugende *Glaubenspraxis* ging (Täufer, Quäker, Pietismus, Herrnhuter Brüdergemeine, die „Gottesfreunde" der evangelischen Mystik).
Seit dem 20. Jahrhundert waren und sind es unter anderem

Die Spannung zwischen spiritueller Bewegung und Institution gehört zum Wesen der Religion.

die „charismatischen Bewegungen“ innerhalb und außerhalb der verfassten Kirchen, in denen Menschen ganzheitliche Geisterfahrungen machen, die an Phänomene der Urchristenheit anknüpfen (Glossolalie/Zungenrede, Prophetie, Heilungsgaben). Die Zurückhaltung der verfassten Kirchen gegenüber dem neuen Enthusiasmus einerseits und die fundamentalistische Enge weiter Teile dieser Bewegung andererseits haben allerdings eine nachhaltige spirituelle Befruchtung der Großkirchen verhindert.

Die Spannung zwischen spiritueller Bewegung und Institution gehört offenbar zum Wesen der Religion. Ihre produktive Überbrückung und Integration gelingt nur selten. Wo sie aber gelingt, gewinnt eine gesunde, lebendige und überzeugende Spiritualität beglückend und kraftvoll Gestalt. Ein Paradebeispiel ist der libanesische Christ und Mystiker *Khalil Gibran* („Der Prophet“), der im New Yorker Exil lebte und in den USA dafür sorgte, dass amerikanische Christen ein Bewusstsein für die unheilvolle Verfolgung hunderttausender libanesischer Christen entwickelten. Ein anderes überzeugendes Beispiel ist die ökumenische Kommunität *Taizé* in Frankreich, deren strenge Liturgie und durchaus traditionell christliche Botschaft für Hunderttausende von Jugendlichen zum entscheidenden spirituellen Anstoß geworden sind. „Kampf und Kontemplation“, die Einheit von engagiertem Leben und Gebet, ist die einfache spirituelle

Formel, die der ermordete Gründer der Gemeinschaft *Roger Schutz* den Jugendlichen mitgegeben hat. Oft aber gelingt es nicht, Institution und Bewegung miteinander zu versöhnen.

Ähnliches lässt sich über andere Religionen sagen. Im Buddhismus und Hinduismus, im Judentum und im Islam gab und gibt es mystische und spirituelle Bewegungen, die häufig in Gegensatz zu offiziellen religiösen Strukturen und Autoritäten geraten. Mystiker/innen und Menschen, die mit Ernst auf einem spirituellen Weg sind, wurden und werden häufig gerade von den „Nicht-Mystikern" der eigenen Religion beargwöhnt, verfolgt oder ausgestoßen. So haben es die sufistischen Bruderschaften im Islam immer wieder erlebt und erlitten; so ist es den jüdischen Chassidim im Polen des 18. Jahrhunderts ergangen.

Nicht selten verbindet sich die Mystik mit einer neuen Art der Weltverantwortung; aus der Erfahrung der inneren Wandlung erwachsen gesellschaftskritische Impulse. Innerlichkeit und Engagement sind keine Gegensätze, sondern gehören zusammen, wie die evangelische Theologin *Dorothee Sölle* in ihrem hinreißenden Buch „Mystik und Widerstand" gezeigt hat.

Oft erleben spirituelle Menschen auf mystischen Wegen eine größere Nähe zu den „Mystikern" anderer Religionen als zu den „Nicht-Mystikern" der eigenen. Deshalb sind sie in besonderer Weise dazu berufen, interreligiöse Brückenbauer zu werden. Auf der Ebene der Dogmen und fixierter Lehraussagen ist eine Annäherung der Konfessionen und Religionen unmöglich. In der mystischen Erfahrung jedoch kann ein Einvernehmen auf einer tieferen Ebene entstehen, das sich definierender Sprache entzieht und dennoch als Realität erfahren wird. Darüber hinaus entwickelt die Mystik eine Sprache, die überkonfessionell ist und von allen verstanden werden kann, die auf der Suche sind – unabhängig von ihrem Hintergrund.

Das Enneagramm hat sich als Baustein und Beitrag zu einer solchen neuen spirituellen Sprache bewährt, die über Weltanschauungs- und Religionsgrenzen hinweg verstehbar ist, weil sie etwas formuliert, was allgemein menschlich und nicht nur kulturell oder konfessionell bedingt ist.

Religionen leben zutiefst von den spirituellen und mystischen Impulsen Einzelner und kleiner Gruppen, die oft in der Stille wirken. Ohne sie ginge den Institutionen als bloßen Lehrgebäuden und Machtapparaten buchstäblich die Luft aus. Menschen, die wahrhaft spirituell auf dem Weg sind, polemisieren in der Regel nicht aggressiv gegen das religiöse System, in dem sie wurzeln. Sie wissen: Wenn man Erstarrtes direkt angreift, wird man selbst starr. Wenn man gegen dogmatische Verfestigungen wütet, entwickelt man nur allzu leicht eine ebenso starre Anti-Dogmatik. Wir wer-

Spirituelle Menschen sehen die eigene Unvollkommenheit und Gebrochenheit.

den in der Regel so wie das, was wir hassen und bekämpfen (Walter Wink). Spirituelle Menschen bewahren sich eine Wertschätzung für die eigene Tradition und sind mit den tiefsten Wurzeln dieser Tradition verbunden, ohne von den Funktionären der Tradition abhängig oder ihnen hörig zu sein. Echter spiritueller Protest ist anderer Art. Franziskus hat die römische Kirche nicht attackiert oder eingerissen, sondern er hat seine armselige kleine und mit eigenen Händen errichtete Kapelle danebengestellt. So konnte er zur inneren Erneuerung der Institution beitragen und die Kirche insgesamt mit neuer Hoffnung erfüllen. Spirituelle Menschen verzichten auf die Attitüde der Unfehlbarkeit und Rechthaberei. Je ernsthafter sie unterwegs sind, desto deutlicher sehen sie die eigene Unvollkommenheit und Gebrochenheit – und desto barmherziger und demütiger werden sie mit fremden Schwächen und sogar mit den Schwächen der Institution. Sie sehen die Zwänge, unter denen die Funktionäre stehen, beten für sie und bleiben doch innerlich unverbogen und frei. Sie schätzen religiöse Institutionen als Orte, wo spirituelle Fragen zumindest gestellt oder offen gehalten werden können und wo immer wieder inmitten des Allzumenschlichen elementare spirituelle Impulse und Aufbrüche möglich sind.

Weil es inmitten der Kirche immer wieder spirituelle Menschen und sogar „Heilige“ gegeben hat, ist die Kirche selbst

Das Wissen um die leiblich-seelisch-geistliche Ganzheitlichkeit des Menschen ist in der westlichen Gesellschaft und Religion weitgehend verloren gegangen.

in Zeiten, in denen ihre hierarchische Spitze vom Kern des Evangelium Lichtjahre entfernt war, immer *auch* Ort der Heilung und des Heils gewesen. Denn immer haben Menschen mit Ernst geglaubt und gehofft und geliebt – außerhalb, aber vor allem auch innerhalb der Institution.

Spiritualität und Psychologie

Nach neutestamentlicher Auffassung – aber ähnlich schon in der Philosophie Platons – ist der Mensch ein „dreieiniges“ Wesen bestehend aus Körper *(soma)*, Seele *(psyche)* und Geist *(pneuma)*. Körper, Seele und Geist kann man nicht aseptisch voneinander scheiden und dennoch müssen sie unterschieden werden. Geheimnisvoll wirken sie zusammen.

Im Laufe der Zeit ist das Wissen um die leiblich-seelisch-geistliche Ganzheitlichkeit des Menschen in der westlichen Gesellschaft und Religion weitgehend verloren gegangen. Die Sorge für den Körper wurde an den schulmedizinischen Arzt delegiert, der den Körper analog einer Maschine deutet und behandelt, die man im Schadensfall reparieren muss. Im 20. Jahrhundert betraten ergänzend der Neurologe, der Psychologe und der Psychotherapeut die Bühne, um die psychischen Gebrechen der Menschen medikamentös oder mithilfe von Ursachenanalyse oder Verhaltenstherapie zu lindern. Ansätze einer psychosomatischen Heilweise kristallisierten sich heraus. Die Theologie hatte sich längst aus der Leib-Sorge zurückgezogen und bewies auch eigentümlich wenig Kompetenz im Blick auf die Irrungen und Wirrungen der menschlichen Psyche. Ihre „Seelsorge" richtete den Blick auf die letzten Fragen und das ewige Heil der Menschen, erreichte diese aber immer weniger, weil sie weitgehend von ihrer realen physischen, psychischen und sozialen Befindlichkeit abgekoppelt war.

Jesus hingegen verstand seinen Auftrag ganzheitlich therapeutisch. Er heilte Menschen von physischen und psychischen Gebrechen, stellte durch die Vergebung der Sünden die blockierte Gottesbeziehung wieder her und machte Gemeinschaft möglich. Analog beauftragte er seine Jünger, Kranke zu heilen, Sünden zu vergeben und Dämonen auszutreiben. Es geht ihm nicht nur oder in erster Linie um ein jenseitiges „Seelenheil". Er verkündigt das Reich Gottes und Zeichen des anbrechenden Reiches ist die Wiederherstellung des ganzen, geeinten Menschen, der seinen Platz in der Gemeinschaft findet und ausfüllt. Seine Heilungen zielen vor allem auf die Erneuerung der Gottesbeziehung und Gotteskindschaft der Menschen und auf die Gemeinschaft der Glaubenden als Salz und Sauerteig, als „Vortrupp des Lebens" (Helmut Gollwitzer) und Gegenkultur, wo die Freude über die Erlösung und Vollendung der Welt schon jetzt vorweggenommen und gefeiert wird. Leider ist dieser ganzheitliche jesuanische Impuls im Laufe der Geschichte verblasst. Kirchliche Machtstrukturen, aber auch der erwähnte Verlust eines ganzheitlichen Menschenbilds in der Moderne haben den Charakter des Christentums als „therapeutische Religion" (Eugen Biser) zugunsten einer wortlastigen, dogmatisierenden und moralisierenden „Lehre" zurückgedrängt. Das scheint sich allmählich zu ändern. Immer deutlicher kommt auch in den Kirchen die Zusammengehörigkeit von „Heil" und „Heilung" neu in den Blick. In den östlichen Religionen, die die europäische Aufklärung nicht mit vollzogen haben, hat die Zersplitterung des Menschen nicht in dem Maße stattgefunden wie im christlichen Westen. Das Wissen um die Zusammengehörigkeit von Leib, Seele und Geist ist dort bis heute viel ungebrochener. Beim Yoga etwa beginnt der spirituelle Weg bei der Leibarbeit. Erst wenn Leib und Seele in Einklang oder zumindest auf dem Weg zu größerem Einklang sind, ist das Tor für tiefere Dimensionen der Meditation und des Gebets frei. Freilich können wir Menschen des Westens nicht hinter die Aufklärung zurück, etwa indem wir blind der archaischen Sehnsucht nach einem Guru nachgeben. Die Aufklärung ist bewusstseinsgeschichtlich ein enorm wichtiger Schritt aus Aberglaube und geistiger Fesslung. Der notwen-

Der notwendige Entwicklungsschritt nach der Aufklärung ist aber die Zusammenschau und Integration von Vernunft, Herz, Leib und Erfahrung.

dige Entwicklungsschritt *nach* der Aufklärung ist aber die Zusammenschau und Integration von Vernunft, Herz, Leib und Erfahrung. Die größte Leistung der Vernunft besteht darin, die eigenen Grenzen zu erkennen und sich zurückzubinden an Gott, der rational weder erfasst noch bewiesen werden kann – und dennoch erfahrbar ist. Diese Erfahrung beginnt nicht im Kopf, sondern im Körper.

Fatalerweise hat das Christentum in seiner Geschichte so gut wie keine eigenen Formen der Leibarbeit oder des Körpergebets entwickelt, obwohl die Bibel kaum Spuren von Leibfeindlichkeit enthält. Im Gegenteil: Paulus etwa sieht den Leib als „Tempel des Heiligen Geistes“ (1. Korinther 6,19)! Deshalb ist es nötig, dass wir in dieser Beziehung dankbar und demütig in die „Schule des Ostens“ gehen, um von den Weisheitsschätzen der Körper- und Leibarbeit zu lernen, wie sie sich beispielsweise in Yogawegen und östlichem Kampfsport manifestiert.

Auch das Wissen um die menschliche Psychosomatik, also um die Zusammenhänge von Körper, Seele und Geist, das in der Bibel und bis ins Mittelalter hinein vorhanden war, ist im Laufe der Zeit immer mehr abhandengekommen. Gerade die Aufklärung hat diesbezüglich oft das Kind mit dem Bade ausgeschüttet. Deswegen bedarf ganzheitliche spirituelle Arbeit des kollegialen Zusammenwirkens spirituell aufgeschlossener Fachleute aus Medizin, Psychologie und

Spiritualität und Psychologe brauchen und ergänzen einander.

Seelsorge. Die Bruchstücke des zersplitterten Teilwissens müssen wie Puzzleteile interdisziplinär zusammengetragen und neu zusammengesetzt werden, damit wieder der ganze Mensch in den Blick kommt.

Insbesondere Spiritualität und Psychologe brauchen und ergänzen einander. Spiritualität muss psychologisch hinterfragbar bleiben und hinterfragt werden, damit sie nicht die Erdung verliert. Der nüchterne Blick der Therapeutin oder des Therapeuten kann davor bewahren, psychische Gebrechen vorschnell zu spiritualisieren oder „wegzubeten". In vielen „spirituellen" Gruppen wimmelt es von Menschen, die geistliche Heilung für psychische Schäden suchen, Menschen, die spirituelle Wunder erhoffen, die ihnen den mühsamen und schmerzhaften Weg der therapeutischen Arbeit ersparen würden. Das funktioniert jedoch nicht. In manchen Fällen können bestimmte Formen spiritueller Praxis sogar kontraproduktiv oder schädlich sein. Aber hier geht es nicht um ein Entweder-Oder, sondern um ein Sowohl-als-Auch: Beten, als ob alle fachliche Hilfe nichts nützt, und fachliche Hilfe, als ob alles Beten (oder Meditieren) nichts nützt. Kompetente geistliche Begleiterinnen und Anleiter müssen einschätzen können, wann fachärztliche Betreuung statt geistlicher Begleitung nötig ist.

Umgekehrt muss auch die Psychologie die eigenen Grenzen wahrnehmen. Jede „nur" psychotherapeutische Arbeit hat

Grenzen. Sie kann weder die Frage nach dem Lebenssinn beantworten noch Vergebung und Versöhnung zusprechen, wo schuldhafte Verstrickungen Lebendigkeit blockieren. Manchmal kann eine Therapie Symptome lindern oder Menschen helfen, mit seelischen Verwundungen konstruktiver umzugehen – ohne eine wirkliche Lösung anbieten zu können. Das lösende Wort kann nur Gott sprechen. Deshalb geschieht es mitunter, dass in wenigen Stunden geistlicher Begleitung mithilfe von Gebet, Handauflegung, Absolution, Eucharistiefeier und Segen Knoten platzen, die in jahrelanger Psychotherapie zwar zum Vorschein gekommen sind, aber nicht aufgelöst werden konnten.

Fruchtbare Zusammenarbeit von Seelsorge und Therapie ist freilich nur möglich, wenn sich beide Seiten selbst bescheiden und ihre Ergänzungsbedürftigkeit annehmen, wenn Therapeut und Spiritual in Augenhöhe und kollegial miteinander arbeiten. Psychologie und Spiritualität haben ein gemeinsames Interesse an der Wiederherstellung eines kreatürlich heilen Menschen, der arbeits-, liebes-, genuss- und leidensfähig ist, der selbstbestimmt handeln und Bindungen eingehen kann, der ich-stark ist (ein gesundes Ego hat) und auf eigenen Füßen steht. Dafür ist in der Regel zunächst psychologische Kompetenz nötig. Das ist meist auch der erste Heilungsschritt des ganzheitlichen Heilers Jesus: Er stellt gebrochene, physisch und sozial verkrüppelte Menschen wieder auf die Beine. Erst dann folgt der tiefere spirituelle Prozess.

In der Psychologie selbst ist ein Paradigmenwechsel im Gange. Im Gefolge Sigmund Freuds, der die Religion als kollektive Neurose, also als pathologisches Phänomen, betrachtete, wurden (und werden) Religion und Spiritualität von zahlreichen Therapeutinnen und Therapeuten als unwissenschaftlich abgewertet. Gleichzeitig wächst in den letzten Jahrzehnten die Gruppe der Fachleute aus dem Umfeld akademischer wissenschaftlicher Forschung, die sich spirituellen Phänomenen unvoreingenommen nähern. In den USA begann das Umdenken Ende der 60er Jahre mit der Entwicklung der *Transpersonalen Psychologie* (unter anderem *Stanislav Grof*, *Abraham Maslow* und *Ken Wilber*), die die transzendenten und spirituellen Aspekte der menschlichen Psyche – unter anderem mystische und metaphysische Erfahrungen, parapsychologische Phänomene, die Frage nach menschlichen Entwicklungspotenzialen, das Verhältnis von „Ego" und „wahrem Selbst", religiöse Bekehrungserlebnisse, Schamanismus und veränderte Bewusstseinszustände – ernst nahm und untersuchte. Schon Jahrzehnte früher hatten in Europa Carl Gustav Jung und – auf ihre Weise – auch Viktor Frankl (Logotherapie) und Karlfried Dürckheim (initiatische Therapie) spirituelle Dimensionen in ihre therapeutischen Ansätze integriert, was

Zahlreiche seriöse medizinische Untersuchungen kommen zu dem Ergebnis, dass Kontemplation und Meditation heilsame Wirkungen haben.

allerdings in der Welt der akademischen Psychologie zunächst weitgehend ignoriert wurde.
Letztendlich geht es um eine „Wissenschaft vom Bewusstsein". Bahnbrechend ist in diesem Zusammenhang Ken Wilbers Theorie eines Bewusstseinsspektrums. Wilber hat sich von der transpersonalen Psychologie abgewandt zugunsten seiner „integralen Theorie", in der verschiedene weltanschauliche Traditionen Platz haben und einander ergänzen. Physik, Medizin, Theologie und Psychologie können dazu ihre Teile beitragen. Dabei spielt die Überwindung des Dualismus von Materie und Geist in der modernen Quantenphysik nach Heisenberg eine entscheidende Rolle. Mystik, Psychologie und Physik sind nicht länger Gegner, sondern verhelfen einander zu einem tieferen Selbstverständnis (vgl. Christoph Quarch, Wenn die Seele zu Bewusstsein kommt, Publik-Forum 13, 2007, 72f).
Die Bedeutung der spirituellen Dimension wird zudem von zahlreichen seriösen medizinischen Untersuchungen bestätigt, die zu dem Ergebnis kommen, dass spirituelle Praktiken, vor allem Kontemplation und Meditation, heilsame Wirkungen haben und nervöse Magen- und Herzbeschwerden, depressive Verstimmungen, Schlaflosigkeit und Bluthochdruck positiv beeinflussen können.
Die eigentlich spirituelle Aufgabe des Menschen fällt in der Regel in die zweite Lebenshälfte nach dem 30. Lebensjahr.

Die eigentlich spirituelle Aufgabe des Menschen fällt in der Regel in die zweite Lebenshälfte nach dem 30. Lebensjahr.

Sie besteht paradoxerweise darin, das mühsam erworbene Ego wieder loszulassen um einer tieferen Identität willen, die in den spirituellen Traditionen oft „wahres Selbst" genannt wird. Freilich muss man ein Ego haben, um das Ego loszulassen (Richard Rohr). Der Prozess des Loslassens geschieht durch Desidentifikation. Ich *habe* viele Gedanken, Pläne, Emotionen, Gaben, Defizite, Träume, Bindungen, Charakterzüge – aber ich *bin* das alles nicht. Ich *habe* ein Ego, aber ich *bin nicht* mein Ego. Ich *habe* ein Enneagrammmuster, aber ich *bin nicht* mein Enneagrammmuster. Mein wahres Selbst ist unabhängig von all dem, was mich auf den ersten Blick auszumachen scheint. Es ist – christlich formuliert – „verborgen mit Christus bei Gott". Oder wie Paulus sagt: „Ich lebe – aber nicht ich (also mein Ego als Summe meiner Charakterzüge und Eigenschaften), sondern Christus lebt in mir." Es ist der Schritt vom „Haben" zum „Sein" (Erich Fromm).

C. G. Jung und nach ihm auch andere Vertreterinnen und Vertreter der transpersonalen Psychologie haben entdeckt, dass hinter der manifesten Psyche eine tiefere, gestaltlose und mit Worten nicht beschreibbare Schicht liegt. Jung spricht vom „wahren Selbst" (Meister Eckart als Mystiker nennt es „Seelengrund") oder sogar von der „leeren Krippe", in die hinein Gott geboren werden will. Jung geht so weit zu sagen, er habe keinen Patienten in der zweiten Le-

benshälfte getroffen, dessen eigentliches Problem kein spirituelles gewesen sei. „Heilung“ habe er nur da erlebt, wo es zu einer spirituellen Wende und Neuausrichtung gekommen sei. Das betrifft nicht zuletzt die Heilung von seelischen Gebundenheiten und Suchtabhängigkeiten.
Das Enneagramm kann dazu beitragen, unsere psychischen Blockaden und Fixierungen deutlicher zu sehen. Insofern gehört es zu den Werkzeugen der Psychologie. Gleichzeitig lädt es zum Schritt über die Ego-Grenze ein und hilft, den psychisch integrierten und spirituell erleuchteten Menschen anzuvisieren, der Fixierungen und Automatismen transzendiert hat. Nach christlicher Auffassung hat dieser „wahre“ und „neue“ Mensch in der Gestalt Jesu Christi Gestalt angenommen. Jesus Christus ist der psychisch gesunde und spirituell erleuchtete Mensch, die fleischgewordene Einladung Gottes, ganz Mensch zu werden: sich loszulassen in den Abgrund der brennenden Liebe, die sich doch nicht verzehrt. Konsequenterweise unterscheidet Paulus den „alten (egozentrischen) Menschen“ und den „neuen Menschen“, der „Christus angezogen“ hat und immer mehr von seiner Freiheit und Würde umgestaltet wird: „Ich lebe, das heißt: nicht mehr ich – sondern Christus lebt in mir!“ (Galater 2,20)

Das Enneagrammsymbol

Das Enneagramm (griechisch: ennea = neun; gramma = Buchstabe, Punkt) ist eine neuneckige geometrische Figur, bestehend aus einem Kreis, an dessen Peripherie im Abstand von jeweils 40 Grad neun Punkte markiert sind. Sie werden einerseits durch ein gleichschenkliges Dreieck, andererseits durch ein unregelmäßiges Sechseck miteinander verbunden.

Nummeriert werden diese Punkte – beginnend mit dem ersten Punkt rechts vom Kreisscheitel – im Uhrzeigersinn von eins bis neun. Das innere gleichseitige Dreieck verläuft durch die Punkte 3 – 6 – 9, das unregelmäßige Sechseck hingegen verbindet die Punkte 1 – 4 – 2 – 8 – 5 – 7, was der periodisch wiederkehrenden Ziffernfolge nach dem Komma entspricht, wenn man eine Zahl von 1 bis 6 durch 7 teilt.

Gurdjieff und sein Prozessmodell

Das Symbol wurde 1916 von dem kaukasischen Abenteurer und spirituellen Sucher und Lehrer *G. I. Gurdjieff* (vermutlich 1872–1949) in der westlichen Hemisphäre vorgestellt, und zwar als (angeblich) uraltes Symbol aus der islamisch-mystischen Tradition, das er in einem bis heute nicht identifizierbaren Derwischkloster „Sarmung“ kennengelernt

Das Enneagrammsymbol

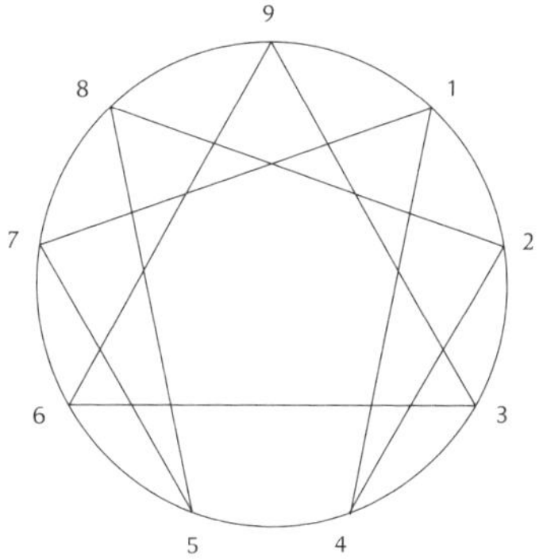

haben will. Für diese Herkunftslegende gibt es bis heute keine stichhaltigen Belege.

Nach Gurdjieff, der später bei Paris eine spirituelle Lebensschule gründete, ist das Enneagramm *das* Universalsymbol schlechthin, das buchstäblich jedes Naturphänomen und jeden Lebensprozess beschreibt. Eine systematische Ausarbeitung zu dieser Theorie fehlt bei ihm allerdings. Gurdjieff erschöpft sich in oft geheimnisvollen und verwirrenden Andeutungen. So steht bei ihm der *Kreis* unter anderem für die Vollendung (der Erlösung) oder für Prozesshaftigkeit an und für sich, das *Sechseck* für die geschaffene und erlösungsbedürftige Welt (sechs Schöpfungstage!), das *Dreieck* für die rettende göttliche Kraft (Glaube, Liebe, Hoffnung). Das Enneagramm Gurdjieffs stellt neben allen erdenklichen partikularen Prozessen und Bewegungen letztlich die gesamte Heilsgeschichte dar, ausgehend vom Elend der Menschen über die Krise bis zur Vollendung. Für Gurdjieff ist das Enneagramm eine Art Weltformel, ja, geradezu der „Stein der Weisen".

Gurdjieff versteht das Enneagramm niemals statisch, sondern ausschließlich als Symbol von Bewegungen und Prozessen. Es ist bei ihm unter anderem Grundlage von Gruppenchoreografien („Movements"), bei denen das auf dem Boden markierte Enneagramm „durchtanzt" wurde.

Folgerichtig ist eine der markantesten Deutungen des Symbols die musikalische: Das Sechseck innerhalb des Symbols repräsentiert für Gurdjieff das „Gesetz der Sieben“ bzw. das „Gesetz der Oktave“. Da der achte Ton der Oktave mit dem ersten identisch ist, besteht die Oktave aus sieben Tönen (Gesetz der Sieben). Im Enneagrammsymbol wird Punkt 9, der außerhalb des Sechsecks liegt, als Grundton der Tonleiter (c bzw. c‘) angenommen. Die weiteren Töne folgen im Uhrzeigersinn, wobei die Dreieckspunkte 3 und 6 zunächst ausgespart bleiben: 1 = d, 2 = e, 4 = f, 5 = g, 7 = a, 8 = h.

Das Oktavgesetz beschreibt das Prinzip der Kraftabweichung, da es nach Gurdjieff in der Natur und im menschlichen Handeln keine gradlinigen Prozesse gibt, sondern nur abgelenkte. Die Schwäche menschlicher Willenskraft reicht nicht aus, um ursprüngliche gute Intentionen auch zum guten Ende zu bringen, da wir Menschen spirituell „schlafen“ und das Handeln des „unerwachten“ Menschen maschinell und mechanisch ist. Um zu erwachen, bedarf der Menschen der göttlichen Kräfte, die sich im „Gesetz der Drei“ manifestieren. Erwachen und spirituelle Entwicklung sind nicht möglich ohne dritte Kraft von außen („Schock“), da der Mensch ohne sie in einem blinden Automatismus verbleibt und durch das Gegeneinander verschiedenster Ich-Zustände gelähmt wird. Es bedarf zum Erwachen zweier Schockpunkte: Den ersten (Punkt 3) nennt Gurdjieff

Das Prozessmodell nach Gurdjieff

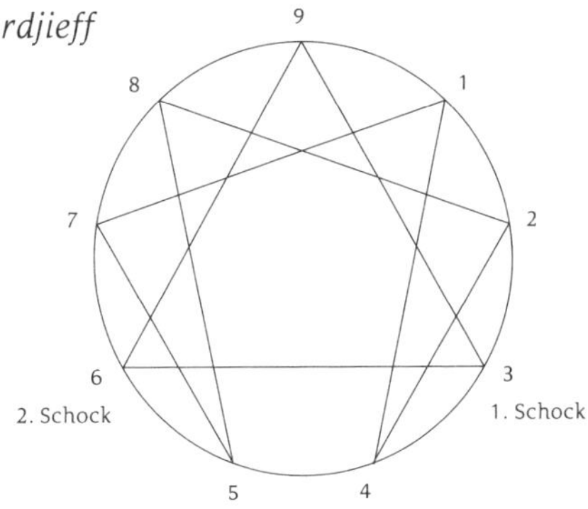

„mechanisch“: Das automatisch-maschinell verlaufende Leben gerät durch ein Ereignis von außen in die Krise. Diese Krise ist nicht automatisch wachstumsfördernd. Der Mensch kann (und wird in der Regel) nach der Krise abermals „einschlafen.“ Punkt Sechs ist der zweite und „bewusste“ Schockpunkt, der Entschluss des Menschen, aus dem Automatismus auszubrechen und am eigenen Wachen und Wachsen zu „arbeiten“. In der Musik manifestiert sich dieses Gesetz in der Tonleiter, wo zwischen e und f und h und c in Gestalt von plötzlichen Halbtonschritten eine „Lähmung“ auftaucht, die durch den „Schock“ eines Leittons überwunden werden muss. Der fortschreitende Veränderungsprozess ist die lebenslange spirituelle Aufgabe, das „Werk“, wie Gurdjieff es nennt.

Klausbernd Vollmar hat Gurdjieffs Impuls in unserer Zeit aufgegriffen und als Schlüssel zum Verstehen und Organisieren von Veränderungsprozessen weiterentwickelt (siehe dazu ab Seite 208).

Eine Persönlichkeitstypologie hat Gurdjieff nie entwickelt; das geschah erst Jahrzehnte später durch *Oscar Ichazo*. Für die spirituelle Arbeit (mit oder ohne Enneagramm) relevant bleibt aber dennoch Gurdjieffs Beobachtung, dass menschliches Erwachen und Reifen prozesshaft verlaufen. Sie ergeben sich aus dem Zusammenwirken von Gnade (dem „göttlichen“ Impuls an den beiden Schockpunkten)

und bewusster Arbeit an sich selbst. Denn auch der spirituell bereits angesprochene, erleuchtete oder bekehrte Mensch droht immer wieder in den übermächtigen Automatismus des spirituellen Schlafzustands (das heißt in der Sprache des typologischen Enneagramms in sein automatisches „Muster“ oder seine „Leidenschaft“) zurückzufallen.
Darüber hinaus hat Gurdjieff unabhängig von der Enneagrammfigur eine zweite Vorstellung entwickelt, die für den Umgang mit dem typologischen Enneagramm erhellend wirken kann: Er geht davon aus, dass der Mensch drei „Hirne“ bzw. drei „Zentren“ hat, die Gurdjieff Bewegungs-, emotionales und intellektuelles Zentrum nennt. Dabei differenziert sich das „Bewegungszentrum“ nochmals in drei Subzentren aus: das „sexuelle Zentrum“, das „instinktive Zentrum“ und das „Bewegungszentrum“ (im engeren Sinn). Das emotionale Zentrum und das intellektuelle Zentrum teilen sich jeweils in einen „niederen“ und einen „höheren“ Subbereich, sodass insgesamt sieben Subzentren entstehen.
Im typologischen Enneagramm werden später daraus die drei Personzentren, die in der Literatur meist als „Bauch-“, „Herz-“ und „Kopfzentrum“ bezeichnet werden.
Schließlich ging Gurdjieff davon aus, dass jede Persönlichkeit einen markanten Hauptcharakterzug hat. Er unterschied an die 20 Arten von „Idioten“, wie er seine Typen

Die sieben Subzentren nach Gurdjieff

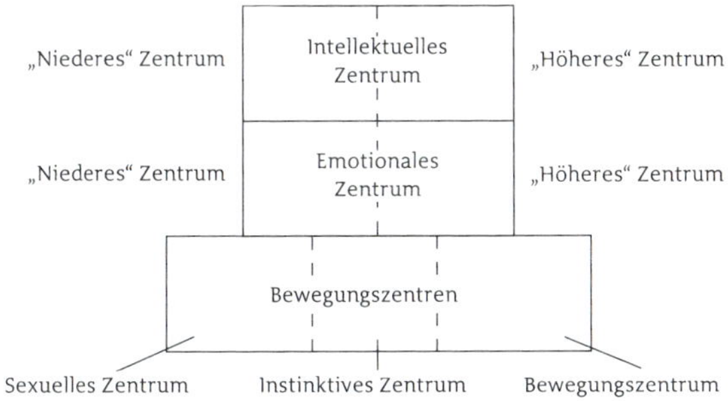

nannte, brachte aber diesen Gedanken nicht mit dem Enneagrammsymbol in Verbindung. Das hat viele Jahrzehnte später Oscar Ichazo auf seine Weise getan.

Oscar Ichazos Enneagramm der Persönlichkeit

Eigentlicher Entdecker oder „Erfinder“ des Enneagrammsymbols als Ausgangspunkt einer Persönlichkeitstypologie ist der Bolivianer *Oscar Ichazo* (geboren 1931). Leider verschleiert auch Ichazo – ähnlich wie Gurdjieff – die Ursprünge seiner Erkenntnis. Vermutlich kam er schön früh mit Gurdjieffs Lehre in Berührung. Auf „Pilgerreisen“ in den Orient ist er angeblich in den 50er Jahren in sufistischen Naqshbandi-Gemeinschaften auf das Enneagramm gestoßen. 1970 gründete er im chilenischen Ort Arica ein Institut, zu dem bald etliche US-Amerikaner um den chilenischen Psychiater Claudio Naranjo zu einem zehnmonatigen Intensivkurs strömten. Sie verbreiteten Ichazos Lehre – eine Mischung aus Übungen und Techniken aus vielen religiösen Traditionen und vor allem seine Darstellung des „Enneagons“ – anschließend in Nordamerika.
Ichazo geht davon aus, dass es neun verschiedene Möglichkeiten gibt, wie sich das menschliche Ego in der frühen Kindheit in der Psyche eines Menschen „fixieren“ kann. Der

Persönlichkeitstyp jedes Menschen entwickelt sich um eines von neun Selbstbildern herum, denen die jeweilige Ego-Fixierung zugrunde liegt. Jede Fixierung wird von einer von neun „Leidenschaften" unterstützt. Ichazos Katalog der neun Leidenschaften erinnert frappierend an die Liste der acht bzw. neun Leidenschaften, die der ägyptische Wüstenvater Evagrius Pontikus im 4. Jahrhundert im Rahmen seines Prozessmodells des spirituellen Heiligungsweges formuliert hat. Evagrius nennt Völlerei, Unzucht, Habsucht, Traurigkeit, Antriebslosigkeit, Zorn, Ehrsucht, Neid und Stolz. Diese Reihenfolge hat eine besondere Bedeutung. Aus der Leidenschaftslehre des Evagrius hat später Papst Gregor der Große die Lehre von den sieben Hauptsünden abgeleitet (oft fälschlich als sieben „Todsünden" bezeichnet): Stolz, Geiz, Unkeuschheit, Neid, Unmäßigkeit, Zorn und Trägheit. Ichazo kehrt zur Neunzahl zurück, indem er die sieben klassischen Hauptsünden Gregors durch „Lüge" und „Angst" ergänzt und diese neun „Leidenschaften", wie er sie im Anschluss an die Wüstenväter nennt, intuitiv den neun Fixierungen zuordnet.

Ichazo geht davon aus, dass die „Essenz" des Menschen, also sein Wesen, vollkommen und göttlich ist. Dann beginnt die Entwicklung des Egos: Objektivität wird durch verzerrte subjektive Wahrnehmung ersetzt, an die Stelle der Essenz tritt die Persönlichkeit. Damit das Ego abgebaut

Die neun Leidenschaften

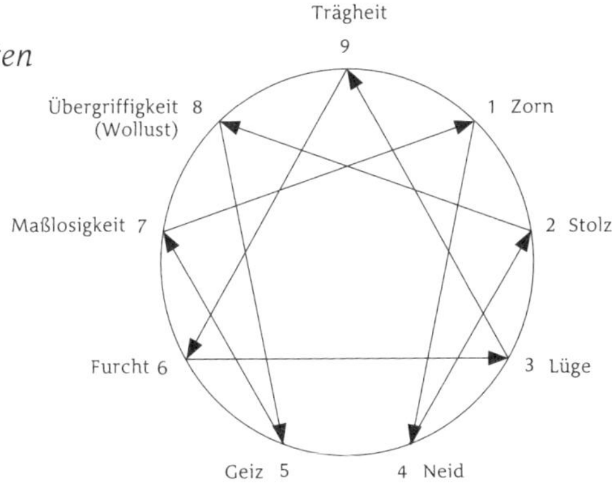

werden kann, muss es zunächst einmal schonungslos wahrgenommen, benannt und dekonstruiert werden.
Da die neun Leidenschaften jeweils auf ein Defizit hinweisen bzw. einem solchen entspringen, kann Ichazo – wie schon der Wüstentherapeut Evagrius – den neun Leidenschaften neun positive Qualitäten bzw. „Tugenden" gegenüberstellen, die ans Licht kommen, wenn das Defizit hinter dem jeweiligen Charaktertypus entlarvt und die dahinter liegende „Essenz" freigelegt ist. Die Transformation wird durch neun spezifische *Heilige Ideen* inszeniert und befördert, die eine positive, einladende Anziehungskraft besitzen und die wahre Persönlichkeit gleichsam aus dem Versteck der Fixierung herauslocken.
Von Gurdjieff übernimmt Ichazo auch die Dreiteilung der Zentren mit den sieben Subzentren. In der späteren Enneagrammrezeption werden daraus wie erwähnt die drei Hauptzentren Kopf, Herz und Bauch.
Der chilenische Psychiater *Claudio Naranjo,* Schüler Oscar Ichazos, hat den neun „Typen" Ichazos neun spezifische Abwehrmechanismen zugeordnet und die Pfeiltheorie entwickelt, die die Dynamik der neun Typen zueinander beschreibt. Er beobachtete, dass sich in Stresssituationen der Charakter eines Menschen so verändern kann, dass er (unreife) Züge jenes Charakterpunktes zeigt, der in Pfeilrichtung fixiert ist.

Die Abwehrmechanismen

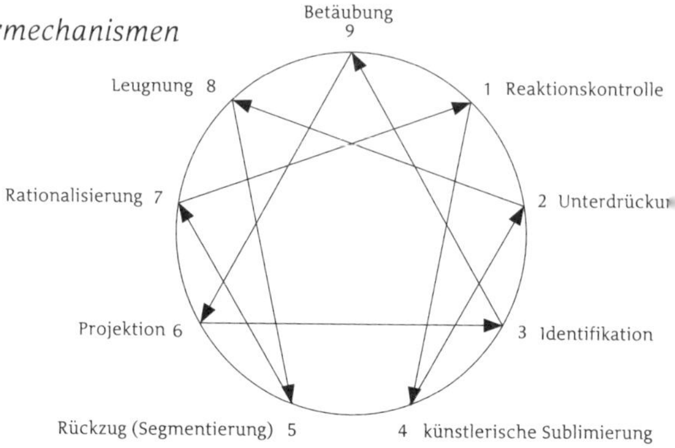

Zusammenfassend: Ichazo hat von Gurdjieff das Enneagrammsymbol, die Vorstellung von drei „Zentren“ (mit sieben Subzentren) und die Idee übernommen, dass jeder Mensch einen Kardinalmangel hat. Darüber hinaus haben beide Ansätze nichts miteinander zu tun. Der renommierte Psychologe Claudio Naranjo hat das geheimnisvolle Konstrukt seines Lehrers mit modernen psychologischen und klinisch fundierten Erkenntnissen angereichert und auf diese Weise wissenschaftlich aufgewertet und validierbarer gemacht. Wissenschaftlich exakt nachweisen lässt sich die „Stimmigkeit“ des Modells dennoch nicht. Der Psychologe *Markus Becker* hat aber gezeigt, dass sein *Enneagrammtypentest* einen höheren Validitätsgrad erreicht als das wissenschaftlich anerkannte *Freiburger Typeninventar*. Auch die erwähnten Forschungen von Palo Alto weisen in diese Richtung. Das Enneagramm der Persönlichkeit ist und bleibt dennoch eher ein weisheitliches Modell, das aus spirituellen Quellen schöpft, die bis in die Zeit des frühen Mönchtums zurückreichen. Die geniale Leistung Oscar Ichazos ist die intuitive Verknüpfung des von Gurdjieff übernommenen geheimnisvollen Enneagrammsymbols mit spirituellem Erfahrungswissen über die Blockaden, Leidenschaften und Tugenden der menschlichen Seele. Obwohl viele das Enneagramm weiterentwickelt und mit eigenen Einsichten und Spekulationen angereichert haben, bleibt es als Typologie den Grundideen verpflichtet, die in den 50er und 60er Jahren des 20. Jahrhunderts dem Bolivianer Oscar Ichazo „zugefallen“ sind. Sie bedürfen freilich ständiger Überprüfung und kritischer Hinterfragung, damit gewährleistet bleibt, dass sie innerpsychische Realitäten *beschreiben* – und nicht *produzieren*.

Der christliche Beitrag

Schon bald hielt das Enneagramm in der christlichen Seelsorge und spirituellen Begleitung Einzug. Der Jesuit *Robert Ochs* hatte den ersten Kurs Naranjos auf nordamerikanischem Boden besucht und hinter dem Modell sofort die Wüstenvätertradition von den acht bzw. neun Leidenschaften erkannt. Er war Lehrer an der katholischen Loyola-Universität in Chicago, von wo aus sich das neue Modell wie ein Lauffeuer in die katholische Erwachsenenbildung und Exerzitienarbeit ausbreitete und in den 70er Jahren an vielen Orten mündlich tradiert wurde – meist unter dem Siegel einer „Geheimlehre“, die nicht veröffentlicht werden dürfe.

1984 brachen drei US-amerikanische Ordensleute (*Patrick O'Leary, SJ, Maria Beesing, OP* und *Robert Nogosek, CSC*) den Bann und verfassten auf christlicher Grundlage das erste Einführungsbuch zum Enneagramm der Persönlichkeit überhaupt. Sie ergänzten die Ideen Ichazos und Naranjos durch die Zuordnung der neun Typen zu den drei „Reaktionszentren“ (Bauch: 8, 9, 1; Herz: 2, 3, 4 und Kopf: 5, 6, 7) und entwickelten auch die Flügeltheorie, wonach jeder Typ Anteil an der Energie seiner beiden unmittelbaren Nachbarn hat. Auch Naranjos Idee von „Stresspunkten“ entwickelten sie weiter: Sie beobachteten wie schon Naranjo, dass sich der Typ unter Stress in Pfeilrichtung bewegt und destruktive Züge jenes Musters annimmt, auf das die Pfeilspitze trifft (Desintegrationsrichtung: 1 „desintegriert“ nach 4, 4 nach 2, 2 nach 8, 8 nach 5, 5 nach 7, 7 nach 1, 9 nach 6, 6 nach 3, 3 nach 9). Umgekehrt – das ist neu – konstatierten sie, dass sich die Persönlichkeit unter „stressarmen“ Daseinsbedingungen und unter dem Einfluss der göttlichen Gnade *gegen* den Pfeil bewegen und die (positiven) Züge jenes Musters annehmen kann, auf das das Pfeilende trifft (Integrationsrichtung: 1 integriert nach 7, 7 nach 5, 5 nach 8, 8 nach 2, 2 nach 4, 4 nach 1, 9 nach 3, 3 nach 6, 6 nach 9).

Das Hauptverdienst der christlichen Enneagrammrezeption besteht darin, dass ein fruchtbarer und kritischer Dialog zwischen Sprache und Erfahrung christlicher Seelenführung einerseits (insbesondere ignatianische Exerzitien und geistliche Begleitung) und Ichazos Fixierungsmodell ande-

Die Trost- (T) und Stresspunkte (S)

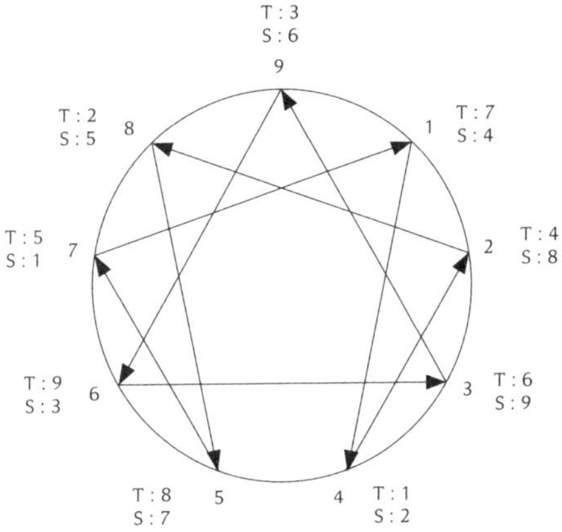

rerseits entsteht. Vor allem aber wird aus Ichazos überzogenem Selbsterlösungsversprechen (er geht ursprünglich davon aus, dass konsequente Enneagrammarbeit plus Meditation plus eine bestimmte ausgewogene Diät vollständige Erleuchtung *garantieren!*) ein einladendes und geerdetes Gnadenmodell. Die christliche Enneagrammschule setzt die bleibende Gebrochenheit des Menschen voraus und lädt ihn dennoch zum Wachstum und zur geistlichen Reifung im Licht der Liebe und Gnade Gottes ein. Die Heiligen Ideen werden als Einladungen Gottes verstanden, die „Tugenden" werden durch die paulinischen Früchte des Geistes ersetzt. Früchte sind nicht machbar, sondern wachsen von alleine. Sie sind – wie erwähnt – Anteilhabe an den Eigenschaften Gottes. Ständige Umkehr von den Leidenschaften und von jenem *Misstrost,* den sie anbieten (der Begriff stammt aus den ignatianischen Exerzitien), führt zu immer tieferem *Getrostsein,* zu heiliger Begeisterung, Dankbarkeit und innerem Frieden.

Auch die christlichen Enneagrammlehrer sind der Meinung, dass Gottes Gnade die Arbeit an der eigenen Entwicklung nicht ausschließt, sondern geradezu initiiert. Ähnlich wie die Wüstenväter kennen sie die Dialektik und Komplementarität von Gnade (Kontemplation) und eigener Verantwortung und Mühe (Kampf), die schon *Paulus* beschreibt, der nicht im Verdacht steht, Selbsterlösung zu

Die Erfahrung der zuvorkommenden Gnade Gottes setzt lebensverändernde Impulse und die Bereitschaft frei, sich um die eigene Heiligung zu mühen.

propagieren: „Müht euch um euer Heil mit Furcht und Zittern! Denn Gott ist es, der – über euren guten Willen hinaus – in euch das Wollen wirkt und das Vollbringen" (Philipper 2,12f). Die Erfahrung der zuvorkommenden Gnade Gottes setzt lebensverändernde Impulse und die Bereitschaft frei, sich um die eigene Heiligung zu mühen. *Martin Luther,* ein wohl unverdächtiger Zeuge, wenn es um das Verhältnis von Gnade und eigenem Wirken geht, sagt einmal: „Bete, als ob alles Arbeiten nichts hilft – und arbeite, als ob alles Beten nichts hilft." Auch er weiß, dass der spirituelle Weg ein Übungs- und Wachstumsweg ist: „Das christliche Leben ist nicht Frommsein, sondern Frommwerden, nicht Gesundsein, sondern Gesundwerden, nicht Ruhe, sondern Übung. Wir sind's noch nicht, wir werden's aber. Es ist noch nicht getan und geschehen, es ist aber im Gang und Schwang. Es ist nicht das Ende, es ist aber der Weg. Es glüht und glänzt noch nicht alles, es bessert sich aber alles." *Dietrich Bonhoeffer* hat vor der „billigen Gnade" gewarnt, die auf die Kreide des lieben Gottes zecht und weiter schläft. Zur Spiritualität des Enneagramms gehört die Einladung, die Jesus an den Gelähmten vom Teich Bethesda gerichtet hat: „Steh auf, nimm dein Bett (das Ruhebett deines Gewohnheitsmusters) und geh!"

Die drei Zentren

Schon Gurdjieff war wie erwähnt von drei „Hirnen“ oder „Zentren“ im Menschen ausgegangen, dem Bewegungszentrum, dem Gefühlszentrum und dem intellektuellen Zentrum mit ihren Subzentren, freilich ohne diese Zentren mit dem Enneagrammsymbol in Verbindung zu bringen. Ichazo übernahm diese Vorstellung modifiziert und sprach von drei „Grundinstinkten“, die in jedem Menschen angelegt sind (sexueller Instinkt, sozialer Instinkt, Selbsterhaltungsinstinkt). In jedem der neun Persönlichkeitsmuster kann deshalb zusätzlich zur Grundfixierung einer dieser drei Instinkte dominieren, wodurch die Zahl der „Typen“ letztlich auf 3 x 9 = 27 anwächst (neun Typen mit jeweils drei Subtypen). Maria Beesing, Robert J. Nogosek und Patrick H. O'Leary haben aus der Annahme der drei Zentren ihre Triaden-Theorie entwickelt, die Idee von drei „Reaktionszentren“ (Leibmitte bzw. Bauch als Instinktzentrum, Herz als Gefühlszentrum und Kopf als Denkzentrum) und jedem dieser Zentren drei Enneagrammmuster zugeordnet: 8, 9, 1 gehören zum Instinktzentrum; 2, 3, 4 zum Gefühlszentrum; 5, 6, 7 zum Denkzentrum.

Allerdings gehen die neun Muster mit ihrer jeweiligen Zentrumsenergie unterschiedlich um. Die *Zentralpunkte* der drei Zentren (9, 3, 6), die durch das gleichseitige Dreieck

Die drei Zentren

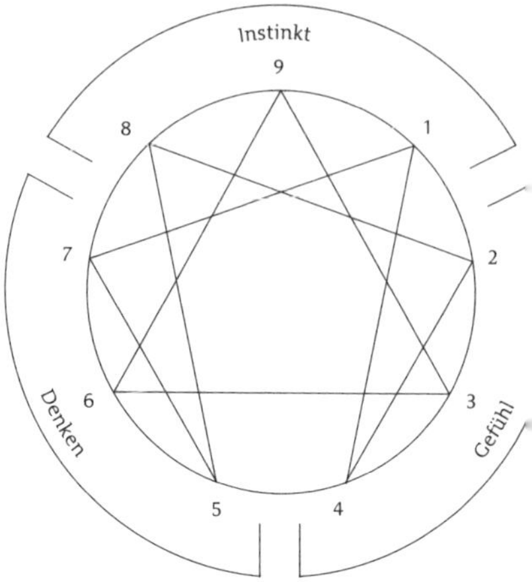

miteinander verbunden sind, sind überraschenderweise ausgerechnet die Punkte, die mit der Energie ihres eigenen Zentrums den Kontakt verloren haben, sodass sie im entscheidenden Augenblick nicht auf diese Energiequelle zurückgreifen können (die NEUN hält ihre Aggression unter Verschluss, die DREI hat keinen Zugang zu den eigenen echten Gefühlen, die SECHS traut den eigenen Gedanken nicht, sondern delegiert das Denken lieber an Autoritäten). Der *linke* Flügelpunkt innerhalb eines Zentrums (8, 2, 5) übertreibt die Energie seines Zentrums (die ACHT tritt mit offenem Machtanspruch auf, die ZWEI geht in der emotionalen Zuwendung anderen gegenüber auf, die FÜNF verharrt in der Position des zurückgezogenen, analytischen Beobachters). Der *rechte* Flügelpunkt richtet die Zentralenergie nicht nach außen, sondern „versteckt" bzw. introvertiert sie, indem er sie auf sich selbst richtet (der Groll der EINS richtet sich in erster Linie gegen sie selbst, die VIER fixiert sich in der Falle der Selbstverliebtheit und die SIEBEN nutzt ihr Denkvermögen, um den eigenen Lebensgenuss zu planen).

Der Fokus des *Instinktzentrums* ist Kraft und Stärke. „Bauchmenschen" erleben das Dasein als Kampf, in dem sie sich behaupten müssen. Sie reagieren zunächst und unmittelbar emotional „aus dem Bauch heraus", bevor sie denken oder nach den Emotionen ihrer Mitmenschen fragen. *Ma-*

rion Küstenmacher spricht vom „Zentrum der instinktiven Selbstbehauptung".

Der Fokus des *Herzzentrums* liegt außerhalb der eigenen Person. „Herzmenschen" buhlen um die Anerkennung ihrer Mitmenschen und entwickeln dabei ein besonderes Gespür für die Gefühle und Bedürfnisse anderer. Der Name „Gefühlszentrum" ist insofern zwiespältig, als die Muster dieses Zentrums zwar mit den Gefühlen *anderer* in Fühlung sind, nicht aber mit den eigenen. Weil sie ständig aktiv damit beschäftigt sind, andere zu beeindrucken, sollte dieses Zentrum nach einem Vorschlag von *Suzanne Zuercher* besser *Aktivitäts-* oder *Handlungszentrum* genannt werden. *Marion Küstenmacher* spricht vom „Beziehungs- oder imageorientierten Zentrum", weil das Thema dieses Zentrums die Gestaltung von Beziehung ist.

Der Fokus des *Denkzentrums* ist Analyse. „Denkmenschen" versuchen die Situation zu durchschauen, indem sie sich zunächst mental von ihr distanzieren und erst später eigenen Gefühlen oder Instinkten Raum geben. Dieses Zentrum dreht sich um die Angstbewältigung und sorgt primär für mentale Orientierung und Sicherheit angesichts bedrohlicher oder „ungesicherter" Situationen.

Die sechs Flügelmuster der drei Zentren (also 8, 1, 2, 4, 5, 7) sind durch jeweils ein Nachbarmuster auch mit einem benachbarten Zentrum verbunden und haben so Anteil an dieser Zentrumsenergie. Darüber hinaus haben die Punkte 1, 4, 5 und 8 durch die Pfeile (Trost- und Stresspunkt) Kontakt zu einem dritten Zentrum. Das gilt allerdings nicht für die Punkte 2 und 7, deren „Trostpunkt" im eigenen Zentrum liegt und die zu dem gegenüberliegenden Zentrum keinen direkten Draht haben. Die drei Zentralmuster (9, 3, 6) sind über das Dreieck miteinander verbunden und stehen auf diese Weise in Verbindung mit den beiden übrigen Zentren.

Immer wieder ist vorgeschlagen worden, auch noch unsichtbare und verborgene weitere Linien („hidden lines") anzunehmen (zum Beispiel zwischen 2 und 5 sowie zwischen 7 und 4). Sie kommen zustande, wenn man die Enneagrammpunkte durch drei gleichseitige Dreiecke verbindet. Ausführungen zu diesen und weiteren Spekulationen würden den Rahmen dieses Buchses sprengen und müssen anderswo diskutiert werden.

Zusammenfassung: Das Enneagramm der Persönlichkeit besteht aus einem Kreis, auf dem im Abstand von 40 Grad neun Fixpunkte markiert sind. Der Kreis ist als energetisches „Kontinuum" zu verstehen, sodass die Übergänge zwischen den Fixpunkten fließend sind. Die neun Persönlichkeitsmuster gehören drei Triaden an: Bauchzentrum (oder Leibmitte) mit 8, 9, 1, Herz- bzw. Aktionszentrum mit 2, 3, 4, Kopfzentrum mit 5, 6, 7. Verbunden sind die Fixpunkte mit ihren beiden Nachbarn (Flügeln)

Auf dem Wandlungsweg durch Gottes Gnade
ist der Mensch eingeladen,
an der Gestaltwerdung der Gnade
im eigenen Leben mitzuwirken.

und mit denjenigen Punkten, auf die man in Pfeilrichtung (Stress- oder Desintegrationspunkt) oder gegen die Pfeilrichtung (Trost- oder Integrationspunkt) trifft. Das jeweils erste Muster einer Triade übertreibt die Zentrumsenergie, das mittlere verleugnet sie, das dritte internalisiert sie.

Jedem Muster liegen eine bestimmte Fixierung und ein falsches Selbstbild zugrunde, die jeweils aus einer von neun Leidenschaften (die sieben Hauptsünden der katholischen Tradition plus Lüge und Angst an den beiden Gurdjieffschen „Schockpunkten" 3 und 6) erwachsen. Jedes Muster produziert spezifische Vermeidungen und Abwehrmechanismen, birgt aber auch ein verborgenes Potenzial, das der Erlösung und Freisetzung harrt und den neun Heiligen Ideen entspricht. Auf dem Wandlungsweg, der durch Gottes Gnade und Initiative möglich ist, ist der Mensch eingeladen, an der Gestaltwerdung der Gnade im eigenen Leben mitzuwirken, indem er dem Wirken der Gnade Raum schenkt (aktive Passivität). Dabei reifen die neun Früchte des Geistes heran, die Anteilhabe an Gottes Eigenschaften sind.

Die neun Muster

Beschrieben wird im Folgenden die jeweils „fixierte“ Gestalt, also der (vergröbernd karikierte) Zustand *nach* dem „Fall“, der darin besteht, dass der Kontakt zu Gott und zu den heiligen Ideen verloren geht, und *vor* der Bewusstwerdung der eigenen Automatismen und dem darauf (hoffentlich) folgenden Wandlungsprozess. Je authentischer und konsequenter der Prozess der Selbsterkenntnis, Selbstannahme und Selbstüberschreitung verläuft, desto weniger zutreffend ist die Beschreibung der Verfestigungen. Die Karikaturen der neun Muster kennzeichnen einen möglichen und hilfreichen Ausgangspunkt des spirituellen Prozesses: Die schockierende und schockierte Selbsterkenntnis kann zur (meist schmerzhaften) Initiation eines Wandlungsweges werden. Die Auseinandersetzung mit dem Enneagramm beginnt in der Regel „negativ“, nämlich mit der ernüchternden Erkenntnis des eigenen Schattens.

Die Herztriade

Muster ZWEI: Übertriebene emotionale Zuwendung; Helfer, Geber, Fürsorger

Die Wunde der ZWEI ist ein Mangel an emotionaler Zuwendung; es ist die „Wunde des Ungeliebten“ (Peter Schellenbaum). Die Sehnsucht der ZWEI ist ein Ort, wo ihre tiefsten

Bedürfnisse gesehen, zugelassen und gestillt werden, wo sie Zärtlichkeit und Geborgenheit erfährt. Aber sie hat den Kontakt zu dieser Sehnsucht verloren.

Weil eigene vitale Bedürfnisse nicht befriedigt worden sind, hat die ZWEI diese Bedürfnisse gleichsam verdrängt und „vergessen" und stattdessen gelernt, mit schlafwandlerischer Sicherheit fremde Bedürfnisse wahrzunehmen und zu bedienen. Dabei gibt sie authentische Selbstfürsorge auf und geht in der fürsorglichen Rolle für andere auf. Die ZWEI braucht es, gebraucht zu werden. Deswegen ist ihr Altruismus ein verkappter Egoismus. Sie schmeichelt anderen, um selbst umschmeichelt zu werden. Sie wendet sich zu, um Zuwendung und Selbstwert zu erfahren. Denn ihre tiefste Furcht ist, um ihrer selbst willen nicht liebenswert zu sein. Deswegen „kauft" sie Liebe.

Die Selbstlosigkeit der ZWEI trügt. Sie ist extrem auf Dank angewiesen und möchte, dass ihr Selbstbild als „Gutmensch" bestätigt und belohnt wird. Ihre Zuwendung hat etwas Klebriges und Manipulatives. Bleibt die erwartete Zuneigung aus, kann die scheinbar so warmherzige und fürsorgliche ZWEI kalt und distanziert werden und sich aggressiv aus einer (symbiotischen) Beziehung lösen.

Der falsche Stolz, die „Leidenschaft" der ZWEI, besteht in einem messianischen Unentbehrlichkeitswahn, hinter dem in Wirklichkeit die verborgene eigene Armut und Liebesbedürftigkeit stecken. Die unerlöste ZWEI ist ein „hilfloser Helfer“, der sich der eigenen Bedürftigkeit schämt und die eigenen Bedürfnisse für nicht stillbar hält. ZWEIer, die andere so gern und ungefragt unterstützen, tun sich schwer, selbst Unterstützung zu suchen und anzunehmen. Sie wollen die Welt heilen und glauben nicht, dass sie selbst heilbar sind. ZWEIer sind besonders von Burn-out-Syndromen und Herz-Kreislauf-Erkrankungen bedroht. Außerdem sind sie häufig suchtgefährdet. Sie „belohnen“ sich gern für all den Stress mit falschem Trost, mit Süßigkeiten, zu viel Essen, Alkohol oder Sex.

Die Umwelt reagiert auf das Muster ZWEI ambivalent. Die ZWEI wird einerseits ausgenutzt, weil es bequem ist, dass es Menschen gibt, denen es Freude zu machen scheint, zu dienen und zu helfen. Andererseits spürt die Umwelt das unausgesprochene Buhlen der ZWEI um Dank und Anerkennung, das der eigentliche Motor ihres Engagements und ihres Aktivismus ist, und reagiert häufig eher distanziert als überschwänglich.

ZWEIer tun sich schwer mit Kritik, vor allem wenn sie sich von der Kritikerin oder dem Kritiker nicht vorbehaltlos wertgeschätzt fühlen. Auf persönliche Angriffe können sie gekränkt, gereizt und verbittert und vor allem mit demonstrativem „Liebes“entzug reagieren. Wenn die ZWEI die eigene Falle durchschaut, kann das eine Zeitlang zu einem extremen Unabhängigkeitsdrang führen, der für ihre Umgebung anstrengend und nervenaufreibend ist. Undank wird abgestraft durch Verweigerung von Gefälligkeit. Wo vorher zu viel „Du, Du, Du“ und zu viel „Ja, Ja, Ja“ war, ist jetzt zu viel „Ich, Ich, Ich“ und zu viel „Nein, Nein, Nein“.

Die eigentliche therapeutische und spirituelle Einladung an die ZWEI liegt in dem Wort „Freiheit“, das die Seele der ZWEI anzieht und lockt. Denn sie leidet unter der eigenen Unfreiheit, unter dem eigenen Zuwendungszwang und unter der distanzlosen Freiheitsberaubung, die sie gerade ihr wichtigen Mitmenschen zumutet. In Freiheit sich zu geben und zu dienen bedeutet, die Stricke der Manipulation zu lösen und andere Menschen um ihrer selbst willen zu lieben und dabei die eigenen echten Bedürfnisse immer mehr zu erspüren und ihnen Raum zu geben. Dann werden die Liebesfähigkeit und Zugewandtheit der ZWEI, ihr Mitgefühl, ihre Fürsorge und Großzügigkeit zur echten Gabe. Dann wächst echte Demut anstatt einer zur Schau gestellten Dienstfertigkeit. Gesunde Distanz und Abgrenzung werden möglich.

Untrügliche Zeichen einer nicht mehr fixierten ZWEI sind echte Demut, die Fähigkeit, aus dem Statusgefälle von Helfer und Bedürftigen auszusteigen, Zugang zu eigenen Bedürfnissen und das Grundgefühl der Dankbarkeit gegenüber Gott, dem Leben und den Mitmenschen.

Heilsam kann sich auf dem Reifungs- und Desidentifikationsweg der ZWEI die Bereitschaft auswirken, selbst Unterstützung zu suchen und anzunehmen.

Gegenstandslose Meditation, die erlaubt, einfach da zu sein, Kontakt mit der Natur, die nicht manipulierbar ist und nicht manipuliert, disziplinierte Körperarbeit wie Yoga oder auch einfache Gymnastik, Sport, musische und künstlerische Betätigung um ihrer selbst willen und fröhliches Feiern im Rahmen lebendiger Gemeinschaft fördern echte Selbstliebe. Die spirituelle Aufgabe und Erlösung der ZWEI besteht darin, mit leeren Händen vor Gott und den Menschen stehen zu können. „Wir sind Bettler, das ist wahr!“ (Luther).

Fixierung: Schmeichelei
Leidenschaft: Stolz
Abwehrmechanismus: Verdrängung
Selbstbild: Ich werde gebraucht
Einladung: Freiheit
Geistesfrucht: Demut und Dankbarkeit

Muster DREI: Verleugnete Gefühle; Leistungs- und Erfolgsmensch, Schauspieler

Die Wunde der DREI ist ein Mangel an Bestätigung und Wertschätzung um ihrer selbst willen. Sie sehnt sich zutiefst danach, ohne Vorleistungen daseinsberechtigt zu sein, geliebt und wertgeschätzt zu werden. Aber sie hat den Kontakt zu dieser Sehnsucht verloren.

DREIer haben früh gelernt, dass man glänzen muss, um zu imponieren, dass man auf der Gewinnerseite und dem Siegertreppchen stehen muss, um die Bestätigung für die Berechtigung ihres Daseins zu bekommen. Um selbst zu gewinnen, muss man andere ausbooten und übertrumpfen und dabei die Herzen des Publikums charmant umgarnen. Das geht nur, wenn man die eigenen Gefühle verleugnet und stattdessen Antennen für das entwickelt, was der jeweiligen Umwelt imponiert, was angesagt ist und ankommt. DREIer werden zu höchst anpassungsfähigen Chamäleons, können im Handumdrehen die Masken und Rollen wechseln und wirken nach außen in der Regel selbstsicher und hoch energetisch.

DREIer stehen gerne im Rampenlicht und sind gute Verkäufer. Vor allem haben sie es gelernt, sich selbst gut zu verkaufen. Sie können redegewandt und gewinnend auftreten und sind in der Regel glänzende Schauspieler, ohne freilich selbst zu merken, dass sie Rollen spielen.

Ihr Abwehrmechanismus ist die Identifikation: Sie gehen so sehr in einem Projekt, einer Aufgabe, einer Firma, einer Beziehung oder einer Rolle auf, dass sie keinerlei Abstand dazu haben und sich gegenüber kritischen Anfragen oder fragwürdigen Aspekten des Unternehmens immunisieren

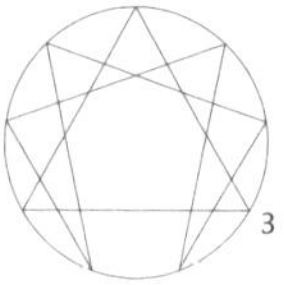

und sie ausblenden. Dabei gehen der Kontakt und der Zugang zu ihrem wahren, nicht rollenverhafteten Selbst völlig verloren.

76 Wenn sie sich mit ihrer Arbeit oder Karriere identifizieren, können DREIer alles Hemmende, etwa Selbstzweifel oder Stressfaktoren, scheinbar mühelos ausschalten und überspielen. Die Leidenschaft der DREI ist die Lüge oder Täuschung: Sie betrügen sich selbst und andere, indem sie nur der lichten Erfolgsseite Raum geben. Um die eigenen Illusionen aufrecht erhalten zu können, befinden sich unerlöste DREIer andauernd in Aktivität. Zeiten der Ruhe und der selbstkritischen Analyse oder Kontemplation werden eher vermieden (auffallend wenige DREIer finden nach meiner Erfahrung den Weg in ein Enneagrammseminar).

So wie die ZWEI die eigenen Bedürfnisse nicht kennt und/oder sich ihrer schämt, so steht hinter dem Aktivismus der DREI die panische Angst vor dem Verlieren, Versagen und Scheitern. Deswegen muss alles, einschließlich Ehe und Familie, „klappen". Vor allem aber muss alles gut aussehen: Image ist wichtiger als Substanz, die Fassade muss glänzen, Effizienz ersetzt den Tiefgang. Droht das Scheitern eines Projekts, seilt sich die DREI meist rechtzeitig ab oder setzt auf ein anderes Erfolg versprechendes Pferd. Eine weitere beliebte Strategie besteht darin, Misserfolge in Erfolge umzudeuten.

Ein solch adrenalinzehrender Lebensstil hat Folgen. Meist ist es der Körper, der irgendwann streikt (Herzinfarkt als Managerkrankheit). Die erste Reaktion von DREIern in solchen Situationen ist häufig der Wunsch und die Forderung an die Ärzte, sie möglichst schnell wieder fit zu machen. Wenn aber der mit vielen Illusionen gezimmerte Erfolgsturm auf eine Weise zusammenstürzt, dass sich das Scheitern nicht mehr leugnen lässt, verfallen sie unter Umständen in völlige Apathie, verlieren die Energie und versuchen sich zu betäuben. Im Extremfall kann das mit Sucht- oder Suizidgefährdung einhergehen.

Dabei sind es gerade solche Auszeiten, in denen ein heilsamer Wandlungsprozess beginnen könnte und in dem sich die echte Person, die echten Gefühle und Bedürfnisse hinter den vielen Masken melden könnten. Endlich dürften auch Schmerz und Trauer sein und das befreiende Bewusstsein Raum bekommen, nicht immer Erster sein zu müssen. Eine aufrichtige Lebensbilanz und eine Selbstkonfrontation mit den vielen kleinen und großen Lebenslügen sind der Anfang der Heilung. Wo Täuschung und Lüge waren, darf sich jetzt die Wahrheit zeigen, die – wie Jesus sagt – „frei" macht. Wo Träume und Erfolgsfantasien vorgeherrscht haben, bekommen Zuversicht und Hoffnung Raum.

Auch die „erlöste" DREI ist energetisch, begeisterungsfähig und motiviert. Sie kann Ziele formulieren und andere mitreißen. Sie kann handlungsfähige Teams bilden und inspirieren. Ihre Gabe ist und bleibt es, Dinge voranzutreiben und Freude am Gelingen zu haben.

Zeiten der Ruhe und der Meditation, ein Coach oder eine Begleiterin, die das Recht zu kritischen Nachfragen haben, und alles, was den Rhythmus des Lebens verlangsamt, können die DREI auf dem Weg von der Fixierung zur Freiheit unterstützen – vor allem aber die Bereitschaft, den Schock einer Krise ernst zu nehmen und sich dem Schmerz des Scheiterns zu stellen, anstatt so schnell wie möglich zum *Business as usual* zurückzukehren.

Fixierung: Eitelkeit
Leidenschaft: Lüge
Abwehrmechanismus: Identifikation
Selbstbild: Ich bin erfolgreich
Einladung: Hoffnung
Geistesfrucht: Aufrichtigkeit

Muster VIER: Introjektion der Gefühle; Romantiker, Melancholiker, Künstler

Die Wunde der VIER besteht häufig in einer frühen Erfahrung von Verlust oder Verlassenheit. Sie sehnt sich nach Heimat, Ursprünglichkeit und Verbundenheit, nach dem verlorenen Paradies. Aber sie hat den Kontakt zu dieser Sehnsucht verloren.

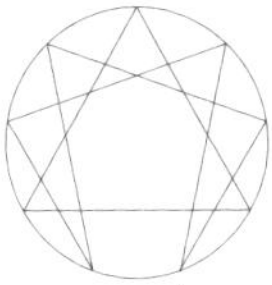

4

Das Paradies ist unwiederbringlich dahin. Es liegt in der Vergangenheit oder in der Ferne; jedenfalls niemals im Hier und Jetzt. Die Trauer um das verlorene Paradies und die unbewusste Sehnsucht nach der vollkommenen Liebe und Schönheit bestimmen das Lebensgefühl der VIER.
VIERer fühlen sich unverstanden und fehl am Platz, wie Außerirdische auf einem fremden Stern. Sie wollen verstanden werden, obwohl – oder weil – sie sich selbst nicht verstehen. Ihr Lebensgefühl und Selbstbild lautet: „Ich bin anders!“ Sie fürchten, dass sie keine Identität haben oder dass ihr Dasein bedeutungslos ist. Die Scham darüber verbergen sie gern hinter einer Maske von Snobismus und Arroganz, indem sie sich als außergewöhnliche, individualistische Persönlichkeit gerieren, für die die gängigen Regeln und Gesetze nicht gelten. Sie verhalten sich als Grenzgänger und Grenzüberschreiter, um sich selbst zu spüren und auf sich aufmerksam zu machen, denn ihre narzisstische Lebensinszenierung ist auf Publikum angewiesen. Sie setzen alles dran, sich von anderen zu unterscheiden. Finden sie keinen Beifall, verstärkt das ihr Gefühl, unverstanden zu sein.
VIERer leben in dem andauernden Gefühl, dass ihnen zu ihrem Glück etwas fehlt und sie vom Leben ausgeschlossen sind. Ihre Leidenschaft ist der Neid, die Traurigkeit über das eigene defizitäre Leben im – idealisierten – Vergleich

zum Dasein der anderen, dessen „Banalität“ sie gleichzeitig anzieht und abstößt.

Ihr Abwehrmechanismus ist die Introjektion; das heißt, sie richten ihre Emotionen nicht nach außen, sondern auf sich selbst (*Dietrich Koller* nennt die VIER den „Spiegelmenschen“), wobei sich Selbstmitleid und Überheblichkeit vermischen. Sie neigen dazu, die eigenen momentanen Emotionen zum Maß aller Dinge zu machen und dabei den Kontakt zu den Bedürfnissen und Gefühlen ihrer Umwelt zu verlieren. Was sich für sie richtig „anfühlt“, ist auch richtig. Die Egozentrik der unerlösten VIER stellt für ihre Umwelt eine Herausforderung dar. Vernunftargumente, Konventionen, Absprachen und Regeln sind VIERern häufig nicht zugänglich. Das Subjektive ist gewichtiger als das Objektive. Vor allem neigen sie dazu, ihre aus dem Augenblick geborenen Urteile über Menschen und Deutungen von Situationen zu verabsolutieren.

VIERer leben in extremen Gefühlsschwankungen zwischen Ekstase und Agonie. Sie brauchen „große“ Gefühle, um sich selbst wahrnehmen zu können. Sie streben nach Authentizität und Echtheit und wirken gerade deshalb oft gekünstelt und unecht, weil ihr Auftritt durchschaubar inszeniert ist.

In Beziehungen neigen sie zur „Push-Pull-Strategie“: Ist die geliebte Person fern, verzehren sie sich in Leidenschaft; ist sie nah, wird sie uninteressant, da auch ihre langweiligen

Seiten sichtbar werden. VIERer können in solchen Momenten den Partner gleichsam wegstoßen, um ihn wieder – aus der Ferne – anhimmeln zu können.
So sehr VIERer im eigenen Unglück schwelgen können, so sehr vermeiden sie doch das banale Glück, um das sie andere beneiden. Dieses Glück zu ergreifen würde sie, so fürchten sie, ihrer Einzigartigkeit und Andersartigkeit berauben.
Fast alle VIERer sind kreativ, hochgradig intuitiv und künstlerisch begabt. Die Welt der Träume, Rituale und Symbole erleben sie als „realer“ als die platte Alltagswirklichkeit. Tanz, Musik, Poesie und Malerei sind Möglichkeiten, das Unsagbare zu sagen und dem Schmerz und der Sehnsucht Ausdruck zu verleihen. Die künstlerische Sublimierung ist ihr „natürlicher“ Weg, Sehnsucht und Schmerz auszudrücken.
Die Einladung an die VIER heißt „Ursprünglichkeit“. Die lässt sich aber nur in der Gegenwart und in der Tiefe des eigenen Seins, nicht in Träumen und Inszenierungen finden. Hat die VIER den Kontakt zur eigenen Echtheit und Originalität gefunden und kann sie in sich ruhen, wächst die Geistesfrucht der emotionalen Balance und Ausgeglichenheit von allein.
Zur Heilung, Integration und Transformation der VIER kann alles beitragen, was ihr hilft, die Aufmerksamkeit im Hier und Jetzt zu halten und die Realität wahrzunehmen. Vor

allem geht es darum, Abstand zu den eigenen Emotionen zu bekommen, anstatt sich mit ihnen zu identifizieren: „Ich *habe* viele und große Gefühle, aber ich *bin nicht* meine Gefühle!“ Disziplinierte Körperarbeit und Formen der Meditation, die in die wachsame Wahrnehmung der Gegenwart führen, können den Gefühlswust allmählich zur Ruhe bringen. Eine Gemeinschaft, in der die VIER eine unter vielen ist, weil zwar ihre Gaben gewürdigt werden, ihr aber keine Sonderstellung zugestanden wird, hilft ihr, die Isolation zu überwinden, unter der sie letztlich leidet.

Eine geläuterte und gereifte VIER stellt mit ihrer Kreativität und Originalität, mit ihrer Intuition und ihrer Fähigkeit, „zwischen den Zeilen“ zu lesen und das Besondere zu sehen, eine große Bereicherung für jede Gemeinschaft und Kultur da. Wie glanzlos und arm wäre die Welt ohne die Ästhetik und Gestaltungskraft der VIER!

Fixierung: Melancholie

Leidenschaft: Neid

Abwehrmechanismus: Introjektion (künstlerische Sublimierung)

Selbstbild: Ich bin anders

Einladung: Ursprünglichkeit

Geistesfrucht: Ausgeglichenheit (emotionale Balance)

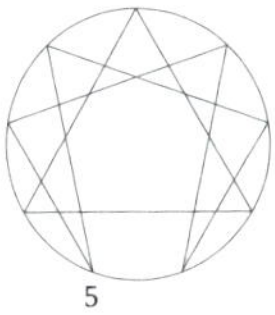

Die Kopftriade

Muster FÜNF: Übertriebener Rückzug; Beobachter, Denker, Sammler

Die Wunde der FÜNF ist die Isolation und Einsamkeit. Ihre Sehnsucht ist eine Geborgenheit, in der es keine Übergriffe und Überfälle gibt, Grenzen respektiert werden und gerade so Liebe und Verbundenheit möglich werden. Aber sie hat den Kontakt zu dieser Sehnsucht nach Verbundenheit verloren.

Im Hintergrund steht häufig die frühe Erfahrung von emotionaler Überwältigung und Überforderung. Die „Notlösung“ besteht in der Distanzierung, in der Abschirmung und im Rückzug aus aufreibenden Beziehungen und überfordernden emotionalen Ansprüchen. An die Stelle der Weltgestaltung tritt die geistige Durchdringung des Lebens durch Beobachtung und Analyse, das Sammeln von Fakten und Material, die dem „Durchblick“ dienen. Das idealisierte Selbstbild der FÜNF besagt: „Ich blicke durch.“

Weil FÜNFer meinen, ihr Leben hätte nur Bedeutung, wenn sie etwas Wesentliches beizutragen haben, halten sie sich lange observierend im Hintergrund, sortieren Daten und warten auf den Augenblick, in dem sich die Fakten zu unwiderlegbaren Theorien und ultimativen Einsichten verdichten lassen. Sie können große Schweiger sein, weil sie

5

Inkompetenz, Dummheit und Mangel an geistigem Durchblick hassen und sich diesbezüglich keine Blöße geben wollen. Ihr gehorteter geistig-intellektueller Reichtum scheint sie für den Verzicht auf viele elementare Bedürfnisse und gelebte Gefühle zu entschädigen. Das kann so weit gehen, dass sie zu Eremiten oder Zynikern werden, die soziale Beziehungen meiden.
FÜNFer können Gelehrte, Philosophen oder kontemplative Mönche werden, durch Teleskope und Mikroskope den Makrokosmos und den Mikrokosmos observieren und katalogisieren – und dabei ganz in der eigenen Fixierung bleiben, die ja zunächst immer auch eine Gabe ist. Unsere Gaben werden dann zum Fluch, wenn sie uns vom Fluss des Lebens und von der gelebten Gemeinschaft mit unseren Mitmenschen abschneiden. Das ist die Urgefährdung der FÜNF.
Die Leidenschaft der FÜNF ist der Geiz. Das zeigt sich häufig in der materiellen Welt, in der FÜNFer auf den ersten Blick als äußerst genügsam erscheinen, in Wirklichkeit aber ständig Haben und Sein verwechseln. Sie geben das, was sie gehortet haben, nur schwer weg. Habsucht und Geiz betreffen aber noch mehr den emotionalen Bereich. FÜNFer geizen mit sich selbst und mit ihren Gefühlen. Diese Zurückhaltung bietet ihnen einerseits Sicherheit; anderseits wird sie zur Falle und zum Gefängnis, in dem die Lebendigkeit verkümmert. Sie stehen gleichsam neben dem Leben. All das,

was man nicht aus Büchern lernen kann, sondern nur durch Begegnung und Erfahrung, bleibt ihnen verschlossen.

Die Objektivität der FÜNFer ist Segen und Fluch zugleich.
Sie trägt dazu bei, dass sie unparteiisch und sachlich sein können, wenn bei anderen Vorurteile und Emotionen den Blick verstellen. Die emotionale Zurückhaltung der FÜNF kann positiv als Höflichkeit und Achtsamkeit erlebt werden. Aber sie gebiert auch zahlreiche Unterlassungssünden, die aus der Weigerung entstehen, sich auf das Leben einzulassen und mitzufühlen. Von FÜNFern geht häufig etwas Unterkühltes aus.

Das Leiden an der eigenen Leere, Gefühlsarmut und Einsamkeit können zur spirituellen Initialzündung für Aufbruch und Veränderung werden. Dieser Prozess führt Schritt für Schritt von der Isolation zur Begegnung und Gemeinschaft, vom Festhalten zum Loslassen, vom Nehmen zum Geben, vom Denken zum Handeln.

Auch die spirituell erwachte und gereifte FÜNF wird sich durch Contenance, Höflichkeit und Zurücknahme von Parteilichkeit auszeichnen. Aber das kühle Analysieren wird sich allmählich in Lebensweisheit wandeln, die sich nicht nur aus Angelesenem, sondern aus selbst Erfahrenem und Erprobtem speist und in der Wärme und Mitgefühl Raum haben. Die erlöste FÜNF öffnet ihr Haus und ihr Leben für die Gemeinschaft mit anderen und entwickelt das Charisma der Gastfreundschaft. Ihre Freude an der Gestaltung der Wirklichkeit nimmt zu. Sie beginnt, sich für das Leben, für Frieden und Gerechtigkeit zu engagieren. Die Isolation wandelt sich zur Qualität des „Nicht-Anhaftens", die *mutatis mutandis* von allen großen spirituellen Traditionen, insbesondere vom Buddhismus, angestrebt wird. Nicht-Anhaften bedeutet, die eigenen Leidenschaften, Gefühle und Gedanken wahrzunehmen, aber nicht festzuhalten: „Ich denke – aber ich *bin nicht* meine Gedanken. Ich weiß – aber ich *bin nicht* mein Wissen!"

Wachstumsfördernd kann alles sein, was die FÜNF erdet, vom Kopf in den Körper bringt (Kampfsport, Tanz, Leibarbeit) und von der Abschottung in Kontakt: Beziehung und Gemeinschaft – gelebte, statt gelesener und gedachter Leidenschaft! Leitbild könnte Jesus sein, der die Kranken berührt, seinen Jüngern die Füße wäscht und der in heiligem Zorn den Tempel reinigt, der zum Ort von Profit und Wucher geworden ist.

Fixierung: Habsucht (Festhalten)
Leidenschaft: Geiz
Selbstbild: Ich blicke durch
Abwehrmechanismus: Isolierung
Einladung: Weisheit
Geistesfrucht: Unabhängigkeit, Güte

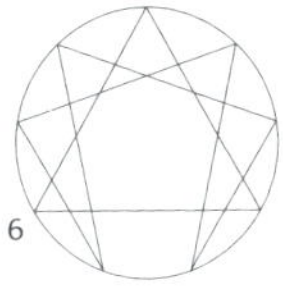

Muster SECHS: Verleugnete Denkfunktion; Skeptiker, Loyalist, Verteidiger

Die Wunde der SECHS ist die Erfahrung von Willkür und Ungeborgenheit. Ihre Sehnsucht ist eine verlässliche Welt, in der keine Gesetze und Mauern nötig sind, weil man vertrauen kann. Aber sie hat den Kontakt zu dieser Sehnsucht verloren.

Weil Geborgenheit und Vertrauen nicht möglich zu sein scheinen, sucht die SECHS immerfort nach Sicherheit: „Vertrauen ist gut, Kontrolle ist besser“ (Lenin). Sie hat ein Sensorium für echte – aber auch für imaginäre – Gefahren und lässt sich nicht leicht manipulieren. Sie durchschaut argumentative Schwachpunkte oder geheuchelte Wahrhaftigkeit.

Ihre Notlösung heißt Kontrolle, der Drang, alles zu regeln, wasserdichte Systeme zu schaffen, die das Überhandnehmen von Chaos und Willkür verhindern oder zumindest eindämmen. Das grundlegende Lebensgefühl ist das des Bedrohtseins, die Leidenschaft der SECHS ist die Angst. Sie äußert sich in einer skeptischen und misstrauischen Grundhaltung, einem Pessimismus, der stets mit dem Schlimmsten rechnet, sich apokalyptische Horrorszenarien ausdenkt (die SECHS gehört zu den Denktypen) und im Voraus alles Erdenkliche tut, damit das Schlimme nicht eintritt. Pessimistisches Denken führt bei der SECHS zu emo-

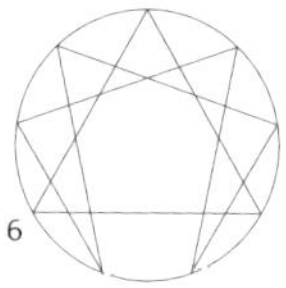

tionaler Furchtsamkeit, eben zum Lebensgefühl des Bedrohtseins.

Die SECHS misstraut vor allem sich selbst, dem eigenen Urteil und Denken. Sie verleugnet – obwohl sie zur Denktriade gehört – die eigene Denkfunktion und „lässt denken“. Gern ordnet sie sich einem autoritativen Gedankengebäude, einer Lehre, einem Dogma oder Vorgesetzten unter, die „mehr Durchblick haben“.

SECHSer müssen ihren Platz genau kennen. Sie kommen mit hierarchischen Systemen mit klarer Kommandostruktur besser zurecht als mit egalitären Gruppen. Es ist ihnen lieber, Aufträge auszuführen, als die Geschäftsbedingungen ständig neu verhandeln zu müssen. Haben sie ihren Platz gefunden, sind sie zuverlässig und ergeben bis zur Nibelungentreue. Sie sind im Blick auf Strukturen konservativ oder sogar reaktionär; von Veränderungen erhoffen sie sich selten Gutes, da man ja nicht weiß, welche Gefahren Neuerungen bergen, während man das bestehende System einschätzen kann.

Manche SECHSer reagieren auf bedrohliche Situationen eher phobisch (Rückzug); andere kontraphobisch (aggressiv). Hinter beiden so unterschiedlichen Reaktionsweisen steckt dieselbe Grundangst.

Die Spannung zwischen der Sehnsucht nach Autorität und einem tief sitzenden Misstrauen gegen alle Autoritäten kann zur Zerreißprobe führen. Die Loyalität der SECHS kann ins Gegenteil umschlagen, wenn sie von der Autoritätsfigur, der sie sich untergeordnet oder unterworfen hat, enttäuscht oder betrogen worden ist. Die Loyalität und Gesetzestreue, die sie selbst lebt, fordert sie auch von allen anderen Beteiligten, insbesondere von der Führungsriege. Für eigenmächtige Regelverletzungen oder gar Gesetzesbrüche hat sie kein Verständnis.

Auffallend ist, dass SECHSer in realen Krisensituationen, die andere Menschen in Panik versetzen würden, meist gelassen und mutig reagieren. Es ist, als hätten sie alle Horrorszenarien im Kopf und in den Emotionen schon so oft durchgespielt, dass sie das Eintreten des ohnehin Befürchteten nicht mehr schockieren kann.

Hauptaufgabe bei der spirituellen Begleitung einer SECHS besteht darin, die Autonomie und das Selbstvertrauen der betreffenden Person zu stärken, sie zu ermutigen, den eigenen Gedanken und Gefühlen zu trauen und das Risiko einzugehen, etwas „falsch" zu machen, anstatt Entscheidungen zu lange zu verzögern. Anstatt sich auf mögliche Gefahren zu konzentrieren und dabei in Lähmung zu verfallen, gilt es, die verschüttete Lust auf Neues und auf Abenteuer zu entfachen und der Neugier auf Fremdes Raum zu schaffen.

Entwickelte SECHSer bereichern jede Gruppe und Gemeinschaft durch ihre Zuverlässigkeit, ihr kritisches Potenzial und durch die Fähigkeit, das Ganze im Blick zu behalten und die Konsequenzen von Entscheidungen zu bedenken, ohne zu notorischen Bremsern und prinzipiellen Bedenkenträgern zu werden.

Um wachsen zu können, brauchen SECHSer Begleiterinnen und Begleiter, denen sie vorbehaltlos vertrauen können, die ihnen aber Entscheidungen nicht abnehmen. Demokratisch verfasste Gruppen helfen ihnen, sich selbstbewusst einzubringen, anstatt andere über sich entscheiden zu lassen.

Spirituelles Wachstum bei SECHSern zeigt sich immer darin, dass ihr Bedürfnis nach dogmatischer Vergewisserung und fixierten Regeln abnimmt zugunsten einer Gottesbeziehung, die von Wärme und einem persönlichen Vertrauen getragen ist, von der Bereitschaft, „auf dem Wasser zu gehen" wie Petrus, der Patron der SECHS.

Fixierung: Feigheit
Leidenschaft: Angst
Abwehrmechanismus: Projektion
Selbstbild: Ich bin loyal
Einladung: Vertrauen
Geistesfrucht: Mut

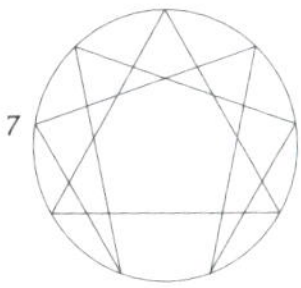

Muster SIEBEN: Planendes Denken; Optimist, Epikuräer, Genießer

Die Wunde der SIEBEN ist eine tiefe, oft traumatische Schmerzerfahrung. Ihre Sehnsucht ist die Transformation von Leid und Schmerz in tiefe Freude. Aber sie hat den Kontakt zu dieser Sehnsucht verloren. Stattdessen hat sich die SIEBEN gleichsam geschworen: „Ich werde alles tun, um solch einen Schmerz nicht noch einmal zu durchleben. Ich werde alles Dunkle und alle Formen von Leiden vermeiden und meine ganze Aufmerksamkeit auf Lustgewinn, auf das Positive, auf Freude und Glück richten."

Die einfachste Form, Schmerz zu minimieren, besteht für die SIEBEN darin, das eigene Leben und den Terminkalender mit anregenden und aufregenden Ereignissen, Begegnungen, Projekten und Erfahrungen zu verplanen, sodass das Unglück gar nicht erst eine Chance hat.

SIEBENer sind in gewisser Weise „ewige Kinder", abenteuerlustig, neugierig und verspielt, voller Energie und Begeisterungsfähigkeit. Das Leben ist für sie angefüllt mit Möglichkeiten, Freuden und Wunder. Sie können ganz im Hier und Jetzt leben, tun sich aber schwer, zu verweilen, das Tempo zu drosseln und in die Tiefe zu gehen, wo Angst, Schmerz und Enttäuschung lauern könnten. Dadurch entgeht ihnen gerade das, was sie sich am meisten wünschen: die ganze Fülle des Daseins mit seinen Tiefen und Höhen und die Erfahrung der Verwandlung des Dunklen. Sie bleiben, solange es geht, an der Oberfläche, die sie kontrollieren und planen können.

Vor allem kann der Genussmensch nicht wirklich genießen, weil er schon während des einen Genusses den nächsten planen muss, damit er nicht „ins Loch“ fällt, wenn die gegenwärtige Freude zu Ende ist.

Ist eine SIEBEN gezwungen, etwas wirklich Schmerzhaftes über sich ergehen zu lassen (zum Beispiel einen Zahnarztbesuch), versucht sie häufig, diesen unvermeidlichen Schmerz mit ganz besonderen Freuden abzupolstern, die sie gleichsam um das schmerzhafte Ereignis postiert.

Eine Strategie der SIEBEN ist der Witz. Sobald es für ihren Geschmack zu ernst oder zu tief wird, löst sie die Spannung mit einem Scherz oder einer flapsigen Bemerkung. SIEBENer sind oft geborene Clowns. Freilich verbirgt sich hinter der Maske des Clowns bereits die erlöste Gestalt des heiligen Narren, dessen Humor sich aus einer tiefen Weisheit und Ernsthaftigkeit speist. Insofern kann die Gestalt des Clowns für die SIEBEN zur heilsfördernden Ikone werden.

SIEBENer sind besonders anfällig für Strategien des „positiven Denkens“, die Probleme dadurch lösen, dass sie dunkle Aspekte beiseiteschieben und ihnen keinen Raum geben. Anstatt Schmerzen zu durchleben, rationalisieren sie sie weg. SIEBENer wollen „Ostern ohne Karfreitag“ (Richard

Rohr) und sind damit in gewisser Weise Antipoden der VIER, die gleichsam „Karfreitag ohne Ostern“ will, indem sie lieber die Süßigkeit des Schmerzes auskostet, anstatt den Schmerz bis zur Wende zu durchtrauern und den Schritt ins erlösende Licht zu wagen.

SIEBENer planen nicht nur das eigene Glück, sie wünschen und „verlangen“ auch von ihrer Umwelt, dass sie glücklich ist und sich des Lebens freut. Depressive oder allzu ernste Menschen empfindet sie als bedrohlich. Wenn es einer SIEBEN nicht gelingt, leidende oder traurige Menschen rasch „aufzumuntern“, kann es sein, dass sie den Kontakt meidet, um nicht selber nach unten gezogen zu werden.
Die Leidenschaft der SIEBEN ist die Unersättlichkeit und Maßlosigkeit, in der klassischen Terminologie „Völlerei“ genannt. Die unreife SIEBEN verwechselt Quantität und Qualität. Sie meint, mehr sei besser: mehr Arbeit, mehr Genuss, mehr Party. Das kann zu Exzessen führen, denen ein böses Erwachen folgt, wenn das Zuviel des Guten sich rächt. Gerade an diesem Punkt besteht für SIEBENer die Chance, spirituell aufzuwachen und zu entdecken, dass weniger mehr sein kann. Eine SIEBEN, die spirituell wächst, lernt es, das Leben zu vereinfachen, mit immer weniger glücklich zu sein und Qualität der Quantität vorzuziehen.
Jesus verheißt in den Seligpreisungen den Hungernden, Armen und Leidensfähigen das große Glück des Gottesrei-

ches. Für SIEBENer wirkt das auf den ersten Blick absurd – und doch ist es gerade für sie der Weg zum wahren Glück. Die spirituelle Umkehr von Franz von Assisi, einer SIEBEN, begann damit, dass er sich auf das einließ, was er zuvor am meisten vermieden hatte: die Begegnung mit Krankheit, Leid und Schmerz. Als er vom Pferd steigt und zu seiner eigenen Überraschung einen Aussätzigen umarmt, verwandelt sich seine innere Bitterkeit in tiefe Freude und Glück.

Zeiten der Abstinenz, der Stille, der Einsamkeit und des Fastens können die spirituelle Verwandlung der SIEBEN fördern. Die spirituelle Einladung an die SIEBEN heißt „Mitwirkung mit Gott“, das heißt, sich auf die gesamte Wirklichkeit gestaltend einzulassen und der Verheißung zu trauen, dass Gott am Ende das Finstere in Licht verwandeln und alle Tränen trocknen wird. Die Geistesfrucht, die zu wachsen beginnt, wenn sich die SIEBEN von der Fixierung auf Genussmaximierung abwendet, ist eine heilige Nüchternheit, die akzeptiert, dass zum Leben auch Langeweile und Schmerz gehören. Diese Nüchternheit ist keineswegs freudlos, sondern Voraussetzung einer reichen und tiefen Freude, die mehr ist als oberflächliche Lustigkeit.

Eine spirituell gereifte SIEBEN ist nach wie vor eine Freudenmeisterin oder ein Freudenmeister. Sie strahlt Lebensbejahung und Zuversicht aus und kann Menschen, die nur

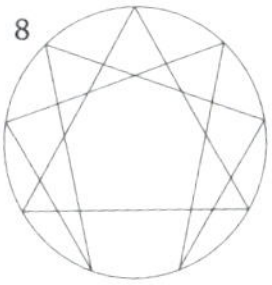

das Dunkle sehen, behutsam an die Hand nehmen und ihnen das Licht am Ende des Tunnels zeigen.
Fixierung: Planen
Leidenschaft: Maßlosigkeit
Abwehrmechanismus: Rationalisierung
Selbstbild: Ich bin glücklich
Einladung: Mitwirken mit Gott
Geistesfrucht: Freude

Die Bauchtriade

Muster ACHT: Übertriebene Aggressivität; Führer, Boss, Beschützer

Die Wunde der ACHT ist die missbrauchte Unschuld. Die Verletzung des ungeschützten inneren Kindes hat dazu geführt, dass sich die ACHT einen Schutzpanzer zugelegt hat, damit sich diese Erfahrung nie wiederholt. Dabei hat sie den Kontakt zur eigenen Unschuld verloren.
Die ACHT setzt auf eigene Stärke und vermeidet es, sich eine persönliche Blöße zu geben und Schwächen zu zeigen, die ausgenutzt werden könnten. Sie versucht, die Kontrolle zu behalten, Schwächen des Gegners frühzeitig zu entlarven und gegebenenfalls schonungslos auszunutzen. Anstatt zu verhandeln, holt sie sich das Begehrte direkt; dabei

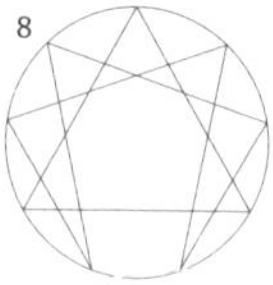

übergeht sie die eigene Zartheit und die Gefühle anderer (Abwehrmechanismus der Leugnung).

ACHTer werden von ihrer Umwelt häufig als laut, übergriffig, ordinär und mächtig erlebt. Oft lieben sie direkte und deftige bis fäkale Sprache. Viele Menschen lassen sich davon einschüchtern und gehen einer Konfrontation mit der ACHT aus dem Wege. Denn die ACHT kann in der Auseinandersetzung schamlos, schonungslos und demaskierend sein. Für „Feiglinge“ und Menschen, die sie nicht als ebenbürtiges Gegenüber erleben, entwickelt sie häufig Verachtung. Selbst Freundschaften beginnt die ACHT oft mit einem Streit, bei dem sie testet, ob ihr Gegenüber ebenbürtig ist. ACHTer suchen Intimität auf dem Weg des Konflikts, weil sie hoffen, dass der Streit der Weg zur Wahrheit ist. Ist man mit einer ACHT befreundet, weiß man häufig nicht, ob diese Person eher Freund oder Feind ist. Die Kritik der ACHT ist häufig so aggressiv, verletzend und direkt, dass selbst Freunde keine Wertschätzung mehr spüren, ganz abgesehen von Menschen, die mit offener Aggressivität nicht umgehen können und selbst aggressionsgehemmt sind.

Die ACHT selbst merkt häufig gar nicht, wie viel Unsicherheit sie auslöst und dass nicht alle Mitmenschen ihre Freude an Auseinandersetzung und hartem Disput teilen, sondern sich von ihrer Art unter Druck gesetzt, überrumpelt oder in die Ecke gedrängt fühlen. Sie selbst fühlt sich missverstanden, wenn sie etwa auf Übergriffigkeit festgelegt wird. Schließlich kann sich ihr Gegenüber ja wehren!

Die ACHT hat ein ausgeprägtes Bedürfnis nach ausgleichender Gerechtigkeit, das die Gestalt von Rachsucht annehmen kann. Dabei kann sie diktatorisch, manipulativ und zerstörerisch vorgehen, wenn sie das Gefühl hat, von anderen kontrolliert, manipuliert oder beschädigt zu werden. Weil sie sich selbst ungerecht behandelt fühlt, hat sie ein ausgeprägtes Sensorium, wenn anderen Unrecht geschieht (außer von ihr selbst), und versteht sich häufig als „Rächer der Enterbten".

Respekt ist ein Schlüsselwort für die ACHT. Sie fordert Respekt und sie kann Menschen nur dann lieben und ernst nehmen, wenn sie Respekt vor ihnen hat: vor ihrer Aufrichtigkeit, ihrer Klarheit oder ihrem ungerechten Schicksal.

ACHTer sind natürliche Führer. Sie suchen die vorderste Position und können sich nur schwer in ein hierarchisches System einordnen, solange sie selbst nicht die Hierarchen sind. In der unterdrückten Position werden sie zu Rebellen und Umstürzlern. In der Führungsposition vermitteln sie Stärke. Sie haben einen ausgeprägten Ernährer- und Beschützerinstinkt, vor allem wenn es um die Verteidigung unschuldig Verfolgter oder leidender Kinder geht. Dabei können sie äußerst großzügig und engagiert sein. In der

Außenwelt stellen sie sich gleichsam stellvertretend vor die verletzte Unschuld, die ihrem verletzten und zarten inneren Kind entspricht, das sie mit ihrem stacheligen Charakterpanzer vor Übergriff schützen wollen.
Nur wenn sie sehr viel Vertrauen haben und sich sicher sind, dass ihre Offenheit nicht missbraucht wird, zeigen ACHTer einem anderen Menschen ihre empfindsame, zärtliche Seite, das unschuldige und bedürftige Kind in sich. Aber wehe, wenn solch ein Schritt vom Gegenüber ausgenützt wird!
Ihre Leidenschaft ist die Schamlosigkeit, hinter der sich Lebenslust und Vitalität verbergen. Der Begriff „Leidenschaft" in seiner vielschichtigen Bedeutung kennzeichnet ihr Lebensgefühl vielleicht am besten. ACHTer sind leidenschaftliche Menschen, denen bürgerliche Konventionen und lustfeindliche Moral weitgehend gleichgültig sind. Der Exzess gehört zum intensiven Dasein.
Unter extremem Stress zieht sich die ACHT unter Umständen zurück und richtet ihre Wut gegen sich selbst. Das kann selbstzerstörerische Züge annehmen.
Der spirituelle Aufbruch der ACHT beginnt damit, dass sie Kontakt zum eigenen inneren unschuldigen Kind bekommt und sich von ihm entwaffnen lässt. Große Lehrer des gewaltlosen Kampfes wie *Martin Luther King* oder *Marshal Rosenberg,* der Vater der gewaltlosen Kommunikation, sind

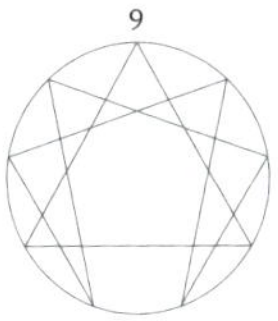

geläuterte ACHTer, die auf die Macht des Herzens und auf Aufrichtigkeit setzen und nicht mehr auf das Recht des Stärkeren.

Um sich spirituell zu entwickeln, brauchen ACHTer starke und glaubwürdige Partner, die den Weg zu ihrem Herzen finden. Sie brauchen einen starken und verlässlichen Gott, vor dem sie sich beugen können. Oft ist es die paradoxe Macht der Ohnmacht, wie sie sich im gekreuzigten Christus offenbart, die sie entwaffnet und zur Nachfolge einlädt.

Fixierung: Rache
Leidenschaft: Schamlosigkeit (Exzess)
Vermeidung: Leugnung
Selbstbild: Ich bin mächtig
Einladung: Wahrheit
Geistesfrucht: Unschuld

Muster NEUN: Verleugnete Aggressivität; Friedensstifter, Mediator, Bewahrer

Die Wunde der NEUN besteht darin, dass ihr nicht das Gefühl vermittelt wurde, bedeutend und wichtig zu sein. So hat sie den Kontakt zum eigenen Wert verloren und enthält sich und anderen die eigene Vitalität und Kreativität vor. Sie verweigert sich dem Leben.

Anstatt nach dem eigenen Wert und der eigenen Gabe zu

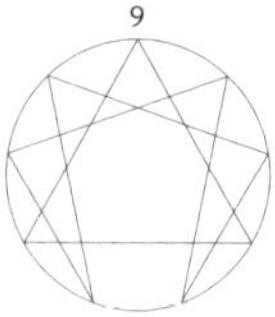

fragen, entwickeln NEUNer ein unglaubliches Einfühlungsvermögen. Sie vermitteln anderen nicht nur das Gefühl, verstanden zu sein – sie verstehen sie tatsächlich. Sie nehmen sich selbst zurück und sind empfänglich, achtsam und sanftmütig. Ihre bloße Gegenwart wirkt auf andere harmonisierend und besänftigend. Sie sind perfekte Vermittler, weil sie alle Parteien verstehen. Sie glauben an die Weisheit des „runden Tisches", an dem sich die Menschen auf Augenhöhe begegnen, alle Meinungen und Standpunkte gehört werden und Kompromisse möglich sind, bei denen es keine Verlierer gibt. Sie sind gern Teil einer Gemeinschaft, solange sie nicht zu viel Initiative ergreifen oder die Führung übernehmen müssen. Aus Konflikten halten sie sich in der Regel heraus und äußern selten einen klaren eigenen Standpunkt. Überhaupt wissen sie viel eher, was sie nicht wollen, als was sie wollen.

NEUNer sind in der Regel beliebt, auch wenn sie oft übersehen werden und von ihnen wenig Spektakuläres ausgeht. Nichtbeachtung ist das, womit NEUNer ohnehin rechnen; und doch kränkt es sie, wenn sie übersehen werden. Dann können sie eine erstaunliche Sturheit, Bockigkeit und passive Aggressivität entwickeln. Allerdings werden sie alles vermeiden, um sich selbst bemerkbar zu machen. Im Konfliktfall ziehen sie sich noch mehr zurück und strafen durch Nichtbeachtung. Oft handeln sie durch Nicht-Handeln.

NEUNer sehnen sich nach dem verlorenen Paradies und weigern sich, den Sündenfall und eine gefallene Welt zu akzeptieren. Vor allem wollen sie nicht „schuld“ sein. Um Schuld und Konflikte zu vermeiden, vermeiden sie das Handeln und das Leben selbst. Ihre größten Sünden sind Unterlassungssünden.

Die Leidenschaft der NEUN ist die Trägheit, die sich aus dem Mangel an Selbstwertgefühl und dem passiven Protest gegen den Verlust des Paradieses ergibt. Um der verhassten Langeweile (Lieblingssätze der NEUN: „Mir ist langweilig“ und: „Das ist mir zu anstrengend“) nicht ausgeliefert zu sein, sucht die NEUN Inspiration bei anderen. Gleichzeitig will sie aber nicht „angetrieben“ werden. Außerdem gerät sie durch das Delegieren der Antriebsenergie an andere in symbiotische Abhängigkeit, die sie unzufrieden macht und die damit der ersehnten Harmonie im Weg steht. Die NEUN bleibt äußerlich lange pflegeleicht und angepasst, während die innere Aufruhr zunimmt. NEUNer empfinden sich oft wie Vulkane, denen man äußerlich gar nicht anmerkt, welche Kämpfe in ihnen toben – bis es zum Ausbruch kommt.

NEUNer haben – ähnlich wie die ZWEI – die eigenen Bedürfnisse vergessen. Vor allem wenn die Befriedigung mit Konflikten verbunden ist, betäuben sie sich lieber durch Medienkonsum oder fliehen in den Schlaf oder sinnlose

Aktivitäten. Ihr Abwehrmechanismus ist die Betäubung ihrer vitalen Bedürfnisse. Es fällt ihnen schwer, Wesentliches von Unwesentlichem zu unterscheiden und Prioritäten zu setzen. Weil alles gleich gültig ist, wird alles gleichgültig. Entscheidungen und Aufgaben werden häufig bis zur letzten Möglichkeit hinausgeschoben. Um Wesentliches zu vermeiden, können NEUNer eine erstaunliche Vitalität und Aktivität im Bereich von Zweitrangigem entwickeln, anstatt sich auf das zu fokussieren, was eigentlich „dran" ist.

In Blick auf Ausbildung und Beruf sind sie häufig Spätentwickler. Den Zwängen des Schulsystems entziehen sie sich passiv aggressiv; es sei denn, eine Lehrkraft bemerkt und fördert sie. Wird die NEUN übersehen oder herabgesetzt, dann „bestraft" sie die Lehrkraft mit Leistungsverweigerung. Oft finden NEUNer lange nicht zu ihrer „Berufung", weil diese – wenn es gut geht – nur auf dem Weg des Probierens und Ausscheidens ins Blickfeld kommt. Haben sie ihren Fokus einmal gefunden und wissen sie sich am richtigen Platz, dann können sie Energie, Liebe, Ehrgeiz und Fleiß entwickeln, die ihre Umwelt in Erstaunen versetzen.

Spirituelles Wachstum beginnt, wenn NEUNer wahrgenommen werden und Wertschätzung erfahren und wenn sie dabei unterstützt werden, ihre Ressourcen zu finden. So kann allmählich ihr Selbstwertgefühl wachsen und die Lust am Gelingen aufblühen – auch unabhängig von Bestätigung.

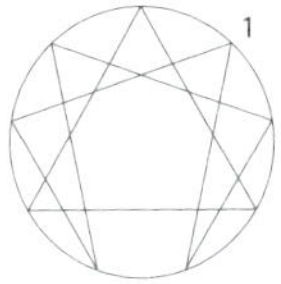

Es geht darum, dass sie die Aufmerksamkeit nicht mehr auf mögliche äußere Energiespender richten, sondern die eigene Lebenskraft und das eigene Liebespotenzial entdecken, ihr Dasein bejahen und Lust bekommen, sich einzubringen, weil ihr Beitrag zählt. Dann können sie zu sanften, aber effektiven Propheten werden. NEUNer, die ihre Berufung, ihre Lebensaufgabe und ihre innere Kraftquelle entdeckt haben, können einen unschätzbaren Beitrag zur Heilung und Versöhnung der Erde leisten.

Fixierung: Wertlosigkeit
Leidenschaft: Trägheit
Abwehrmechanismus: Betäubung
Selbstbild: Ich bin zufrieden
Einladung: Liebe
Geistesfrucht: Engagement

Muster EINS: Introvertierte Aggressivität; Reformer, Perfektionist, Kritiker

Die Wunde der EINS ist die verlorene Kindheit. Sie musste zu früh erwachsen werden, „brav“ sein und Verantwortung übernehmen. Dabei hat sie den Zugang zum inneren Kind verloren und stattdessen versucht, ein Leben lang „erwachsen“ im Sinne von sauber, vernünftig und (moralisch) perfekt zu sein.

EINSer streben nach persönlicher Vollkommenheit und In-

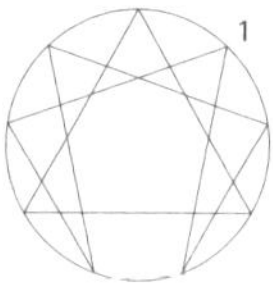

tegrität. Dabei verfolgen sie ein unerreichbares Ideal. Ihre Besonnenheit, ihr kritisches Unterscheidungsvermögen und ihre moralischen Ansprüche können beeindrucken, aber auch in oberlehrerhaftes Predigen, Kritiksucht, Nörgelei und Selbstgerechtigkeit umschlagen. In der Umgebung einer EINS haben viele Mitmenschen das Gefühl, nicht „gut“ genug zu sein. Von EINSern geht ein subtiler Erwartungsdruck aus, der sich atmosphärisch, aber auch durch Gestik (Zeigefinger) und Mimik (Stirnrunzeln) mitteilt.

Der Zwang zum Perfektionismus verbietet es der EINS, eigene Fehler und Unzulänglichkeiten, insbesondere negative Emotionen wie Ärger und Wut, wahrzunehmen und zuzulassen, wodurch die Illusion der moralischen Überlegenheit und ein Anschein von Tugendhaftigkeit entstehen, die von anderen als Rechthaberei oder Bewertung empfunden werden. EINSer verteilen ständig Noten. Dabei schneiden sie selbst genauso schlecht ab wie ihre Mitmenschen. Die Angst vor eigener Unvollkommenheit kann sie zu gnadenlosen Richtern fremder Fehler und Mängel machen.

Die Leidenschaft der EINS ist der Zorn, ein tief sitzender Groll gegen sich selbst, gegen die kritischen Stimmen im eigenen Inneren, gegen die fehlerhaften Mitmenschen und letztlich gegen Gott, der eine unvollkommene Welt geschaffen hat. Der ständige Druck, zu verbessern und aufzuräumen, wird zur Bürde. Denn er ist grenzenlos. Wie der Riese Atlas tragen EINSer die ganze Welt auf ihren Schultern.

Das Hauptdilemma besteht darin, dass die EINS den eigenen Groll als solchen nicht wahrnehmen und zulassen kann, weil auch er nicht in ihr eigentümliches Konzept von Vollkommenheit passt. Der vollkommene Mensch ist in ihrem Anspruchssystem auch über Ärger erhaben. So beginnt ein Teufelskreis.

Die EINS kontrolliert die eigenen negativen Reaktionen und transformiert sie beim ersten Aufblitzen in etwas „Erlaubtes“, zum Beispiel eine Ermahnung oder moralische Belehrung, in ein „man müsste“ oder „könntest du so gut sein und …“. Aber es wird nie gut genug sein. Denn die Aufmerksamkeit der EINS bleibt bei den Defiziten, die es immer und überall gibt (*Leonard Cohen:* „There is a crack in everything!“ – Durch *alles* geht ein Riss! Eine letztlich heilsame Botschaft für die EINS. Denn Cohen fährt fort: „That's where the light gets in“ – Genau dahinein fällt das Licht!). Der Ärger ist der eigentliche Antriebsmotor der EINS und doch hat die unerlöste EINS keinen direkten Zugang zu ihm.

EINSer sind in der Regel eher ernst. Sie arbeiten viel und gönnen sich kein Vergnügen (das ist erst „erlaubt“, wenn alle Pflichten erledigt sind, was letztlich nie der Fall ist). Die eigenen dogmatischen und moralischen Vorstellungen werden zum Maßstab, an dem alle anderen gemessen werden (und natürlich scheitern). Wenn der ewig angestaute und nicht zur Kenntnis genommene Groll überhandnimmt, kann es allerdings zu dramatischen Wutausbrüchen kommen, die die Umgebung überraschen und die für die EINS selbst völlig unakzeptabel sind.

Der Heilungs- und Integrationsweg der EINS beginnt mit der Wahrnehmung und dem Zulassen des eigenen Zorns, der sich so grandios tarnt. Vor allem haben EINSer Sehnsucht nach ihrem inneren Kind, das nie leben durfte, das spielen will und unvernünftig sein, das auch mal Dreck machen oder über die Strenge schlagen darf. Der Kontakt mit Kindern, vor allem beim gemeinsamen Spiel, schöpferische Auszeiten, auch wenn die Welt noch nicht endgültig befriedet ist, und fröhliche Feste in guter Gemeinschaft können Türöffner sein. Vor allem aber der Kontakt mit der Natur kann Wunder wirken. EINSer sind häufig begnadete Gärtner. Das Wachstum von Pflanzen lässt sich nicht beschleunigen. Man kann nur säen, gießen und geduldig warten. Den Rest tut Gott. Die Natur ist, wie sie ist – und die Erde nimmt uns so, wie wir sind, und trägt uns ohne Vorwurf ein Leben lang. Gott selbst lässt – wie Jesus sagt – seine Sonne scheinen über Böse *und* Gute. Gerade darin besteht seine „Vollkommenheit“.

Hilfreich ist auch die kritische Bestandsaufnahme dessen,

was die EINS ärgert und wütend macht. Die Annahme des eigenen Zorns kann zur Verwandlung des Zorns beitragen. Geistesfrucht ist überraschenderweise eine heitere Gelassenheit, die auch mal fünf gerade sein lassen kann und die dem Wachsen mehr zutraut als dem ständigen Verbessern.

Fixierung: Ablehnung
Leidenschaft: Zorn
Abwehrmechanismus: Reaktionskontrolle
Selbstbild: Ich bin vollkommen
Einladung: Wachstum
Geistesfrucht: heitere Gelassenheit

Die Eigenschaften Gottes: Heilige Ideen

Auf unterschiedlichen Wegen des Reifens und der spirituellen Transformation kann das Enneagramm hilfreich und unterstützend sein. Der „negative" Weg führt über den heil-

samen Schock. Irgendwann im Laufe des Lebens, häufig in der Lebensmitte, geraten wir in Krisen, denen unser Muster und unsere automatischen Reaktionen nicht mehr gewachsen sind. Wenn wir diese Krise (erster „Schock" nach Gurdjieff) als Chance begreifen und anschließend nicht gleich wieder in den Schlaf der Unbewusstheit zurücksinken, kann sich ein neuer Lebensraum auftun, in dem wir immer weniger aus den mechanischen Gewohnheiten des falschen Selbst heraus agieren, sondern uns immer mehr dem wahren Sein überlassen.

Am Ende des Johannesevangeliums sagt Jesus zu Petrus: „Als du jung gewesen bist, hast du dich selbst gegürtet und bist deine eigenen Wege gegangen" (egozentrisches Ausagieren des Musters in der ersten Lebenshälfte). Er fährt fort: „Wenn du aber alt (= reif) geworden bist, wirst du die Hände ausstrecken und ein anderer wird dich gürten und führen, wohin du nicht willst" (Desidentifikation mit dem Ego; sich loslassen in Gott, Identifikation mit dem wahren Selbst; Johannes 21,18f). Das ist eher ein Widerfahrnis als eine bewusste „Entscheidung" – und doch gehört das Ausstrecken der Hände, das Sich-Überlassen gleichsam als Beitrag des Menschen dazu. Mehr allerdings können wir nicht tun. Aber das Wenige ist schwer genug, denn die Widerstände gegen die totale Hingabe und Liebe sind bis ins hohe Alter groß. Das Heft des eigenen Lebens aus der Hand geben und sich führen lassen – das ist letztlich das Geheimnis der Erlösung. Das Enneagramm kann uns helfen zu verstehen, wie das *spezifische* Heft, das wir umklammern, heißt und was in ihm geschrieben steht.

Im Altarraum der Nürnberger Lorenzkirche schwebt eines der wunderbarsten Kunstwerke des späten Mittelalters, der „Engelsgruß“ des Veit Stoß. Zwischen Himmel und Erde begegnen sich der Erzengel Gabriel und die Jungfrau Maria. Er verkündigt ihr die Gottesgeburt. Die Gottesgeburt in der Seele ist in der mittelalterlichen Mystik, besonders bei Meister Eckhart, ein Bild für die Verwandlung des „fleischlichen“ (irdischen, egozentrischen) zum „geistlichen“ (in Gott als dem wahren Selbst ruhenden) Menschen. Maria ist auf dem Kunstwerk „ganz Ohr“. Selbst der Faltenwurf ihres Gewandes bildet eine Ohrmuschel nach. Die Verwandlung beginnt mit dem Hören und der Empfangsbereitschaft für Gottes gnadenreiches Wort („Gegrüßet seist du Maria, voll der Gnade! Der Herr ist mit dir!“). Bemerkenswert ist ein Detail des Kunstwerks: Maria lässt im Augenblick dieses Grußes ein Buch fallen. Ist es das Skript ihres bisherigen Lebens? Ist es das unerbittliche Gesetz des Daseins? Wir wissen es nicht. Aber sie gibt buchstäblich das

Heft aus der Hand; es entfällt ihr einfach. „Der Buchstabe tötet“, sagt Paulus, „aber der Geist macht lebendig“ (2. Korinther 3,6). Der Geist schwebt in Gestalt einer Taube über dem Haupt Mariens.

Die Fixierung in einem Persönlichkeitsmuster ist Folge davon, dass wir aus der ursprünglichen Einheit mit Gott herausgefallen sind.

Mithilfe des Enneagramms ist eine besondere Art des menschlichen und spirituellen Wachstums möglich. Um diesen Weg zu verstehen, müssen wir uns noch einmal bewusst machen, dass die Fixierung in einem Persönlichkeits-
muster Folge davon ist, dass wir aus der ursprünglichen Einheit mit Gott herausgefallen sind und damit auch den Zugang zu den ursprünglichen göttlichen Eigenschaften und „Energien“ verloren haben. Um das Vakuum auszufüllen, produziert das Ego Ersatzeigenschaften, die den göttlichen Eigenschaften auf den ersten Blick ähnlich sind. Das Ego versucht, jene Eigenschaften zu produzieren oder nachzuäffen, die nicht machbar sind, sondern wie Früchte an einem guten Baum heranreifen. Im Johannesevangelium sagt Jesus:

„Ich bin der wahre Weinstock und mein Vater der Weingärtner. Eine jede Rebe an mir, die keine Frucht bringt, wird er wegnehmen; und eine jede, die Frucht bringt, wird er reinigen, dass sie mehr Frucht bringe ... Bleibt in mir und ich in euch. Wie die Rebe keine Frucht bringen kann aus sich selbst, wenn sie nicht am Weinstock bleibt, so auch ihr nicht, wenn ihr nicht in mir bleibt. Ich bin der Weinstock, ihr seid die Reben. Wer in mir bleibt und ich in ihm, der bringt viel Frucht; denn ohne mich könnt ihr nichts tun ... Darin wird mein Vater verherrlicht, dass ihr viel Frucht bringt und werdet meine Jünger.“ (Johannes 15,1-8)

Reben können sich nicht selbst produzieren. Sie wachsen in der Verbindung mit dem Weinstock. Der „andere“ Weg der Reifung besteht darin, sich weniger mit Defiziten oder Blockaden zu befassen, als sich vielmehr bewusst und intensiv auf den Ursprung des Seins und auf die Mitte auszurichten, auf Gott. Auch wenn unser Geist das Wesen Gottes nur erahnen und ertasten (und höchstens in wenigen kostbaren gnadenhaften Momenten fühlen und schauen) kann, so können wir doch die ungeschaffenen Eigenschaften oder Energien Gottes an uns heranlassen und in uns aufnehmen. Im Galaterbrief spricht Paulus von neun Früchten des Geistes, die letztlich nichts anderes sind als Anteilhabe an den Eigenschaften Gottes: Liebe, Freude, Friede, Geduld, Freundlichkeit, Güte, Treue, Sanftmut und Selbstbeherrschung (Galater 5,22). In der Lehre der christlichen Wüstenmönche werden den acht oder neun Lastern bzw. Leidenschaften ebenso viele Tugenden gegenübergestellt. Und der katalanische Theologe und Mystiker Ramon Llull (1232–1316) hat im Zusammenhang mit seinen Versuchen, eine „neutrale“ Sprache für den interreligiösen Dialog zu finden, seine „Figura A“ entwickelt, die neun Eigenschaften Gottes darstellt (gleichzeitig Grundlage der höchsten menschlichen Tugenden): Güte, Größe (Großmut), Beständigkeit, Macht (Stärke), Weisheit, Wille, Tapferkeit, Wahrheit (Wahrhaftigkeit), Ehre (Ehrbarkeit).

Ramon Llull: Figura A

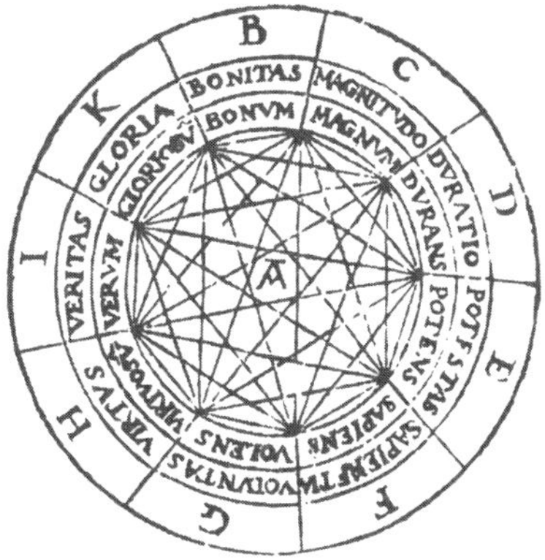

Die Tugenden spiegeln sich auch in den 99 Gottesnamen, die der Islam kennt. Alle Gottesnamen außer dem Namen Allah selbst sind göttliche Eigenschaften und häufig zugleich hohe menschliche Tugenden.

1. Ar-Rahman: der Gnädige
2. Ar-Rahiem: der Barmherzige
3. Al-Malik: der Herrscher und König
4. Al-Qudduus: der Heilige, der Reine, frei von allem Makel
5. As-Salaam: der Retter, der Verleiher des Friedens
6. Al-Mu'min: der Wahrer der Sicherheit
7. Al-Muhaimin: der Beschützer und Bewacher
8. Al-A'sies: der Erhabene, der Ehrwürdige
9. Al-Dschabbaar: der Gewaltige, der Unterwerfer
10. Al-Mutakabbir: der Vornehme, der Stolze
11. Al-Chaliq: der Schöpfer
12. Al-Bary: der Erschaffer, der alles aus dem Nichts erschaffen hat
13. Al-Musawwir: der Former, der jedem Ding seine Form und Gestalt gibt
14. Al-Ghaffar: der große Verzeiher
15. Al-Qahhaar: der Alles-Bezwinger: niemand kann sich seinem Willen widersetzen
16. Al-Wahhab: der Geber und Verleiher

17. Ar-Rassaq: der Versorger
18. Al-Fattah: der Öffnende, der Öffner der Türen
19. Al-A'liem: der Allwissende

20. Al-Qabid: der die Gaben nach seinem Ermessen zurückhält
21. Al-Baaßit: der diese Gaben aber auch ausreichend und großzügig gewährt
22. Al-Chaafid: der Erniedriger der Hochmütigen und zu Unrecht Stolzen
23. Ar-Raafi': der Erhörer der Demütigen und Bescheidenen
24. Al-Muis: der Verleiher von wirklicher Ehre
25. Al-Musill: der Demütiger der Unterdrücker ihrer Mitmenschen
26. As-Sami': der Hörende
27. Al-Basir: der Sehende
28. Al-Hakam: der weise Richter
29. Al-Adl: der Gerechte
30. Al-Latief: der das Feinste in allen Dimensionen erfasst, der Feinfühlige, der Gütige
31. Al-Chabier: der Kundige, der um die kleinsten Rechnungen des Herzens Wissende
32. Al-Haliem: der Nachsichtige, der Mitfühlende
33. Al-A'siem: der Großartige, der Erhabene
34. Al-Ghafur: der immer wieder Verzeihende

35. Asch-Schakur: der Dankbare, der seinen Diener auch für die kleinste Tat belohnt
36. Al-Aliy: der Höchste
37. Al-Kabir: der unvergleichlich Große
38. Al-Hafieth: der Bewahrer, der Erhalter, der die Taten seiner Diener bis zum jüngsten Tag erhält
39. Al-Muqiet: der alle Ernährende (sowohl mit materieller als geistiger Nahrung)
40. Al-Hasieb: der genau Berechnende, der Garant
41. Al-Dschalil: der Majestätische
42. Al-Kariem: der Ehrenvolle, der Großzügige
43. Al-Raqieb: der Wachsame
44. Al-Mudschieb: der Erhörer der Gebete
45. Al-Wasi': der Weite, der mit seiner Wohltätigkeit und seinem Wissen alles Umfassende
46. Al-Hakiem: der Allweise
47. Al-Wadud: der Liebevolle, der alles mit seiner Liebe Umfassende
48. Al-Madschied: der Glorreiche
49. Al-Ba'ith: der die Menschen am jüngsten Tag wieder zum Leben erwecken wird
50. Asch-Schahied: der Zeuge
51. Al-Haq: der Wahre, der Wahrhaftige
52. Al-Wakiel: der Vertrauenswürdige, der Helfer und Bewacher

53. Al-Qawi: der Starke
54. Al-Matien: der Feste, der Dauerhafte, der einzig wirklich Starke

55. Al-Waliy: der Schutzherr eines jeden, der seinen Schutz und seine Leitung braucht
56. Al-Hamied: der Preiswürdige, dem aller Dank gehört
57. Al-Muhsy: der alles Aufzeichnende
58. Al-Mubdi: der Beginnende, der Urheber alles aus dem Nichts Geschaffenen
59. Al-Mu'ied: der Wiederholende, der alles wieder zum Leben erwecken wird
60. Al-Muhjie: der Lebensspendende
61. Al-Mumiet: der, in dessen Hand der Tod ist
62. Al-Haiy: der aus sich selbst Lebende
63. Al-Qayum: der allein Stehende, der Ewige
64. Al-Waadschid: der alles Bekommende und Findende
65. Al-Maadschid: der Ruhmvolle
66. Al-Waahid: der Eine, der niemanden neben sich hat
67. Al-Ahad: der Einzige (alleinige Gott)
68. As-Samad: der von allem und jedem Unabhängige
69. Al-Quadir: der zu allem Fähige, der Besitzer aller Macht und Autorität
70. Al-Muqtadir: der alles Bestimmende
71. Al-Muqaddim: der Voranstellende
72. Al-Mu'achir: der Aufschiebende

73. Al-Awwal: der Erste ohne Beginn
74. Al-Aachir: der Letzte ohne Ende
75. Al-Saahir: der Offenbare, auf dessen Existenz alles Geschaffene klar hinweist

76. Al-Baatin: der Verborgene, den niemand wirklich begreifen kann
77. Al-Waali: der einzige und absolute Herrscher
78. Al-Muta'aali: der Reine, der Hohe
79. Al-Barr: der Gute
80. Al-Tawwab: der die Reue seiner Diener Annehmende
81. Al-Muntaqim: der gerechte Vergelter
82. Al-Afwu: der Vergeber der Sünden
83. Ar-Ra'uf: der Mitleidige
84. Malik-ul-Mulk: Inhaber aller Reichtümer
85. Sul-Dschalali-wal-Ikram: derjenige, dem Majestät und Ehre gebühren
86. Al-Muqsit: der unparteiisch Richtende
87. Al-Dschaami': der Versammelnde, der alle Menschen am jüngsten Tag versammeln wird
88. Al-Ghany: der Reiche, der niemanden braucht
89. Al-Mughni: der Verleiher der Reichtümer
90. Al-Mani': der Zurückweisende
91. Ad-Dhar: der Schaden Zufügende
92. An-Naafi': der Vorteil Gebende
93. An-Nur: das Licht

Im Licht der Heiligen Ideen wird der Verlust des Urvertrauens überwunden.

94. Al-Hadi: der Leitung Gebende
95. Al-Badi': der Schöpfer des Neuen
96. Al-Baaqi: der ewig Bleibende

97. Al-Waarith: der einzige Erbe, denn außer ihm ist nichts beständig
98. Ar-Raschied: der Führung Gebende
99. As-Sabur: der Geduldige

Diese Eigenschaften bzw. Namen Gottes sind Quelle der Heiligen Ideen, die transformatorisch wirken. Mit Ideen sind in diesem Zusammenhang nicht „Gedanken" gemeint, sondern – im Sinne Platons und C. G. Jungs – archetypische Urbilder. Die Ideenlehre ist das Kernstück der Philosophie Platons. Platon versteht die Dinge lediglich als Abbildung von Ideen, Urbildern, die ungeschaffen und ewig, a priori, existieren. Das Wort Idee leitet sich vom griechischen Wort für „sehen" ab. Die ewige Welt der Ideen ist die wahre Wirklichkeit; die irdisch-materielle Welt ist nur schattenhaftes und vergängliches Abbild.
Schon *Oscar Ichazo* ist von neun Heiligen Ideen ausgegangen, deren Verlust zur Fixierung im Ersatzmuster führt. *Claudio Naranjo* hat diese Sichtweise weitervermittelt. Der „Fall aus der Einheit mit dem göttlichen Sein" ist die menschliche Urnot, die mit einer musterspezifischen Verblendung einhergeht. *Sandra Maitri* und vor allem *A. H.*

Almaas haben diese Urnot eindrucksvoll als den frühkindlichen Verlust des Urvertrauens beschrieben. In ihren Analysen stellen sie ausführlich dar, was hier nur angedeutet und zusammengefasst werden kann (A. H. Almaas, Facet-
ten der Einheit – das Enneagramm der Heiligen Ideen, Sandra Maitri, Neun Porträts der Seele – die spirituelle Dimension des Enneagramms). Almaas definiert Urvertrauen als „eine nicht-begriffliche Gewissheit, dass das Universum gut ist, ein nicht hinterfragtes, bedingungsloses Vertrauen, dass das Universum, die menschliche Natur und das Leben etwas besitzen, das von sich aus grundlegend gut und liebevoll ist und uns das Beste wünscht" (44). Der folgende Abschnitt orientiert sich zum Teil an der Zusammenfassung von Almaas Gedanken durch *Maria-Anne Gallen* im Enneagramm-Rundbrief (Enneaforum 28/2005).

Der „positive Weg" mit dem Enneagramm verläuft wie bereits erwähnt weniger über die Analyse der eigenen typenspezifischen Fixierungen und Verirrungen, sondern in erster Linie über die Meditation der typenspezifischen Heiligen Ideen. Sie wirken einladend und anziehend auf die Seele und wecken Sehnsucht nach jener Urheimat der Seele, aus der sie stammen. Im Licht der Heiligen Ideen wird der Verlust des Urvertrauens allmählich überwunden. Wir sind gehalten! Das Gefühl und die Erfahrung des „Nicht-gehalten-worden-Seins" haben jene Strategien erzeugt, die den

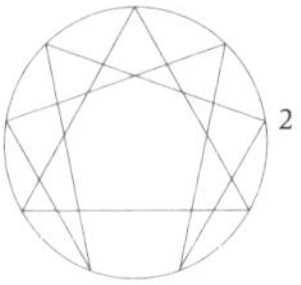

Mangel an Geborgenheit auszugleichen versuchen. Die Rückwendung zu den Heiligen Ideen ermöglicht uns, die Fixierung auf jene zum Scheitern verurteilten spezifischen Illusionen zu lösen. Die neun spezifischen Verblendungen beschreibt Almaas so:

ZWEI: Die spezifische Verblendung der ZWEI besteht in der hochmütigen Einbildung, man besäße einen unabhängigen, eigenen Willen und könne den Lauf der Dinge bestimmen. „Nicht-gehalten-Werden" manifestiert sich bei Muster ZWEI als die demütigende und Energie vernichtende Erfahrung, nicht zu bekommen, was man will. Die spezifische Reaktion darauf ist der eigenmächtige Versuch, den eigenen Willen durchzusetzen, womöglich gegen das gesamte Universum und mit Mitteln der Manipulation (Almaas, 172ff). Das ist eine Form der Selbstvergottung des Ego, die Leidenschaft des Hochmuts und Stolzes. Die ZWEI hat sich vom Heiligen Willen und der Heiligen Freiheit separiert, die mit der demütigen Einsicht verwoben sind, dass man selbst Teil des Universums ist und nicht sein Lenker. Ichazo definiert den Heiligen Willen als das „Gewahrsein, dass die Realität, die sich absichtsvoll und nach festen Naturgesetzen bewegt, mit einer gewissen Kraft ausgestattet ist. Die einfachste Möglichkeit, mit dieser Kraft umzugehen, besteht darin, mit ihr zu fließen" (zitiert bei Almaas, 158). Die Vaterunser-Bitte „Dein Wille geschehe" mündet bei Jesus im Garten Gethsemani in letzter Konsequenz in die Einwilligung in den eigenen Tod („Nicht mein, sondern dein Wille ..."). Der Heilige Wille resultiert in der Heiligen Freiheit, loszulassen anstatt zu manipulieren. Die erlöste ZWEI ist ein Kind der Freiheit. Die Meditation des göttlichen Willens und der „herrlichen Freiheit der Kinder Gottes" (Römer 8,21) kann die ZWEI zurückbinden an die verlorene Dankbarkeit und Demut des Heiligen Kindes.

DREI: Ihre spezifische Verblendung ist nach Almaas „selbständiges Tun", die irrige Überzeugung, dass eigenes Wirken unabhängig vom Rest des Universums möglich ist. Auch die DREI versucht, an Gottes Stelle zu treten und die eigenen Gesetze zu entwerfen. Der frühkindliche Mangel an Gehalten-Werden manifestiert sich hier als Hilflosigkeit und dem daraus resultierenden Gefühl, alles alleine schaffen zu müssen. Die spezifische Notlösung sind angestrengte Aktivität, Leistungsdruck und Aktivitätszwang (346ff). Die spezifischen Heiligen Ideen, in denen die DREI ursprünglich wurzelt und von denen sie abgeschnitten ist, sind das Heilige Gesetz und die Heilige Hoffnung. Das Heilige Gesetz besteht nach Ichazo darin, dass die kosmischen Gesetze objektiv sind und „als Einheit operieren".

4

Die Heilige Hoffnung erwächst gerade aus der Annahme des kosmischen Gesetzes. Die Hoffnung gehört mit dem Glauben und der Liebe zu den drei „theologischen Tugenden“ nach Paulus (1. Korinther 13,13). Sie ist – anders als Optimismus oder positives Denken – nicht machbar, sondern unerklärliches und untrügliches Geschenk und Zeichen der Gnade Gottes. Sie beflügelt, ohne anzustrengen. Sie gründet nicht in Messbarem, sondern in der Gewissheit des Gehaltenseins. Die Meditation des Kosmos, dessen Teil wir sind, und die Bitte um die Gnadengabe der Hoffnung können den Zwang zu Eitelkeit, Selbstbetrug und Lüge lockern und schließlich überwinden, der zu den spezifischen Schwierigkeiten von Muster DREI gehört.

VIER: Sie ist von der Illusion verblendet, eine getrennte Identität zu besitzen. Sie glaubt, dass ihr Ich unabhängig, „anders“ und einzigartig ist, und separiert sich so von der Solidarität aller Geschöpfe. Daraus folgt das subjektive Empfinden, „unverbunden, entfremdet, ausgestoßen und verlassen“ zu sein. Die typische Reaktion ist der Versuch, die eigene Erfahrung zu kontrollieren, um das Gefühl der Unverbundenheit nicht fühlen zu müssen. Das Ego erzeugt eine künstliche, ästhetische Mitte, um die Abwesenheit der wirklichen Mitte nicht zu spüren. Schönheit ersetzt das Sein (254ff). Die Idee des Heiligen Ursprungs bzw. der Hei-

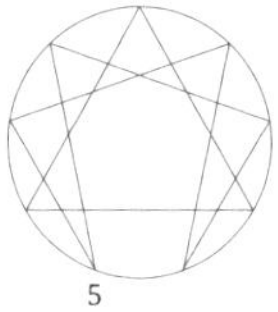

ligen Originalität wurzelt in der schlichten Einsicht, dass alles aus Gott entspringt und zu Gott zurückkehrt. Das Licht bricht und differenziert sich in den vielen Farben des Lichtspektrums. So unterschiedlich sie sind, sind sie doch alle Ausdruck des einen Lichts und von der Lichtquelle nicht zu trennen. In jeder Farbe ist das ganze Licht präsent, wenn auch spezifisch. In jeder Erscheinung verbirgt sich das Ganze. Das freilich bedeutet auch eine Selbstrelativierung der Erscheinung. Sie kann nicht für sich stehen. Die Meditation des Regenbogens, dessen Farben Brechungen des einen Lichtes sind, kann die Isolation der VIER und das damit verbundene emotionale Auf und Ab lockern und lösen und sie einladen, in sich selbst, in der Gemeinschaft – und damit in Gott – zu ruhen. Auch die Imagination des paulinischen Bildes vom Leib und den Gliedern (1. Korinther 12-14) fördert eine Form der Selbstrelativierung, die sich paradoxerweise mit echter Wertschätzung für die eigene spezifische Gabe und Berufung verbindet.

FÜNF: Sie bildet sich nach Almaas ein, ein separates Ich zu besitzen, „eine getrennte Wesenheit zu sein, die aus sich selbst heraus existiert, getrennt von anderen und dem Universum, separat von Gott, separat von allem." Die FÜNF fühlt sich dabei „klein, isoliert, abgeschnitten, leer und armselig." Die spezifische Reaktion ist Rückzug,

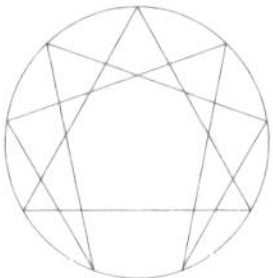

der Versuch, sich vor der Wirklichkeit zu verbergen und echten Kontakt abzublocken. Insbesondere will sie der eigenen Unzulänglichkeit ausweichen (142ff). Heiliges Allwissen bzw. Heilige Transparenz sind die ursprünglichen Ideen, von denen sich die FÜNF entfremdet hat und zu denen sie zurückfinden muss, um heil zu werden. Das Bild eines Gottes, der alles sieht und alles durchschaut, kann erschreckend und vernichtend sein, wenn dieses Allwissen als kontrollierend, richtend und strafend empfunden wird. Nach biblischer Auffassung fallen die Allwissenheit und die Allbarmherzigkeit, die Erkenntnis und die Liebe zusammen. Obwohl (oder sogar weil) Gott alles weiß, liebt Gott grenzenlos. Wir kommen aus diesem Allwissen und kehren zu ihm zurück. „Jetzt erkenne ich stückweise, dann aber werde ich erkennen, gleichwie auch ich erkannt worden bin“ (1. Korinther 13,12). Die Meditation dieser Klarheit und Transparenz ist einladend und entlastend für die nach Durchblick lechzende FÜNF. Erkannt und geliebt sein ermöglicht echte Erkenntnis in Liebe.

SECHS: Die spezifische Verblendung der SECHS nennt Almaas „keine wahre Natur“, Mangel an Vertrauen, zynischen Zweifel am Menschen und am Universum. Das kann sich zur Meinung verdichten, dass alle Menschen pure Egomanen sind. Die Urnot ist ein erlebter Mangel an Vertrauen darauf, dass die Wirklichkeit stützt und trägt, und damit einhergehend das Gefühl der Unsicherheit. Spezifische Reaktion ist ein dauerndes Auf-der-Hut-Sein vor Gefahr und die Dauerbereitschaft, sich zu wehren. Paranoia und Aggressivität richten sich vor allem gegen die eigene Person: Man „wagt es nicht, tief in sein eigenes Inneres vorzudringen, vor lauter Angst, was man dort finden würde, und man hat von vorneherein den Verdacht, dass es nichts Gutes ist“ (308ff). Heilige Kraft und Heiliger Glaube (Vertrauen) sind die ursprünglichen göttlichen Qualitäten, die die SECHS verloren hat und die zur Rückbindung und Rückkehr einladen. Es ist die Einladung, mitten in der Erfahrung von Schwachheit eine nicht selbst gemachte Kraft wahrzunehmen und sich auf sie zu verlassen. Paulus beschreibt sie so: „Deshalb lasse ich mir Schwachheiten, Schmähungen, Nöte, Verfolgungen und Ängste ... gefallen; denn wenn ich schwach bin, dann bin ich stark“ (2. Korinther 12,10). Die Aufforderung und Einladung „Fürchte dich nicht“ durchzieht die gesamte Heilige Schrift vom 1. Mosebuch (Kapitel 15,1) bis zur Offenbarung (Kapitel 2,10). Die Meditation der Kraft Gottes und die Rückbindung an die universale Liebe, aus der wir kommen und zu der wir unterwegs sind, ist begleitet vom Schwinden der Furcht: „Furcht ist nicht in der Liebe, sondern die vollkommene Liebe treibt die Furcht aus“ (1. Johannes 4,18).

SIEBEN: Am Punkt SIEBEN herrscht nach Almaas die Illusion, man „könne scine eigene Entfaltung dirigieren“, man sei also des eigenen Glückes Schmied und könne es planen.

Aus dem Verlust des Urvertrauens entsteht Desorientiertheit, das Gefühl, verloren zu sein. Als Reaktion darauf will die SIEBEN durch ständiges Planen Orientierung gewinnen. Das Misstrauen in den göttlichen Plan führt dazu, Unmengen von eigenen Zukunftsentwürfen zu entwickeln und umzusetzen (236ff). Die SIEBEN hat den Kontakt zur Heiligen Arbeit und zum Heilige Plan verloren, das Bewusstsein, dass Gott wirkt und dass alles gut wird. Der Beginn der Heilung ist die Imagination und Meditation Gottes, der geheimnisvoll das Gute wirkt, selbst im Dunklen und durch das Dunkle, und der uns zum Mitwirken einlädt. Anstatt das eigene Leben zu planen, inspiriert die Heilige Idee dazu, dem Planen und Wirken Gottes nachzuspüren, so wie es am Ende der alttestamentlichen Josephsgeschichte bezeugt wird: „Ihr (Menschen) gedachtet, Böses zu tun. Gott aber gedachte, Gutes zu tun“ (1. Mose 50,20).

ACHT: Das falsche Konzept der ACHT heißt Spaltung. Weil sie die Einheit der Realität nicht wahrnimmt, glaubt sie, dass die vorhandenen Trennungen und Gegensätze endgültig sind, als „stünde eine Seite im Gegensatz zu der anderen und eine Seite trüge die Schuld“. Die spezifische Schwierig-

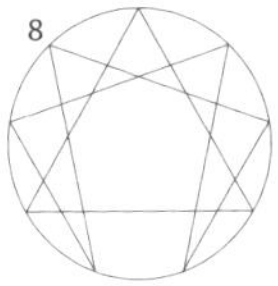

keit wird als Gefühl, schlecht und schuldig zu sein, erlebt. Typische Reaktion ist die Selbstbeschuldigung: „Man beschuldigt sich selbst dafür, nicht göttlich zu sein, und beginnt, sich selbst dafür zu bestrafen und sich an anderen zu rächen“ (129ff). Verloren ist der Kontakt mit der Heiligen Wahrheit, die in nichts anderem besteht als in der Tatsache, dass die Wirklichkeit eine ist. Die Spaltung in Gut und Böse, Freund und Feind, Täter und Opfer, schuldig und unschuldig, Leben und Tod benennt nur relative Wahrheiten. Die Heilige Wahrheit ist absolut und transzendiert die subjektive, relative Wahrheit. Sie „schließt alles mit ein, auch die Schuldgefühle und Selbstbeschuldigungen“. In der Meditation der universalen Barmherzigkeit Gottes lassen das Freund-Feind-Denken und die Selbstbezichtigung der ACHT nach und sie gewinnt wieder Zugang zur eigenen kindlichen Unschuld und Wehrlosigkeit, wie sie sich im gekreuzigten Gottessohn offenbart.

NEUN: Die spezifische Verblendung der NEUN nennt Almaas lokalisierte Liebe, die Illusion, dass die Liebe Vorbedingungen hat und nur an bestimmten Punkten auftritt. Als Folge davon erlebt sich die NEUN als unwichtig und minderwertig. Sie hat das Gefühl, dass ihr Qualitäten fehlen, die andere haben. Die spezifische Notlösung sind die Betäubung und der Schlaf, Resignation, Vergessen und Ver-

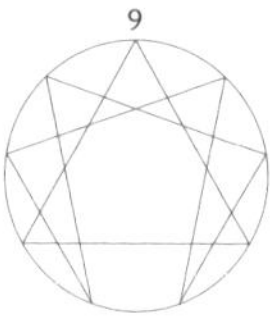

nachlässigen des eigenen Seins (279ff). Die Heilige Liebe besteht in der universalen Verbundenheit der gesamten Schöpfung; sie ist Ausgangspunkt aller wesentlichen spirituellen Traditionen und auch Grundaxiom des Enneagramms, das nicht zufällig an Punkt NEUN beginnt und endet. Im von Gott geschaffenen Universum gibt es nichts, was unwesentlich oder minderwertig ist: „Werden nicht zwei Sperlinge um einen Pfennig verkauft? Und nicht einer von ihnen fällt auf die Erde ohne euren Vater; an euch aber sind selbst die Haare des Hauptes alle gezählt“ (Matthäus 10,29f). Die Heimkehr zur Heiligen Liebe impliziert für die NEUN die Erfahrung der eigenen Würde und Kostbarkeit und die daraus folgende Ermutigung zu tatkräftiger, engagierter Liebe.

EINS: Ihre Täuschung besteht darin, dass sie das Universum in Dinge und Zustände aufteilt, die mehr oder weniger „vollkommen“ sind. Das führt zu vergleichenden endgültigen Urteilen gegenüber der Umwelt und der eigenen Person. Die spezifische Strategie ist das andauernde Korrigieren des gegenwärtigen Zustandes, genährt von unterschwelligem Groll. Als Folge ist die EINS mit ständiger Selbstverbesserung befasst oder steht unter dem Dauerzwang zu beweisen, dass sie gut und „richtig“ ist (196ff). Die Heilige Idee, von der sich die EINS „isoliert“

hat, heißt Heilige Vollkommenheit. Es ist jene göttliche Vollkommenheit, die liebt, ohne zu urteilen, und zu der Jesus einlädt, wenn er in der Bergpredigt sagt: Gott „lässt seine Sonne aufgehen über Bösen und Guten und er lässt regnen über Gerechte und Ungerechte ... Ihr sollt also vollkommen sein, wie es auch euer himmlischer Vater ist“ (Matthäus 5,45.48). Die Heilige Vollkommenheit, die eine göttliche Eigenschaft ist, unterscheidet sich von der Verblendung der „lokalisierten Richtigkeit“ darin, dass sie – anstatt zu urteilen – das gesamte Universum und alle Menschen im Licht ihrer potenziellen Vollkommenheit annehmen und lieben kann. Die göttliche Vollkommenheit liebt jenseits und unabhängig von Verdienst, von Lob und Tadel. Die Meditation und das Zulassen dieser „vollkommenen Vollkommenheit“, die das scheinbar Unvollkommene nicht ausschließt, sondern umfasst, ist der Beginn der Heilung der EINS.

Der Weg der Befreiung

Der „positive Weg" setzt bei der Rückbesinnung und Ausrichtung auf die verloren gegangenen Heiligen Ideen an, die wir auf neun spezifische Weisen aus dem Blick verloren haben. Die Meditation der Heiligen Ideen, ausgehend jeweils von derjenigen, aus der sich unsere eigene spezifische Verblendung und Fixierung pervertiert hat, tut der Seele gut, inspiriert, lockt und lädt zur Reifung ein. Die eigene Heilige Idee ist zugleich Brücke zu allen anderen Heiligen Ideen und darüber hinaus zu Gott, dem Ursprung aller Heiligen Ideen. Die *verborgene* (und im Stand der Entfremdung und Sünde *verbogene*) Identität des Geschöpfes mit seinem Schöpfer kommt ans Licht und der Prozess der Verwandlung zur eigenen Ursprünglichkeit beginnt.

Da Gott nur Originale schafft und keine Kopien, sieht auch jeder spirituelle Weg anders aus. Es gibt nicht nur neun, sondern unendlich viele Eigenschaften Gottes und unendlich viele Geistesfrüchte. Daran erinnert auch die erwähnte islamisch-sufistische Lehre von den 99 Gottesnamen. Der Weg der Heiligung und Verwandlung führt heraus aus Mustern und Gleichförmigkeit zu Originalität und Einmaligkeit. In der Johannesoffenbarung ist die Rede davon, dass am Ende jeder erlöste Mensch von Christus jenen geheimen neuen Namen erfährt, der sein „eigentlicher" Name ist: „Wer überwindet, den will ich zum Pfeiler im Tempel meines Gottes machen ... und ich will auf ihn schreiben den Namen meines Gottes und den Namen des neuen Jerusalem, der Stadt meines Gottes, die vom Himmel herniederkommt von meinem Gott, und meinen Namen, den neuen" (Offenbarung 3,12). Der neue Name des erlösten Menschen ist ein Gottesname. Geschöpf und Schöpfer werden eins. Die Einheit von Schöpfer und Geschöpf ist durch den Fall des Menschen in den Dualismus aus dem Blick und aus der Erfahrung geraten. Am Ende wird sie geheilt und neu erfahren: „Wir sind schon Kinder Gottes, aber es ist noch nicht offenbar geworden, was wir sein werden; wir wissen, wenn es offenbar werden wird, werden wir ihm gleich sein, denn wir werden ihn sehen, wie er ist" (1. Johannes 3,2).

In der Seelsorge im Spirituellen Zentrum St. Martin am Glockenbach in München, dessen geistlicher Leiter ich bin, begegnen mir immer wieder Menschen, die schon weite Wege gegangen sind, biografisch und geistlich. Ein häufiges Muster sieht so aus: Sie haben irgendwann nach der Pubertät den christlichen Glaubensweg verlassen, wenn sie überhaupt davon geprägt waren. Manche haben sich östlichen Religionen oder esoterischen Systemen zugewandt; manche sind auch einfach in Beruf und Familie aufgegangen. In der Lebensmitte hat durch Krisenerfahrungen wie Trennungen, gesundheitliche Probleme oder berufliches Scheitern ein vertieftes Fragen eingesetzt. Manche haben in verschie-

Viele Wege führen zu Gott: der Weg der Mystik,
der charismatischen Erfahrung,
der Freundschaft und Beziehung,
der Kunst, der Erotik, des Kampfes,
der Askese, der Arbeit, der Wissenschaft ...

densten Meditationsformen und andern Übungen Kraft und Orientierung gesucht und bis zu einem bestimmten Punkt gefunden. Aber die Sinnfrage blieb unbeantwortet. Die Frage nach Gott stellte sich in neuer Dringlichkeit – und die Sehnsucht, nach den Wurzeln des eigenen Glaubens zu suchen, nach der eigenen christlichen Identität. Für manche war es wie ein Heimkommen, in St. Martin andocken zu können. Denn dort sind suchende Menschen willkommen – unabhängig von ihrem Hintergrund. Meditation und Gottesdienste, Körperarbeit, spirituelle Seminare und geistliche Begleitung, Schweigeexerzitien und Straßenexerzitien, der Dialog über persönliche Sinnfragen und gesellschaftliche Herausforderungen (insbesondere die Solidarität mit Armen und Ausgegrenzten), Pilgertage und nicht zuletzt Enneagrammkurse können Bausteine einer zeitgemäßen christlichen Orientierung und Identitätsfindung sein.
So viele und so eigenartige Wege führen zu Gott! Richard Rohr hat in seinem Buch „Enneagram II" einige davon benannt: den Weg der Mystik, den Weg der charismatischen Erfahrung, den des Ordenslebens, den der Freundschaft und Beziehung, den der Kunst, den der Erotik, den des Kampfes, den der Religion, den der Askese, den der Therapie, den der Arbeit, den des politischen und sozialen Engagements, den der Elternschaft, den der Wissenschaft. Rohr beschreibt, wie jeder dieser Wege, in der Tiefe ausgelotet

und konsequent zu Ende gegangen, das Tor zu Gott öffnen kann. Aber jeder dieser Wege kann auch im Sande verlaufen, bevor es zur Verwandlung und zum Durchbruch kommt.

Darüber hinaus scheint es eine große Zahl von Menschen zu geben, die letztlich auf *keinem* Weg sind. Sie probieren ein bisschen von diesem, ein bisschen von jenem, als wäre das Leben ein kaltes Buffet. Aber sie lassen sich auf keinen Weg wirklich ein. Wo aber keine Entscheidung getroffen und keine Konsequenz gezogen wird, da ereignet sich wenig Wachstum, da bleibt auch Gott abstrakt und letztlich entbehrlich, da kommt es nicht zur Verwandlung. Die vielen Depressionen heute haben wohl auch damit zu tun, dass die Menschen keine Klarheit für den eigenen Weg gefunden haben. Jesus hat immer wieder erkannt, dass die Massen wie Schafe ohne Hirten, ohne Wegorientierung umherirren und dass sie klaren Zuspruch, einen Auftrag, eine konkrete Vision brauchen, um frei und lebendig zu werden. Diese hat er für sie vorauseilend formuliert, wenn er etwa den wankelmütigen Petrus „Fels“ nennt und ihm zutraut, „Menschenfischer“ oder Hirte seiner Herde zu sein.

Ich selbst erlebe als Pfarrer immer wieder bei Beerdigungsgesprächen, dass Angehörige letztlich fast nichts zu erzählen wissen über einen Menschen, mit dem sie lange gelebt haben. Sie wissen nicht, ob und wie er an Gott geglaubt hat, ob er gebetet hat, wofür er gebrannt hat, welche Daseinsfragen ihn umgetrieben haben, auf welchem Weg er war, was ihm der Sinn des Lebens war. Das macht mich manchmal ratlos und auch traurig, weil ich nur ahnen kann, wie viel Potenzial in solch einem Leben *nicht* entfaltet wurde.

Dieses Buch ist eine Einladung, den eigenen Weg und die eigene Berufung ernsthaft zu suchen und Schritte auf diesem Weg zu gehen, selbst wenn sie am Anfang zaghaft sind und unbedeutend erscheinen. Unser Enneagrammmuster kann dabei so etwas wie ein erster Wegweiser sein und zeigen, was unser spezifischer Weg und unsere Lebensaufgabe sein könnte.

Im Folgenden fasse ich die neun positiven Pfade zu Gott (in Anlehnung an Richard Rohr) zusammen und schildere jeweils exemplarisch Lebenswege von Menschen, die – im Ansatz oder auch überwältigend – erlebt haben, wie die Kapsel der Fixierung aufgebrochen ist und konkrete Schritte der Befreiung möglich wurden. Keine dieser Geschichten ist bereits zu Ende. Aber sie können eine Ahnung von dem vermitteln, was löst und befreit, und ermutigen, den eigenen spirituellen Weg zuversichtlich weiterzugehen, soviel auch noch zu fehlen scheint. Die Namen meiner Interviewpartner habe ich geändert, um ihre Anonymität zu schützen.

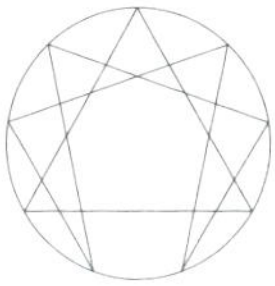
2

ZWEI: Der Pfad der Liebe und Beziehung

Nach christlicher Auffassung ist Gott „dreieinige“ Beziehung, die Liebe des Vaters zum Sohn im Heiligen Geist. Deswegen ist der Weg der Beziehung der Königsweg zu Gott. Gott hat uns nach seinem Bild als Beziehungswesen geschaffen. ZWEIer suchen und gehen diesen wunderbaren und gefährlichen Weg. Wenn sie ihn in letzter Konsequenz gehen, lassen sie das eigene Bedürfnis nach Kontrolle, Symbiose, Manipulation und Abhängigkeit mehr und mehr los und werden „selbstlos“, das heißt, freigiebig und freigebend, liebend. Sie hören auf, Beziehungen zu missbrauchen, um die eigene Identität zu finden. Dazu brauchen sie Orte und Zeiten, in denen sie allein für sich sind und ihre Identität in Gott gründen (zum Beispiel im kontemplativen Gebet) und der eigenen Bedürftigkeit Raum geben. *Dietrich Bonhoeffer* sagt: „Wer nicht allein sein kann, hüte sich vor der Gemeinschaft.“ Die geläuterte Liebe der ZWEI ist verwundbar und verlässlich, spricht die Sprache des Herzens, strahlt einladende Wärme und Zuwendung aus. Aus Bevormundern werden Bevollmächtiger, die demütig zurücktreten und sich von Herzen über die Freiheit und Entfaltung eines Menschen freuen können, den sie eine Weile unterstützt und begleitet haben. Sie teilen die Einsamkeit Gottes und sein Bedürfnis, Beziehung aufzunehmen, Menschen zu

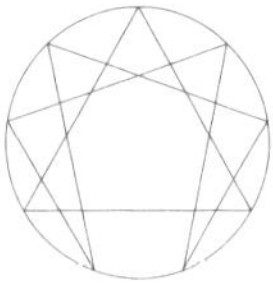
2

vernetzen, Gemeinschaft zu stiften. Wie Gott lieben sie unverbrüchlich und freilassend zugleich.

136 Felicitas wird als fünftes Kind geboren. Während die Mutter bereit ist, ein weiteres Kind aufzunehmen, scheint sie dem Vater zu viel zu sein. Ein zwölf Jahre zuvor geborener Bruder war noch während des Krieges im Säuglingsalter gestorben; die Schwestern sind zehn und zwei Jahre, der Bruder vier Jahre älter als sie. Acht Tage nach Felicitas' Geburt zieht die Familie von Österreich nach Deutschland. Das Nesthäkchen wird bald zur emotionalen Stütze für Mutter und Geschwister. Eine Zeitlang ist zwar die ältere Schwester für sie da, aber ansonsten kümmert sich niemand um ihre Bedürfnisse. Mehrmals geschieht es, dass sie krank ist und ihr die Mutter verspricht: „Ich bring dir was zu essen!" – und sie dann einfach vergisst.
Die Mutter ist vom Krieg, vom Untergang Dresdens und der Flucht aus der Stadt traumatisiert und von der familiären Situation überfordert. Sie vermittelt den Kindern eine Religiosität, die auf einem strafenden Gott basiert. Der Vater verspielt das Geld und geht fremd, als Felicitas in der Pubertät ist. Mit 15 Jahren wird sie von der Mutter zur Geliebten des Vaters geschickt, um sie zu fragen, ob sie sich bewusst sei, dass ihr Liebhaber vier Kinder hat.
In Kindergarten und Schule findet Felicitas nette Freunde und Freundinnen, in der Realschule und der Chemieschule ist sie beliebt, wird zur Klassensprecherin gewählt. Sie will Sozialpädagogik

studieren, arbeitet für drei Jahre in einem Forschungsinstitut und macht schließlich ein Praktikum in einem christlichen Jugendzentrum. Glaubensabende bei einer Freizeit – sie ist gerade 20 Jahre alt – und Abende bei der Katholischen Akademie, zu denen sie von einer Kollegin mitgenommen wird, führen zu einer inneren Wende zum Glauben, auch wenn sie kein fixiertes Bekehrungsdatum vorweisen kann. Sie möchte aus der Erfahrung des Glaubens heraus mit Menschen arbeiten.

In einem christlichen Werk engagiert sie sich in der offenen Jugendarbeit. Sie ist Ansprechpartnerin, seelischer Mülleimer und Vertraute vieler Jugendlichen. Die Not anderer macht sie betroffen und weckt ihren Helferinstinkt. Nach dreieinhalb Jahren ist sie bereits ausgebrannt und wechselt in die Küche, wo sie die Aufsicht über die Absolventinnen des Sozialen Jahres übernimmt. Bald wird sie als „starke Frau hinter einem starken Mann" zur Assistentin des Geschäftsführers. Sie erkämpft Freiräume für Frauen in dem von Männern dominierten Verein, setzt sich für Außenseiter ein und hat Verständnis für die Kinder überfrommer, bigotter Eltern, die aus der religiösen Enge ausbrechen wollen.

Felicitas wirkt stark auf Männer. Einer konfrontiert sie mit der Behauptung: „Gott hat mir gesagt, ich soll dich heiraten!" In einen anderen verliebt auch sie sich, aber beide verletzen sich gegenseitig so sehr, dass die Bindung nicht hält. Sie geht eine neue Freundschaft ein. Die beiden wollen heiraten, um dann in der Dritten Welt bei einem christlichen Werk zu arbeiten. Der Gedanke ist reizvoll.

Aber vier Wochen vor der geplanten Hochzeit bricht sie die Beziehung ab. Ihre Bindungsangst hat die Oberhand gewonnen.

Felicitas verlässt die „fromm-pädagogische“ Arbeitswelt, zieht in eine andere Stadt und nimmt eine „normale“ Stelle als kaufmännische Mitarbeiterin an. Ihr geistlicher Begleiter rät ihr zu einer Therapie. Sie geht auf Abstand zur Gemeinde, lässt sich in Transaktionsanalyse und Organisation und Management ausbilden. In dieser Zeit geht sie auch eine Beziehung mit einem wesentlich jüngeren Mann ein, der aber letztlich davor zurückschreckt, Kinder mit einer älteren Frau zu haben.

Beruflich macht sie eine steile Karriere: Personalsachbearbeiterin im Lohnbereich, Schulung von Sachbearbeitern, Organisation/Management. Sie setzt sich mit ihrer christlichen Herkunft kritisch auseinander, vor allem mit einem Glauben, der das Menschsein unterdrückt, wie sie es erlebt hat. Sie nimmt Abstand zu frommen Kreisen, geht tanzen, beschäftigt sich mit dem Buddhismus und mit Humanpsychologie. Ihre tiefe Gottesbeziehung bleibt ihr erhalten; aber ihr Gottesbild wandelt sich. Therapeutische Beziehungen geht sie nur mit einem gewissen Misstrauen ein. Aber einmal erlebt sie Vertrauen in einem Maß, dass es ihr möglich ist, sich wirklich fallen zu lassen. Und sie erlebt, dass sie von einer Therapeutin aufgefangen und festgehalten wird.

Der wesentliche Punkt ihrer Verwandlung ist der Weg weg vom Kopf, von der Kontrolle, vom moralischen Anspruchssystem hin zum Körper (Tanztherapie).

Ihre Neigung, sich aufzuopfern, besteht dennoch fort, insbesondere im beruflichen Bereich. Sie will ihrem Chef gefallen. Als er eine Gehaltserhöhung verweigert, kündigt sie von heute auf morgen. Acht Monate lebt sie in einem Kloster. Diese Auszeit ohne berufliche Absicherung, ohne „Erfolg“, ohne „Gebrauchtwerden“ ist heilsam. Eine innere Wende vollzieht sich. Sie, die vorher ständig für andere da sein musste, um sich zu spüren, sucht jetzt die Stille, will und kann nicht ständig Menschen um sich haben. Eine weitere Beziehung, die seit fünf Jahren besteht, scheitert daran, dass ihr Partner nicht damit zurechtkommt, als sie nicht mehr stark ist, sondern krank wird. Heute lebt Felicitas in einer Wohngemeinschaft mit einer anderen Frau.

In vielem, was Felicitas erzählt, finde ich selbst mich wieder. Auch mein Weg ist der Weg einer ZWEI: Als ich selbst vor mehr als 20 Jahren von Richard Rohr in das Enneagramm eingeführt wurde, verband er das mit der damals noch gängigen Legende, Sufi-Meister, die angeblichen Erfinder des Enneagramms, hätten ihre Adepten jahrelang sorgfältig beobachtet, bevor sie sich über ihre Charaktermuster im Klaren waren. Dann hätten sie dem Schüler dies Muster allmählich enthüllt, und zwar nur das eigene, niemals das ganze System. Das freilich hielt Richard Rohr nicht davon ab, mir auf den Kopf zuzusagen, ich sei eine ZWEI. Er fügte den mir unvergesslichen Satz hinzu: „TWOs wear

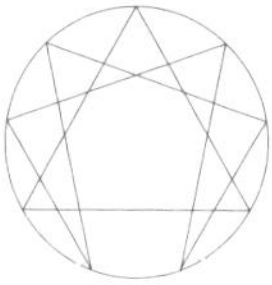

their wounds on their sleeves" („ZWEIer tragen ihre Wunden auf ihren Ärmelmanschetten mit sich herum", was wohl soviel heißen sollte wie: „Die Gefühle der ZWEI spürt man drei Meilen gegen den Wind."). Und das stimmt: Ich kenne keine ZWEI – mich eingeschlossen –, die in der Lage ist, die eigene emotionale Befindlichkeit hinter einem Pokerface zu verstecken. Insbesondere Kränkungen und Verletzungen merkt man ZWEIern sofort an.

Ich habe also mein Muster nicht selbst herausgefunden, wie es sich eigentlich gehört. Ich habe auch lange keinerlei Zweifel an Richards Diagnose gehegt. Später freilich haben Freunde solche Zweifel geäußert. Sie sagten, meine Hilfsbereitschaft sei nicht ausgeprägt genug für eine ZWEI. Meine Kreativität spräche eher für eine VIER; mein ehemaliger Landesbischof hat mich einmal als „unregelmäßiges Verbum" bezeichnet, weil ich prinzipiell alles anders mache als andere. Meine Neigung, reformerische Bewegungen und Gemeinschaften ins Leben zu rufen (ich habe die Basisgemeinde „Lorenzer Laden" in Nürnberg, den Ökumenischen Arbeitskreis Enneagramm und das Spirituelle Zentrum St. Martin am Glockenbach in München begründet) und als eine Art spirituelles „Trüffelschwein" innovative Theorien, Systeme und Modelle aufzuspüren, spräche für die DREI.

Ich habe das ernst genommen und bin eine Zeitlang probeweise in die Identifikation mit DREI und VIER geschlüpft. Dann aber bin ich reumütig zur ZWEI zurückgekehrt. Hilfreich war für mich in diesem Zusammenhang die Theorie der „Subtypen", die die Muster nochmals in je drei Unterkategorien (sexuell, sozial, selbsterhaltend) einteilt (sie wird in unserem Einführungsbuch dargestellt): Ich entlarvte mich als „selbsterhaltende ZWEI", die nach Claudio Naranjo *äußerlich* eher wie eine VIER wirkt, obwohl die innere Motivation und Dynamik der ZWEI virulent sind. Bei der selbsterhaltenden ZWEI ist der Helferdrang weniger ausgeprägt, wohl aber der Egoismus, der sich bei allen ZWEIern hinter dem Altruismus verbirgt. Das Motto der unerlösten selbsterhaltenden ZWEI lautet: „Ich zuerst!" Sie weist alle Privilegien nach außen hin theatralisch von sich, während sie sie insgeheim für angemessen hält und einfordert: „Ich tue so viel für andere, mir steht eine Sonderrolle zu, deren demütige Zurückweisung noch mehr zu meinem Nimbus des edlen Menschen beiträgt." Der früh erlittene Mangel an Geborgenheit und Zuwendung gebiert die Angst, zu kurz zu kommen. Er verstellt den Blick für die wahren Bedürfnisse. Stattdessen bieten sich Ersatzbefriedigungen wie Essen, Süßigkeiten, Alkohol, Rauchen, Drogen oder Sex an. Das Suchtpotenzial der selbsterhaltenden ZWEI ist enorm.

Der immer wieder erlebte Mangel an echter Selbstfürsor-

ge und die Schwierigkeit, meine echten Bedürfnisse wahrzunehmen und ihnen dann auch Raum zu geben, hat mich darin bestärkt, dass Richard Rohr mit seiner damaligen Schnelldiagnose doch richtig lag. Auch die Fähigkeit, fremde Bedürfnisse sofort wahrzunehmen, kann ich nicht leugnen (was mir bei der seelsorgerlichen Begleitung anderer Menschen hilft). Das Helfersyndrom ist bei mir als selbsterhaltender ZWEI verinnerlicht; es ist nicht so stark sichtbar und dennoch als Anspruchssystem in mir ständig präsent. Wer geschickt an dieses System appelliert, kann mich ausnutzen. Immense Summen habe ich im Laufe meines Lebens an „Bedürftige" verliehen, selbst zu Zeiten, in denen mein eigenes Konto überzogen war. Bis auf ein einziges Mal habe ich das Geld nie zurückbekommen. Jeder Bettler auf der Straße, dem ich nichts gebe, weckt Schuldgefühle in mir. Für weltweite Armut und Ungerechtigkeit fühle ich mich persönlich verantwortlich.
Es hat lange gedauert, bis ich allmählich zunehmend begriffen habe, was mir wirklich gut tut. Die wichtigsten Einschnitte meines Lebens in diesem Zusammenhang waren zwei Sabbatzeiten im Alter von 35 und 42. Im Alter von 35 verließ ich meine erste Pfarrstelle und „Gründung", die *Basisgemeinde Lorenzer Laden* in Nürnberg. Ich hatte mich sieben Jahre lang physisch und psychisch verausgabt und war ausgebrannt. Als ich spürte, dass der „Laden auch ohne

mich läuft“, konnte ich gehen. Ich bezog eine kleine Wohnung in München – und weinte vor Glück darüber, dass ich endlich allein war und niemand etwas von mir wollte. In diesem Sabbatjahr entfaltete ich eine ungeheure Kreativität und Produktivität anderer Art: Ich schrieb in kurzer Zeit zwei Bücher, unter anderem das Enneagrammbuch. Das war auch eine Art Selbsttherapie. Die Beschreibung der ZWEI half mir, mir selbst weiter auf die Schliche zu kommen.

Die zweite Auszeit gönnte ich mir, nachdem ich als stellvertretender Leiter des Gemeindekollegs der Vereinigten evangelisch lutherischen Kirche in Deutschland in Celle gemeinsam mit meinem Chef grandios gescheitert war. Wesentlichen Teilen der Kirchenleitung waren unsere innovativen Ideen von Gemeindeaufbau suspekt; dabei spielte auch das Enneagramm von Anfang an eine entscheidende Rolle. In einer peinlichen inquisitorischen Sitzung des Beirats musste ich gleich zu Beginn meiner Tätigkeit nachweisen, dass ich keine Selbsterlösung des Menschen propagiere, sondern als guter Lutheraner an die Allwirksamkeit der Gnade Gottes glaube. Nachdem mein Chef mit fadenscheinigen Finanzargumenten abserviert worden war, bin auch ich gegangen. Das war in gewisser Weise meine Rettung.

Ich brauchte Abstand von meiner Kirche und fand Unter-

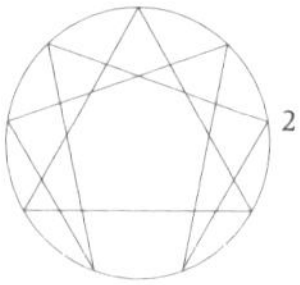

schlupf im oberfränkischen *Haus Gries,* wo Franz Jalics, ungarischer Jesuit, ein Meditationshaus gegründet hatte und den Weg des „Herzensgebets“ lehrte. Ich war schon öfter zu Exerzitien dort gewesen und ließ mich gern auf das Leben in einer Hausgemeinschaft mit vier Stunden Arbeit und vier Stunden Meditation pro Tag ein. In der Stille von Gries hat sich eine Wende von außen nach innen vollzogen. Ich musste – und konnte – viele Ängste, viel Trauer, manche Wut ansehen und durcharbeiten. Das Wichtigste für mich als ZWEI war die Tatsache, dass ich in Gries nicht „gebraucht“ wurde. Die langen Spaziergänge im Wald und die zahllosen Stunden auf dem Meditationsbänkchen waren unendlich befreiend. Niemand wollte dort etwas von mir. Ich hatte das Recht, einfach da zu sein. Franz Jalics ermunterte uns, vor jeder halben Stunde des Sitzens unsere Zeit Gott zu schenken. Damit hatte ich Schwierigkeiten. Ich wollte nicht schon wieder *geben,* nicht einmal Gott. Im Einzelgespräch sagte ich zu Franz: „Ich möchte diese Zeit eine Zeitlang einfach *mir selber* schenken, ist das ok?“ Und seine – für die ZWEI befreiende – Antwort war: „Gut! Mach das! Das ist dasselbe!“

In dieser Zeit habe ich mich auch mit meiner Familiengeschichte auseinandergesetzt. Meine väterliche Familienlinie ist von der Chorea Huntington, einer tödlichen Erbkrankheit, betroffen. Mein Großvater wurde von den Nazis im Zuge der Euthanasie ermordet. Mein Vater und fünf seiner sechs Geschwister sind der Krankheit zum Opfer gefallen. Der Schutzraum von Gries erlaubte es mir, einen Gentest zu machen. Nach sechs Wochen bangen Wartens und unendlicher Angst kam der Bescheid, dass ich „negativ" sei. Das Damoklesschwert war endlich von mir genommen.

Das kontemplative Beten ist bis heute die Kraftquelle und der Ort der Verwandlung für mich. Die Gründung des Spirituellen Zentrums St. Martin in München, in dem das kontemplative Gebet eine zentrale Rolle spielt, ist auch ein Geschenk an mich selbst. Ich lebe an einem Ort, wo Stille nicht nur in Ordnung ist, sondern eine hohe Priorität hat. „Schweigen – Reden – Handeln" ist das Motto von St. Martin. Für mich als ZWEI ist das die Einladung, mich immer wieder zurückzunehmen, bei mir (und so bei Gott!) zu sein und aus der Stille heraus in den Dialog zu treten und ins Handeln zu kommen. Das kontemplative Herzensgebet ist das Gebet des Daseins. Es erinnert mich daran, dass ich mir Gottes Zuwendung und Liebe nicht verdienen muss. Dass Gott da ist und dass das genug ist. Und dass ich einfach da sein kann – und dass das genug ist. Dennoch gibt es immer wieder Widerstände gegen das, was mir wirklich gut tut. Der Kampf um geistliche Disziplin ist ein nie endender.

Im Lauf meines Lebens ist auch meine Wertschätzung eigener und fremder *Freiheit* immer größer geworden (die

Heilige Freiheit ist die Heilige Idee der ZWEI). Noch immer unterstütze ich gerne andere Menschen und helfe ihnen dabei, laufen zu lernen. Die größte Freude aber empfinde ich, wenn andere laufen *ohne* mich. Ich konnte die Leitung der Basisgemeinde Lorenzer Laden und des Ökumenischen Arbeitskreises Enneagramm problemlos loslassen, als ich spürte, dass sie auf eigenen Füßen stehen und mich nicht mehr brauchen. Das Nicht-mehr-gebraucht-Werden habe ich sogar zunehmend als wohltuend und befreiend erlebt. In mir wächst die Sehnsucht nach partnerschaftlicher, nicht hierarchischer Gemeinschaft, in der ich nicht die Rolle des Unterstützers, Gründers, Initiators oder Inspirators habe, sondern mit anderen, die ihre Gaben ebenso entfalten und einbringen, das Leben auf Augenhöhe teilen kann, weil *alle* Verantwortung übernehmen und tragen. Ich suche keine Gurus und möchte selbst keiner sein. Denn das ist für mich das tiefste Geheimnis des Daseins, das sich auch im Bild des Enneagramms spiegelt: Ich bin Teil eines größeren Ganzen wie alle anderen auch. Und dennoch einmalig – wie alle anderen. Ab und zu gibt es einen Vorgeschmack davon – besonders beim Abendmahl.

Die vollständige Erlösung einer ZWEI scheint besonders schwierig zu sein. Der Stolz, die Leidenschaft hinter diesem Muster, ist nach Meinung der Wüstenväter der hartnäckigste und am schwersten ausrottbarste Dämon; er lässt sich weder wegbeten noch wegtherapieren. Echte Demut, die nicht in Wirklichkeit verkappter Stolz ist, ist nicht machbar, sondern ein Geschenk von oben. Aber schon jetzt spüre ich eine tiefe Resonanz und Einwilligung in jenen letzten Satz Martin Luthers, mit dem er gestorben sein soll: „Wir sind Bettler – das ist wahr!“

DREI: Der Pfad der Tat

DREIer packen an, verfolgen Ziele, rufen Projekte ins Leben, gründen Arbeitsgruppen und inszenieren Ereignisse. Sie setzen Visionen um. Immer haben sie viele Eisen im Feuer, was notgedrungen zu einer gewissen Oberflächlichkeit führt. Aber sie tun etwas! Ihr Tatendrang ist eine Gabe des Gottes, der das All gemacht hat und der die Welt bewegt. Gott ist schöpferisch. Er hat Visionen und verfolgt das Ziel, „dass allen Menschen geholfen wird und sie zur Erkenntnis der Wahrheit gelangen“ (1. Timotheus 2,4). Ohne DREIer würde wenig Gutes umgesetzt. Sie organisieren Dinge so, dass sie „laufen“ und erfolgreich sind. Entscheidend ist freilich, dass die DREI ihre Kraft für Ziele einsetzt, die dem Leben dienen und nicht dem eigenen Ego. Dazu brauchen sie meist Unterstützung, Menschen, die ihnen helfen, die eigenen Projekte selbstkritisch zu durchleuchten, und Zei-

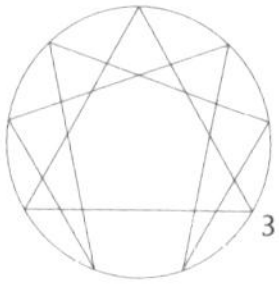

ten der Stille und des Gebets, in denen sie nicht im Rampenlicht stehen und ihr Energiefluss nicht unterbrochen wird. Das ist nötig, damit ihre Motive und Ziele geläutert werden und ihr Tatendrang Tiefgang, Ausrichtung und Erdung bekommt. Zwischen erfolgsorientiertem Aktivismus und dem Engagement der Hoffnung besteht ein gewaltiger Unterschied. Das erste kommt aus dem Ego, das zweite aus dem Hören auf Gott und aus dem Mitwirken an der göttlichen Dynamik.

Unvergessen bleibt mir die Begegnung mit einer Dame während eines Enneagrammseminars. Noch am Tag zuvor hatte ich zu einer Freundin gesagt, ich könne mir eine erlöste DREI ebenso wenig vorstellen wie eine erlöste ZWEI. Diese Dame belehrte mich eines Besseren. Sie kam in der Pause zu mir und sagte, sie hätte sich in Muster DREI gefunden.

Ihr Leben war bis zu einem bestimmten Punkt äußerst erfolgreich verlaufen. Schon als Kind wollte sie immer Schauspielerin werden. Das gelang zwar nicht; aber sie füllte alle Rollen des Lebens mit Bravour aus. Sie hatte ein wunderbares Elternhaus und hat einen wunderbaren Mann geheiratet. Alles flog ihr zu. Subjektiv war sie der glücklichste Mensch der Welt.

Dann aber kam es zur Katastrophe: Sie wurde krank und innerhalb eines Jahres starben ihre Eltern und ihr Partner. Ihre schöne

Welt brach zusammen; ihr war, als zöge man ihr den Boden unter den Füßen weg. Keine ihrer Strategien funktionierten mehr. Sie wusste nicht, wie man mit Unglück und Verlust zurechtkommt. Zeitweise dachte sie an Selbsttötung.

Aber eine leise Stimme in ihr sagte: „Lass es zu!“ Und so sah sie ihrem eigenen Zusammenbruch zu. Hass, Feindseligkeit und Traurigkeit – das ganze ihr bis dahin unbekannte Arsenal von Emotionen überschwemmte sie. Schließlich schlug sie am Boden auf. Sie war leer. Und da erlebte sie etwas, was sie vorher nicht gekannt hatte: Zum ersten Mal erlebte sie *echte* Gefühle wie Freude, Sehnsucht und eine tiefe Hoffnung, die aus ihr selbst kamen und nicht produziert und inszeniert waren, um andere zu beeindrucken. Zum ersten Mal hatte sie Kontakt zu den eigenen wahren Gefühlen.

Sie begann sich neu zu orientieren und zu engagieren, insbesondere im Bereich der ehrenamtlichen Sterbebegleitung. Und sie erzählte mir: „Seit diesem Durchbruch habe ich ein Charisma entdeckt, eine Gabe, die vorher verschüttet war: die Gabe der Wahrhaftigkeit. Vielleicht ist es auch die Gabe der Herzensschau. Wenn ich einen Menschen begleite, dann spüre ich haargenau, ob dieser Mensch wahrhaftig ist oder ob er sich noch etwas vormacht. Und ich kann Menschen helfen, die Wahrheit anzuschauen. Die Lügen und alle Formen des Selbstbetrugs kenne ich ja selbst. Ich habe das alles lange genug gelebt. Und deswegen kann ich das auch mit Barmherzigkeit sehen.“

Ich fasste mir ein Herz und fragte sie: „Und was sehen Sie bei mir?“ Sie sah mich an und sagte: „Ihre Augen sind halb geschlossen. Irgendetwas sehen Sie noch nicht an in Ihrem Leben! Aber ich denke, das wird sich von alleine zeigen, wenn die Zeit reif ist.“ Wenig später begann mein kontemplatives Sabbatjahr im Exerzitienhaus Gries. In diesem Jahr musste und durfte ich viel anschauen und zulassen aus meiner Vergangenheit und Familiengeschichte, was mir vorher noch nicht anschaulich und zugänglich war. Während dieses Prozesses musste ich immer wieder an diese Dame denken, deren Namen ich nicht kenne und die mir nie wieder begegnet ist.

VIER: Der Pfad der Schönheit

„Die Welt wird durch Schönheit gerettet werden“ (Dostojewski). Motor der VIER ist die Sehnsucht nach Schönheit. Im unerleuchteten Zustand wird daraus eine überladene und überzogene Ästhetik, Ausdruck des narzisstischen Bedürfnisses aufzufallen. Erleuchtete VIERer dagegen entdecken immer mehr die Schönheit des Schlichten und Ungeschminkten, wie sie sich zum Beispiel in japanischen Zen-Gärten findet, und entwickeln das Bedürfnis, etwas Schönes beizutragen zur Heilung der Erde. Schönheit ist ihr Pfad zur Schönheit Gottes. Jenes Kind muss eine VIER gewesen sein, das zu seinem Opa kam und sagte: „Opa, wenn du wüsstest, wie schön der liebe Gott ist, würdest du sofort tot umfallen!"

Johanna ist Geigerin und Musiklehrerin. Als sie vor einigen Jahren das Enneagramm entdeckte, schwankte ihre Selbsteinschätzung zwischen EINS, ZWEI und VIER. Sie fand sich im unerbittlichen Anspruchssystem der EINS wieder, vor allem in der Strenge, wenn es um Wahrheit geht. Das Helfen bis zur Selbstaufgabe (ZWEI) kannte sie ebenso zur Genüge. Dennoch traf sie die Beschreibung der VIER am existenziellsten: Seit sie sich erinnern kann, kennt sie das Gefühl, etwas Besonderes und *anders als andere* zu sein, und ebenso kennt sie das Grundgefühl der Melancholie bis hin zur Depression. Schon als Kind „erfindet" sie eine Melodie in Moll, die sie selbst zu Tränen rührt: Die Melodie schwingt sehnsuchtsvoll nach oben, ohne je ein Ziel oder eine Lösung zu finden. Sie lebt in Träumen, in denen sie meist eine orientalische Prinzessin ist. Ein wunderbarer Prinz versucht, sie zu retten. Freilich weiß sie nicht, *wovor,* sondern nur *dass* sie gerettet werden muss.

Zu Hause fühlt sie sich nie zu Hause; ihre Eltern sind aus dem Sächsischen ins Schwäbische gezogen und leben nun fern der angestammten Heimat. Sobald Johanna laufen kann, rennt sie immer wieder davon und muss gesucht werden; es zieht sie in die weite Welt, in die Kreisstadt zumindest. Im eigenen Umfeld erscheint ihr alles zu primitiv, gewöhnlich und eng; sie fühlt sich nicht dazugehörig, sie fühlt sich erhaben, nach Höherem strebend. Auf einem Klassenbild stehen alle ordentlich und eng aufgereiht. Nur Johanna steht in der ersten Reihe links von der Klasse – mit einem guten Stück Abstand zu den anderen, als wolle sie demonstrieren, nicht Teil der gemeinen Masse zu sein.

Musik spielt im Elternhaus eine große Rolle; früh lernt sie die großen geistlichen Werke Bachs kennen; auch ihre eigene musikalische Begabung wird entdeckt. In der Musikschule der Kreisstadt erlebt sie eine starke Geigenlehrerin; mit 14 gewinnt sie beim Wettbewerb „Jugend musiziert" als erste Geigerin des Streichquartetts den ersten Preis, ebenso bei einem internationalen Wettbewerb in Prag. Im elitären Bundesjugendorchester sitzt sie rasch am ersten Geigenpult. Immer sucht sie die Nähe zu großen Dirigenten und Solisten. Freundinnen und Freunde fühlen sich oft abgehängt, nicht mehr „gut genug". Eine Art Erlösung scheint für sie, als sie mit 16 ins erste musische Internat kommt, fern der „provinziellen" Nicht-Heimat.

Einmal sagt ein Musikprofessor zu ihr: „Du musst nur zur Tür reinkommen und schaffst es, dass alle Augen auf dich gehen. Du schaffst es immer, alle Aufmerksamkeit auf dich zu lenken!" Johanna fühlt sich ertappt und schämt sich zutiefst. Das elitäre Selbstbild bekommt erste Haarrisse. Noch freilich ist ihr nicht klar, dass niemand von ihr erwartet, die Größte und Beste zu sein. Sie fühlt nur den ungeheueren Zwang und Stress, die Anstrengung, die es verursacht, dem eigenen Selbstbild gerecht zu werden. Und sie spürt immer mehr, dass sie das selbst gemalte Bild innerlich nicht auszufüllen vermag. Wie kann sie diese Leere füllen?

Zu dieser Zeit wendet sie sich von der Kirche ab. Sie sucht etwas Großes, einen Meister. Für die schwäbisch frömmelnden Kirchenleute und Pfarrer in ihrer Durchschnittlichkeit empfindet sie immer mehr Mitleid und Verachtung. Sie sehnt sich nach dem Urgrund, nach Identität, einem starken Menschen, der ihr hilft, sich selbst zu finden. Nur in der Musik erlebt sie Augenblicke völliger Einheit. Beim Geigenspiel ist sie oft ganz bei sich, alles fließt. Sie empfindet Reichtum, Leben, Wärme und Fülle. Außerhalb des Musizierens stellt sich immer wieder die Leere ein. Sie entwickelt die morbide Sehnsucht, möglichst viele Männer anzuziehen und sie dann fallen zu lassen wie eine heiße Kartoffel. In der Realität erlebt sie das Gegenteil: Immer wieder verliebt sie sich und wird selbst weggestoßen und verlassen.

Mit 21 Jahren bricht sie abrupt das Studium ab. Ein berühmter Musiker, den sie sehr verehrt, empfiehlt ihrem künftigen Mann und ihr, in den USA einen Kurs im Aschram des indischen Swami Vishnu Devananda zu belegen, wo alle möglichen Pfade gelehrt werden, insbesondere aber Hata-Yoga. Voller Schuldgefühle trifft sie in den USA ein. Sie will ihr Leben ändern, schämt sich für ihr übergroßes Ego. Ihr bisheriger Überwertigkeitskomplex ist auf die Gegenseite gekippt. Sie fühlt sich ganz und gar minderwertig. In dem Aschram möchte sie mitarbeiten. Der Swami fragt sie: „Was kannst du denn noch außer Geige spielen?“ Vorschnell antwortet sie: „Alles!“ „Wirklich?“, fragt er. „Dann wirst du hier die Latrinen

putzen.“ Zunächst ist sie schockiert. Aber dann ereignet sich in ihr eine Verwandlung. Sie denkt: „Jemand muss die Latrinen putzen; weshalb nicht ich? Nicht was du tust, ist wichtig, sondern wie du es tust. Für alles auf dieser Welt braucht es jemanden.“ Zum Putzen pflegt sie ihre schönsten Kleider anzuziehen. (Sie kleidet sich überhaupt elegant. Bis heute. Nicht nur für sich, sondern auch, um für ihre Mitmenschen eine Augenweide zu sein.)

Auch die männermordenden Fantasien legen sich im Aschram. Sie ist immer mehr bei sich selbst und erlebt den Zölibat als wohltuend. Als sich junge Swamis an sie heranmachen, kann sie diese Avancen in aller Ruhe zurückweisen. Schon mit 21 spürt sie, welche Energie und Verwirrung entsteht, wenn sich Erotik und Spiritualität ungut vermischen. Bei einem sehr reifen Schüler ihres Meisters wählt sie das Mantra ihrer Meditation: „Saraswati“. Das ist der Name der Göttin der Reinheit und der Kunst. Beide Aspekte sind ihr gleich wichtig.

Im Ashram wird sie auch mit aufwühlenden und verwirrenden Phänomenen konfrontiert: Während einer Session hat sie ein außergewöhnliches Erlebnis. Sie spürt, wie sie mit der Wucht einer Rakete den eigenen Körper verlässt, ins Weltall hinaus geschleudert wird, viele Galaxien schaut und dennoch spürt, wie winzig klein sie sind angesichts der unendlichen Größe des Alls. Die übergroße Energie des Erlebnisses verbrennt sie fast. Als sie wieder zu sich kommt, wird sie von den anderen Mitgliedern der Gemeinschaft als „Besonderheit“ angesehen. Sie haben mitbekommen, dass sie ein außergewöhnliches Erlebnis hatte. Aber gerade diese Reaktion stößt Johanna ab. Sie weiß, dass diese Art des „Außergewöhnlichseins“ nicht das ist, was sie zutiefst sucht, und beschließt, diesen Weg nicht weiter zu verfolgen.

Sie hat ein weiteres schockierendes Erlebnis: Zwei enge Adeptinnen des „Meisters“ beginnen bei der Meditation mit Männerstimmen zu reden, die er als die Stimme seines eigenen verstorbenen Meisters zu erkennen meint, obwohl dieser Inder war und die „Stimme“ der Frauen altertümliches britisches Englisch mit Zungen-R redet. Die „Stimme“ verkündet den baldigen Weltuntergang, den nur wenige Erwählte überleben würden, die einen bestimmten Energielevel erreicht haben. Zunächst ist Johanna, die zu der Zeit noch eine gewisse Faszination für das Magische hat, beeindruckt. Aber der Inhalt der Botschaften stößt sie ab und lässt sie Abstand nehmen zur Magie.

Als ihr schließlich der „Meister“ Avancen macht, der sich bereits die beiden erwähnten Frauen erotisch hörig gemacht hat, kommt es zum Bruch und zugleich zur totalen Entzauberung des Gurus. Johanna sagt heute: „Jede Entzauberung eines Gurus oder eines Geliebten, bei dem ich Kraft und Halt gesucht habe, weil ich mich selbst schwach und minderwertig fühlte, hat mir mehr Kraft und innere Identität gegeben. Sogar die traumatischen Erfahrungen,

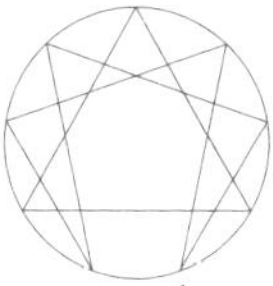

immer wieder verlassen zu werden, haben mich paradoxerweise meine eigene Stärke finden lassen."

Ihr selbst ist seither das Bedürfnis fremd, andere Menschen an sich zu binden. Sie ist eine im besten Sinne mütterliche und genaue Geigenlehrerin, der es immer um mehr geht als darum, ihren Schülerinnen und Schülern Technik zu vermitteln. So schnell wie möglich versucht sie, mit ihnen auf Augenhöhe zu gehen. Das Erlernen eines Instruments und das Zusammenspiel im Orchester sind für sie ein Exerzitium, eine Lebensschule.

Vor einigen Jahren hielt sie einen Meisterkurs auf einer argentinischen Hazienda ab, wo ihr Kinder aus der verarmten Umgebung begegneten. Eine der dort wirkenden Ordensfrauen sagte: „Diese Kinder sind nicht besser und nicht schlechter als eure Kinder in der Ersten Welt. Ihr Leben würde sich verändern, wenn auch sie die Chance hätten, Musik zu machen." Aus diesem Impuls wurde die Vision geboren, Kindern von argentinischen Landarbeitern eine solide Ausbildung an einem klassischen Musikinstrument zu ermöglichen. Durch tägliches Üben und das gemeinsame Musizieren im Orchester erfahren die Kinder, was in ihnen steckt. Sie entwickeln Verantwortung und spüren die Kraft und Solidarität der Gemeinschaft. Mit Stolz blicken ihre Eltern auf die Kinder und tun sich ebenfalls zusammen, um gemeinsam Projekte zur Verbesserung ihrer Lage anzupacken. Johannas genuiner und geläuterter VIERer-Impuls, kombiniert mit göttlicher Vorsehung, hat all das möglich gemacht. Sie ist gesegnet worden und zum Segen geworden.

Wie alle Herzmuster braucht auch die VIER einen Ort und Zeiten der Kontemplation, in denen sie sich nicht inszenieren muss, sondern die erfüllte Schönheit der Leere empfangen und empfinden kann, um aus dieser Mitte und aus der Begegnung mit der Schönheit Gottes heraus etwas Schönes zu schaffen für Gott und die Menschen.
Der unbekannte Verfasser des folgenden Liedes aus dem 17. Jahrhundert muss eine so erlöste VIER gewesen sein:

Schönster Herr Jesu, Herrscher aller Enden,
Gottes und Marien Sohn:
Dich will ich lieben, Dich will ich ehren,
Du meiner Seele Freud und Kron.
Schön sind die Felder, schön sind die Wälder
in der schönen Frühlingszeit;
Jesus ist schöner, Jesus ist reiner,
der unser traurig Herz erfreut.
Schön leucht die Sonne, schön leucht der Monde
und die Sternlein allzumal.
Jesus leucht schöner, Jesus leucht reiner
als alle Engel im Himmelssaal.
Schön sind die Blumen, schön sind die Menschen
in der frischen Jugendzeit;
sie müssen sterben, müssen verderben,
doch Jesus lebt in Ewigkeit.

Alle die Schönheit Himmels und der Erden
ist verfasst in Dir allein.
Nichts soll mir werden lieber auf Erden
als Du, der schönste Jesus mein.

FÜNF: Der Pfad des Wissens

Denken und Wille sind nach Thomas von Aquin die beiden Faktoren, die den Menschen vom Tier unterscheiden. FÜNFer gehen den Weg des Wissens. Sie interessieren sich für Theorien, Details, Zusammenhänge und Abstraktionen und können sich im reinen Denken verlieren, ohne dass das der Welt zugutekommt. Aber wenn sie den Weg des Denkens zu Ende gehen, können sie wie der große Naturwissenschaftler Blaise Pascal entdecken, dass die größte Leistung des Intellekts die Einsicht in die eigene Beschränktheit ist. Pascal ist an diesem Punkt im eigenen Herzen dem lebendigen „Gott Abrahams, Isaaks und Jakobs, dem Vater Jesu Christi, nicht dem (gedachten) Gott der Philosophen“ begegnet. Erleuchtete und von Gott berührte FÜNFer verlassen den Elfenbeinturm und stellen ihre analytischen Fähigkeiten in den Dienst ihrer Mitmenschen. Dennoch erhalten sie sich die Gabe des Nicht-Anhaftens, der Objektivität und Sachlichkeit. Aber aus kalter Distanz werden echte Güte, Freundlichkeit, Höflichkeit und Gastfreundschaft. Sie entwickeln die Fähigkeit des freigiebigen (Mit-) Teilens, das möglich wird, wenn der Gefühlsrückstau der FÜNF aufgehoben wird. Dann sieht sich die FÜNF als Teil einer Gemeinschaft und ihr Isolationsgefühl verschwindet. *Marion Küstenmacher* zitiert einen FÜNFer, der ihr in einem Kurs wörtlich gesagt hat: „Ich war ein Sozialkrüppel und habe mich immer geschämt, weil ich nicht in Gruppen hineinfand.“

Günter wächst als drittes von fünf Kindern im kleinstädtischen Milieu auf. Die Mutter ist zu Hause, der Vater arbeitet in der Tabakindustrie. Während die Mutter mit seinem zwölf Jahre älteren Bruder schwanger war – sie hatte in der Zeit der Schwangerschaft einen Unfall –, hatte der Vater eine Parallelbeziehung, aus der ebenfalls ein Kind hervorging. Unter anderen Umständen hätte er vermutlich die Mutter verlassen, die Eltern waren zu dieser Zeit noch nicht verheiratet. So verdankt Günter sein Leben in gewisser Weise diesem Unfall. Der behinderte Bruder wächst bei der Tante auf, er hat enorme Auswirkungen auf das Familiensystem. Seine schlichte Naivität ist etwas Kostbares, lädt zu Nähe ein und macht viel unkompliziertes Miteinander möglich.

Günter hat neben dem behinderten älteren Bruder eine zwei Jahre ältere Schwester und zwei Schwestern, die drei und sechs Jahre jünger sind als er. Er ist also der einzige „gesunde“ Junge in der

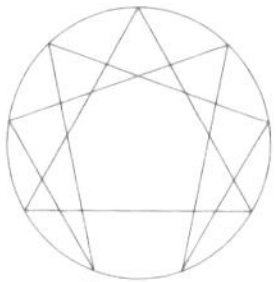

Familie. Er spürt, dass beide Eltern ihn mögen; aber beiden fällt es schwer, Gefühle oder körperliche Nähe zu zeigen. Er spürt eine gewisse Wesensnähe zur Mutter (vermutlich eine SECHS), die – trotz ihrer Unfähigkeit, Zärtlichkeit zu geben – absolut verlässlich und immer da ist.

Der Junge liest viel, vor allem Karl May, kann sich gut alleine beschäftigen, liebt Fußball (zusehen noch mehr als selbst spielen). Da die Mutter zu Hause ist, geht er nicht in den Kindergarten, an die Volksschulzeit hat er wenig Erinnerung. Er ist ein unauffälliger Schüler mit „mittelprächtigen" Noten. Später besucht er die Fachschule und Ingenieurschule für Maschinenbau. Zahlen, Berechnungen, exaktes Zeichnen – all das fasziniert ihn. Er wird ein hervorragender Schüler. Das Einzige, was ihn dabei irritiert, ist das „Kühle", das fehlende Leben, sowohl in den Fachbereichen als auch bei einigen von denen, die diese Fächer vermitteln.

Als Günter 17 ist, bekommt er eine Hautkrankheit, als wolle der Körper sagen: „Rührt mich nicht an!"; er zieht sich noch mehr zurück. Jeder Stress verstärkt die Hautreaktion. Er beginnt zu ahnen, dass da noch etwas anderes in ihm ist, was zum Leben drängt.

Als Günter den Kriegsdienst verweigert und Zivildienst macht, kommt es zum Konflikt mit dem Vater, der der Meinung ist: „Man steht seinen Mann! Man geht zum Heer!" Günter bleibt standhaft und erlebt beim Zivildienst in einem Kindergarten für Behinderte etwas für ihn sehr Kostbares: das gemeinsame Spielen, den Körperkontakt mit den Kindern. Er beginnt, sich selbst intensiver zu spüren. Während der Zivildienstzeit lernt er, der aus einer traditionell katholischen Familie stammt, eine Familie mit einem behinderten Kind kennen, die evangelikal geprägt ist. Er erlebt, was eine persönliche Gottesbeziehung und freies, vertrauensvolles Beten sind, und erfährt vor allem auch, wie in diesem Kontext der Umgang mit einem behinderten Kind sehr entkrampft und liebevoll-annehmend sein kann. Günter vollzieht – geprägt von diesen Erfahrungen – einen bewussten Schritt zum Glauben. Intensiv beschäftigt er sich mit der Sinnfrage, liest Søren Kierkegaard, schlägt sich mit schwierigsten Fragen der Christusmystik herum: Wenn Paulus schreibt: Ich lebe, aber nun nicht ich, sondern Christus lebt in mir – wo ist dann das Ich? Solche Fragen begleiten ihn und finden auch keine schnelle Lösung. Erst viel später findet er bei dem katholischen Religionsphilosophen Romano Guardini eine hilfreiche Antwort, der sagt: Das *neue Ich* lebt nicht mehr als *Ego*, das um sich selbst kreist, sondern lebt aus der inneren Verbundenheit mit Christus und findet dadurch zur eigentlichen Erfüllung.

In Günter wächst der Wunsch, einen Beruf zu wählen, in dem solche Fragen Platz haben und auch die gewonnenen Erfahrungen aus der Zivildienstzeit einfließen können. So studiert er systemische Pädagogik und Heilpädagogik. Er wohnt im Haus der evangelischen Kirche. Die Vikarin fragt ihn, ob er nicht während ihres Urlaubs Krankenhausbesuche machen könne. Dabei entdeckt er eine neue, besondere Gabe: Das Zuhören und das Mitschwingen mit den Kranken faszinieren ihn. Er studiert Theologie im Nebenfach und bildet sich im Bereich der Krankenhausseelsorge bis hin zur Sterbebegleitung weiter aus. 18 Jahre lang besucht er Kranke

und Sterbende und kann dabei seine Charismen einbringen und „ausspielen“. Gerade seine emotionale Zurückhaltung als FÜNF hilft den Angehörigen, Krisensituationen besser zu bewältigen. Mit der Liebe hat er weniger Glück. Die Angst vor emotionaler Überwältigung, bezeichnend für Muster FÜNF, lähmt ihn. Als er eine Beziehung eingeht, ist er den heftigen Gefühlsausbrüchen der Partnerin, einer ZWEI, nicht gewachsen; er ist unfähig, angemessen darauf zu reagieren. Die Partnerin hat ein eigenes, vollständig eingerichtetes Haus. Als sich herausstellt, dass es dort keinen Platz für seinen geliebten alten Schreibtisch, keinen Rückzugsraum für ihn selbst gibt, bricht er die Liaison ab. Ein andermal ist er leidenschaftlich verliebt; große Lebendigkeit wird wach in ihm. Die Partnerin ist eine VIER, die die Spannung von Distanz und Nähe, Zuwendung und Abkehr intensiv lebt. Wenn sie ihre Tragik einbringt, weckt sie Gefühle, es entsteht Leben auch in ihm und seine Leere füllt sich. Günter ist sich bewusst, wie sehr er Gespräch und Austausch braucht. Dennoch reicht es, nach einer innigen leidenschaftlichen Zeit, nur zu einer guten Freundschaft. Gerade in der Nähe wird immer auch wieder der starke Wunsch nach Distanz spürbar und dies nicht nur bei der Partnerin als VIER, sondern auch bei Günter selbst. „In mir steckt etwas Kräftiges von einem Eremiten“, sagt er.

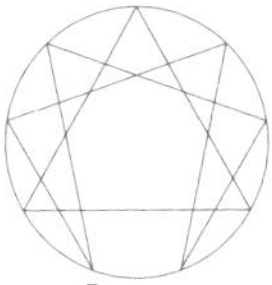

Die geistliche Kraftquelle, aus der Günter lebt, ist das schlichte einfache Beten, insbesondere das Herzensgebet. Das kirchliche Leben spricht ihn weniger an. Am liebsten geht er wandern, ganz allein. An einem stillen Platz in freier Natur, an einem See zu sitzen und zu schweigen – das findet er schöner als den Aufenthalt in einer Kirche. Seine andere spirituelle Quelle ist die Seelsorge: So nahe an Lebensgeschichten anderer Menschen zu sein, vor allem in so existenziellen Abschnitten, wie es Krankheitszeiten sein können, berührt ihn auf besondere Weise. Auch der Sport tut ihm gut, Fußballspielen und alles, was mit gesunder Aggressivität zu tun hat (Trostpunkt ACHT), ist besonders zu nennen. Dennoch verlässt ihn nie vollständig das Gefühl, das Leben fließe an ihm vorbei und er sei nie ganz drinnen im Fluss, sondern eher Beobachter – ein Grundgefühl, das FÜNFer wohl nie vollständig loswerden.

Marion Küstenmacher hat entdeckt, dass es kaum eine schönere Erlösungs- und Erleuchtungsgeschichte der FÜNF gibt als die neutestamentliche Erzählung vom Zöllner Zachäus:

Jesus ging nach Jericho hinein und zog hindurch. Da war ein Mann mit Namen Zachäus, der war ein Oberer der Zöllner und war reich. Und er begehrte, Jesus zu sehen, wer er wäre, und konnte es nicht wegen der Menge; denn er war klein von Gestalt. Und er lief voraus und stieg auf einen Maulbeerbaum, um ihn zu sehen; denn dort sollte er durchkommen. Und als Jesus an die Stelle kam, sah er auf und sprach zu ihm: „Zachäus, steig eilend herunter; denn ich muss heute in deinem Haus einkehren.“ Und er stieg eilend herunter und nahm ihn auf mit Freuden. Als sie das sahen, murrten sie alle und sprachen: „Bei einem Sünder ist er eingekehrt.“ Zachäus aber trat vor den Herrn und sprach: „Siehe, Herr, die Hälfte von meinem Besitz gebe ich den Armen, und wenn ich jemanden betrogen habe, so gebe ich es vierfach zurück.“ Jesus aber sprach zu ihm: „Heute ist diesem Hause Heil widerfahren ... Denn der Menschensohn ist gekommen, zu suchen und zu retten, was verloren ist.“ (Lukas 19,1-9)

Der Zöllner Zachäus lebt wie sein ganzer Berufsstand von der Zusammenarbeit mit den römischen Besatzungstruppen und davon, dass er seine Mitbürger ausnimmt. Die Zöllner galten als habsüchtige Betrüger (Habsucht ist die Wurzelleidenschaft der FÜNF). Sie pachteten zu einem Fixbetrag eine Zollstation und versuchten, so viel wie möglich aus ihr herauszuholen. Sie waren allgemein verhasst. Warum Zachäus Jesus sehen wollte, wissen wir nicht. War es nur Schaulust und Neugierde (durchaus ein Motiv der FÜNF), war es Sehnsucht nach Begegnung und Heilung? Wir wissen auch dies nicht. Die Menge lässt ihn nicht durch, vermutlich auch, um sich an ihm zu rächen. So steigt er auf einen Baum. Er hat den Überblick, kann sehen, ohne gesehen zu werden (eine Position, die FÜNFer gerne suchen). Und dann geschieht das Unglaubliche. Jesus bleibt unter dem Maulbeerbaum stehen, sieht den im Blattwerk versteckten Zachäus und tut etwas überaus Übergriffiges (FÜNFer hassen normalerweise solche Übergriffe): Jesus lädt sich selbst bei Zachäus ein! Und der, überwältigt von dieser Zuwendung, nimmt ihn voll Freude auf. Im Dialog mit Jesus wird der Gastgeber offenbar zum Gast. Der Inhalt ihres Gesprächs ist uns verborgen. Aber die Begegnung hat Folgen. Die Grundhaltung des Zöllners wird verwandelt; der Geizkragen und Betrüger wird fähig, zu teilen und begangenes Unrecht wieder gutzumachen. Als unerwartetes, neues Charisma leuchtet die Gastfreundschaft auf.

SECHS: Der Pfad der Treue

SECHSer sind das „Salz der Erde“, weil sie mit ihrem Pflichtbewusstsein und ihrer Loyalität für Solidität und Beständigkeit sorgen und so Gemeinschaften und Institutionen am Leben halten. Dazu kommt die natürliche Demut, dem treu zu sein, was *ist,* anstatt ständig nach attraktiveren Optionen Ausschau zu halten. SECHSer erledigen gewissenhaft und pünktlich, was nun einmal zu tun ist. Die entscheidende Frage ist, *wem* sie treu sind und *welcher Sache* sie dienen. Dazu müssen sie beginnen, selbst zu denken und zu urteilen, sie müssen Zugang zu den eigenen tiefsten Werten

bekommen, anstatt sich blind von einer „Autorität" lenken zu lassen. Denn eine SECHS, die nur außengeleitet ist und noch nicht den Weg zur eigenen inneren Autorität gefunden hat, kann auch „der Dummheit gegenüber loyal" sein (Richard Rohr). Die erleuchtete SECHS ist bereit, Gott mehr zu gehorchen als den Menschen und den Preis dafür zu bezahlen. Sie ist „getreu bis in den Tod". Deshalb ist ihr die „Krone des Lebens" verheißen (Offenbarung 2,10). Die Geistesfrucht der Treue, nach biblischem Zeugnis eine der wunderbarsten Eigenschaften Gottes, gelangt in der erlösten SECHS zur Reife.

Michael, Anfang der 50er Jahre geboren, wächst in einer christlichen Familie auf, die sozial sehr engagiert ist. Zwischen dem ersten und dritten Lebensjahr hat er zwei traumatische Erlebnisse, die lange verdrängt bleiben. Während eines Heilungswochenendes für Männer kommt bei einem seelsorglichen Gespräch das erste ans Licht. Ein inneres Bild stellt sich ein, in dem seine Mutter versucht, Michael mit einem Kissen zu ersticken. In der Nacht danach „sieht" er sie nochmals. Sie will ihm etwas mitteilen und entschuldigt sich für ihr „sexuelles Fehlverhalten" gegenüber ihm als Kind (worum es genau ging, wird dabei nicht deutlich). Michael erlebt diese „Begegnung“ zunächst als sehr unheimlich; dann aber stellen sich ein großer Friede und ein Gefühl des Versöhntseins ihr gegenüber ein.

Ein anderes Ereignis erfährt Michael von seinem Vater. Michael ist etwa zwei Jahre alt. Sein Vater versucht im Garten Kaninchen zu töten, hat aber keine Erfahrung damit. Es misslingt; die Tiere quietschen. Der kleine Michael verlässt panikartig den Garten und rennt schreiend die ca. 500 Meter zur Wohnung zurück.

Heute glaubt er, dass es eher die zuerst geschilderten Erfahrungen waren, die ihn in den Rückzug und die Angst getrieben haben. Der bis dahin fröhliche Junge will nicht mehr mit anderen Kindern spielen, er zieht sich zurück und verweigert sogar den Kindergarten. Er stottert (und verliert seine Sprachschwierigkeit erst nach dem 10. Lebensjahr).

Michael hat eine vier Jahre ältere Schwester, die geistig leicht behindert, aber sehr draufgängerisch und kontaktfreudig ist. Als ihre Behinderung diagnostiziert und gleichzeitig Michaels Verhaltensauffälligkeit als Problem erkannt wird, empfehlen die Ärzte, die Schwester in ein Heim zu geben. Die Eltern stimmen zu und erzählen Michael später immer wieder, dass seine Schwester aufgrund ihrer „aufdringlichen“ Art Schuld sei an seiner Verhaltensstörung. Michael verinnerlicht das und nimmt die Trauer der Eltern und die Tatsache, dass seine Schwester seinetwegen in ein Heim muss, als tief gefühlte Schuld auf sich.

Die Mutter, vermutlich eine NEUN, die sehr zurückgezogen und hilfsbereit ist, leidet immer wieder unter Depressionen. Michael fühlt sich emotional nicht zu ihr hingezogen, sondern entwickelt ihr gegenüber eher eine „neutrale“, respektvolle und distanzierte Beziehung. Hingegen bewundert er seinen Vater, der allerdings aufgrund seiner vielen Ehrenämter kaum zu Hause ist. Der Vater allerdings kann mit dem sensiblen, ängstlichen, träumenden und langsamen Kind nicht viel anfangen: „Geh mal weg, ich mach das schon!“ (Der Vater scheint eine ACHT mit starkem SIEBENer-Flügel zu sein.)

Michael wächst primär unter vielen Frauen (Mutter, Oma und drei Tanten) auf. Die Eltern vermitteln Michael durch Beten und Erzählen von biblischen Geschichten eine liebevolle Gottesvorstellung. Vor Gott hat Michael keine Angst – aber sonst vor fast allem.

Nach einem Umzug innerhalb der gleichen Stadt kommt Michael trotz seiner Kontaktschwierigkeiten und Ängste mit knapp sechs Jahren in die Schule (weil er schon so groß ist!). Er bekommt einen jungen engagierten Lehrer, der ihn fördert, ihm sehr schnell das Schwimmen beibringt und ihm dadurch erste Erfolgserlebnisse vermittelt. Einige Monate zuvor hatte sich Michael bei einem Schwimmbadbesuch vor Angst schreiend an den Vater geklammert und sich geweigert, in das Planschbecken zu gehen. Bei einer der ersten Schwimmunterrichtsstunden mit dem Lehrer rutscht Michael aus und gerät unter Wasser. Er bleibt liegen und denkt: „Wenn ich jetzt sterbe, ist es nicht schlimm, dann komme ich bald in den Himmel." Der Lehrer zieht ihn aus dem Wasser. Trotz (oder aufgrund?) dieses Erlebnisses wird Michael der zweitbeste Schwimmer seiner Klasse und entdeckt das Wasser als sein Element.

Die Kontakte zu Gleichaltrigen werden allmählich besser, aber Michael ist sehr vorsichtig und zurückhaltend. Er kann sich schlecht wehren und tritt in brenzligen Situationen die Flucht an. Mit etwa zwölf Jahren wird er von größeren Jungen festgehalten, die eine brennende Zigarette in seinem Gesicht ausdrücken. Er wehrt sich nicht, lässt es geschehen und läuft anschließend weinend nach Hause.

Der Konfirmandenunterricht interessiert ihn sehr. Er begeistert sich für Jesus, will ein guter Christ sein und Gott gefallen. Michael fühlt sich sehr zu Mädchen hingezogen, ist aber zu scheu, um auf sie zuzugehen. Die erwachende Sexualität bereitet ihm Kummer, weil ihm von seinem christlichen Umfeld vermittelt wird, seine Triebe seien „sündig" und zu „bekämpfen". Er kämpft einen aussichtslosen Kampf und hat immer ein schlechtes Gewissen, weil er so „schlecht" ist. Bis zu seinem 16. Lebensjahr muss er im Schlafzimmer seiner Eltern schlafen, weil die Großmutter mit in der Wohnung lebt und kein weiteres Zimmer zur Verfügung steht. Durch seine christliche Anbindung ist er in der Jugendarbeit aktiv; mit 14 Jahren hat er auf einer Freizeit eine Gottesbegegnung. Er spürt existenziell, dass Gott ihn liebt (obwohl er so unwürdig ist).

Im schulischen Bereich hat Michael anfangs große Probleme (Legasthenie und gestörte Feinmotorik). Aber er schafft es immer, versetzt zu werden, und er ist ein guter Rechner. Im Laufe der Jahre bessern sich seine schulischen Leistungen; er kann sogar die Mittlere Reife machen und er schließt erfolgreich eine Banklehre ab. Während seiner Lehrzeit lernt er seine Frau kennen (eine EINS, wie sich später herausstellt). Es ist ihm klar, dass er sie heiraten wird. Seine Sexualität bleibt aber gestört und wird hauptsächlich in der Fantasie und in Bildern ausgelebt. Gesprächsversuche mit Seelsorgern bringen keine Hilfe. Michael spaltet etwas in sich ab und lebt eine Art Doppelleben, aber immer wieder mit schlechtem Gewissen. Er will Gott dienen und den richtigen Glauben leben. Er sucht nach der idealen Gemeinde und lässt sich im freikirchlichen Umfeld ein zweites Mal taufen.

Michael möchte auch im Beruf alles korrekt erledigen und hat Angst, Fehler zu machen. Er sucht den Erfolg, um Bestätigung von Vorgesetzten zu bekommen. Aber der richtige Weg als Christ ist ihm besonders wichtig. So entschließen er und seine zukünftige Frau sich, direkt nach der Hochzeit (er ist 22 Jahre alt) auf eine Bibelschule zu gehen. Er möchte gern Prediger oder Diakon werden. Der Entschluss fällt ihm nicht leicht, weil ihm finanzielle Sicherheit sehr wichtig ist. Dieser Schritt ins Vertrauen auf Gott tut ihm aber gut.

Nach zwei Jahren kommt eine Anfrage aus einem christlichen Werk, allerdings „nur“ für eine Position in der Verwaltung, jedoch mit Aussicht auf eine leitende Position. Eigentlich wollte er Gott ja anders dienen. Er nimmt die Stelle trotzdem an und wächst durch sein Engagement, seinen Fleiß und die Leistungsbereitschaft schnell in die verantwortliche Stelle hinein. Zwölf Jahre ist er dort. Zwei Kinder werden in der Zeit geboren. Michael ist ein liebevoller, zärtlicher Vater, der trotz seiner vielen Arbeit die Zeit mit den Kindern genießt und auch gerne mit der Familie in Urlaub fährt.

In dem christlichen Werk versucht Michael zu vermitteln, gerade auch bei unterschiedlichen theologischen Ansichten. Sein Gottesbild erweitert sich durch die Erfahrungen von Psychologie und Therapie und durch seine ehrenamtliche Mitarbeit in der Suchtkrankenhilfe. Trotzdem kann er den Spagat zwischen den unterschiedlichen und sich teilweise bekämpfenden Richtungen in der christlichen Einrichtung nicht mehr aushalten; er wird depressiv.

Schon vorher hat Michael mit dem Marathontraining begonnen und durch seine Erfolge sich selbst etwas bewiesen. Aber dann wird alles schwer und dunkel. Michaels Mutter ist gerade zuvor von einer schweren Krankheit genesen. Er weiß nicht mehr, wohin es gehen soll. Gerade als es ihm etwas besser geht, wird ihm die Gesamtleitung des christlichen Werkes angetragen. Er gibt eine vorläufige Zusage, getrieben von Pflichtgefühl und Ehrgeiz. Danach rutscht er noch tiefer in die Depression. Ihm wird klar, dass er sich überfordert hat, und er teilt mit, dass er die Beschäftigung innerhalb von zwei Jahren aufgeben will. Dann geht alles ganz schnell. Es tun sich neue Möglichkeiten auf, ein schönes Haus und eine interessante Stelle.

172 In dieser Zeit lernt Michael das Enneagramm kennen. Er schwankt zuerst zwischen Muster ZWEI und SECHS. Dann wird ihm aber unter Tränen bewusst, dass seine Zuwendung und seine Freundlichkeit zu den Menschen mit seiner *Angst* zu tun haben: „Bevor mir die anderen etwas tun, bin ich freundlich, dann können sie mir nichts mehr tun!" Schon immer hat er sich beim Einschlafen und beim Aufwachen gedanklich mit allem beschäftigt, was schief gehen könnte, und sich Abwehrstrategien überlegt. Er entdeckt auch den in seiner Kindheit gelebten FÜNFer-Flügel und seinen jetzt dominanteren SIEBENer-Flügel. Bei einem Enneagrammseminar wird eine Körperübung angeleitet, bei der es auch um „Verwurzelung" geht. Die Vorstellung ist ihm höchst unangenehm. Die Füße sind unruhig und es fällt ihm schwer, ruhig zu stehen und sich vorzustellen, dass Wurzeln von seinen Füßen in den Boden wachsen. Er muss die Füße immer wieder hochheben, um sich zu befreien.

Die Familie zieht mit Michaels Eltern in ein Zweifamilienhaus. Die Mutter kümmert sich um den Haushalt, der Vater um Haus und Garten. Michael sucht seine eigenen Freiräume in der Betätigung in Beruf, Gemeinde und Sport. Eigentlich ist er zu Hause gar nicht richtig zu Hause, das wird im später bewusst. Er hat seine Funktion in der Familie teilweise wieder an die Eltern abgegeben.

Abermals stellt man ihm eine Geschäftsführerstelle in einem

christlichen Werk in Aussicht, gut bezahlt, mit viel Image verbunden. Der bisherige Stelleninhaber ist seit Jahren an ihm interessiert. Trotz Bedenken nimmt Michael die Stelle an. Schon in der Probezeit wird ihm die Überforderung klar. Sein Vorgänger will weiterhin über ihm an der Macht bleiben. Michael ist ja so nett und hat keine Ellenbogen! Sich durchzusetzen fällt ihm schwer. Schließlich gesteht er sich sein Scheitern ein, was mit viel Tränen, Trauer und großer existenzieller Unsicherheit verbunden ist. Klarheit entsteht, als er sich der Wahrheit stellt: Er ist ein guter Berater und Begleiter, aber kein Chef.

Endlich entschließt er sich zur Selbständigkeit als Finanzberater – und hat großen Erfolg. Eigentlich hatte er ja vor allem Lebensberater und Begleiter sein wollen. Aber der finanzielle Erfolg zieht ihn in seinen Bann. Er gerät abermals auf eine Workoholicer-Schiene.

Michael lässt sich auf Bitten seiner Frau sterilisieren, obwohl er gerade davon geträumt hat, nochmals Kinder zu bekommen. (Die Sterilisation erweist sich als weiteres Trauma.) Die Sehnsucht nach einer erfüllenden erotischen Beziehung ist nach wie vor in ihm. Trotz intensiver Paargespräche gibt es keine Lösung für seine Ehe. Er ist auf der Suche und hat wie immer ein schlechtes Gewissen. Wieder versucht er zu verdrängen und wieder lebt er in zwei Welten. Aber er traut sich nicht, konsequent zu sein und auszusteigen, auch aus Angst vor finanzieller Unsicherheit. Schließlich lernt er seine jetzige Frau kennen.

Nach neun Monaten des Kennenlernens kommt es zu einer Beziehung, die ihn völlig umkrempelt. Er hat das Gefühl, zum ersten Mal in seinem Leben wirklich geliebt zu werden. Er spürt sich selbst und fühlt die Wärme, Geborgenheit und Liebe in sich, die er so lange gesucht hat. Er stellt sich der Wahrheit, dass er dem, was er eigentlich gesucht hat, ausgewichen ist und vieles kompensiert hat aus Angst vor den Konsequenzen und den daraus folgenden Unsicherheiten. Trotz vieler existenzieller Ängste und seinen Befürchtungen, von Familie, Freunden, Gemeinde und Kunden abgelehnt und verurteilt zu werden, geht er offen in einen Klärungsprozess, der mit viel Schmerzen und Demütigungen verbunden ist. Er ist bereit, viel aufzugeben. Aber es kommt wider Erwarten zu guten Lösungen. Die freundschaftlichen und geschäftlichen Beziehungen bleiben in den meisten Fällen bestehen. Die Familie akzeptiert die neue Beziehung. Die erste Ehe wird nach 26 Jahren geschieden. Er heiratet wieder und auch seine vorherige Frau findet rasch einen neuen Ehepartner.
Seine jetzige Frau ist eine NEUN. Sie zieht auf Bitten seiner ersten Frau in das gemeinsame Haus, um sich weiter um seinen Vater und seinen Sohn, der noch in einer Ausbildung ist, zu kümmern. Wieder einmal hat es die SECHS Michael allen anderen recht gemacht, wahrscheinlich auch aus dem ängstlichen Bedürfnis heraus, den anderen nicht noch mehr zumuten zu wollen. Seine neue Frau passt sich ebenfalls an. Allen anderen geht es gut. Michael erkrankt (Nierenstein, Verdacht auf Herzinfarkt und Schlag-

anfall). Auch seine Frau erkrankt (Unterleibsprobleme und Hörstürze). Als eine schwerwiegende Gesichtslähmung bei ihr festgestellt wird, ist die gesamte Zukunftsplanung infrage gestellt. Ihnen wird klar, dass sie nicht länger in diesem Haus bleiben können. Der Vater zieht in eine Seniorenresidenz. Michaels Frau durchläuft eine Umschulung, weil sie ihren bisherigen Beruf nicht mehr ausüben kann.

In dieser Zeit verändert sich Michaels Gottesbild. Er erlebt: Gott ist auch der Ferne, der Dunkle, der Rätselhafte – und bleibt trotzdem der Leuchtende, Liebende, Zugewandte, der Führende auch durch die Nacht und die Dunkelheit. Gerade im Schmerz und im Annehmen der Unsicherheit erlebt Michael die Nähe Gottes.

Durch wunderbare Fügungen findet das Paar in Michaels Geburtsstadt ein neues Zuhause. Das Büro von Michael ist nur wenige Schritte entfernt. Beide haben eine gute spirituelle Anbindung gefunden, die Michael fördert und weiterbringt. Jetzt traut er sich noch einmal, die finanzielle Absicherung loszulassen. Nach einer „Auszeit" findet er zu einem erneuten tiefen Vertrauen zu Gott, zu sich selbst und zu einer Hingabe an Gott und das Leben. Mit 57 Jahren lässt er seine Tätigkeit, mit der er so gut verdient hat, los und öffnet sich dem, was er als göttlichen Ruf und Auftrag spürt: Als Berater, Begleiter und Heiler will und kann er jetzt für andere da sein. Große Ruhe und Gelassenheit sind in ihm und gehen von ihm aus. Die Ängste kommen immer wieder einmal – und gehen auch wieder. Sie haben die Macht über sein Denken und Fühlen verloren. Michael nimmt den eigenen Schmerz und die eigenen Gefühle an und entdeckt endlich Selbstliebe und Selbstvertrauen, weil Gott in ihm spürbar wird. Er meditiert regelmäßig, auch mit einem Körpergebet, und genießt jetzt die Erdung und den Bodenkontakt. Jetzt wachsen die Wurzeln in den Boden und seine Füße haben einen guten, festen Stand. Michael ist sich bewusst, dass er es nicht „geschafft hat", sondern weiter lernen muss, mit dem eigenen Schatten zu leben. Aber es geht jetzt um Integration und nicht mehr um Abspalten und Verdrängen. Er weiß, dass er auf einem guten Weg ist.

SIEBEN: Der Pfad der Freude

Die SIEBEN ist der Freudenmeister unter den Enneagrammgestalten. SIEBENer können staunen wie Kinder und in allem das Gute sehen. Selbst aus schwierigsten Situationen können sie das Beste machen, weil sie lösungsorientiert sind. Der Optimismus und die Lebensbejahung und -freude der SIEBEN wirken ansteckend und tragen zum Wohlbefinden einer Gemeinschaft bei. Wir brauchen bei allem kritischen Bewusstsein Menschen, die ressourcenorientiert sind, die Möglichkeiten sehen, wenn alle anderen mit ihrem Latein am Ende sind, Menschen, die nicht verbissen kämpfen, sondern die lachen und spielen können und einen Sinn für die Leichtigkeit des Seins haben. SIEBENer können aus Wasser Wein machen. Freilich wird der Weg der Freude nur dann zum spirituellen Pfad, wenn die Freude sich läutert, indem die SIEBEN das Dunkle und den Schmerz im eigenen Leben und in der Welt nicht leugnet, sondern zulässt und annimmt – und dennoch die Hoffnung auf die Auferstehung festhält. Diese ansteckende „tiefe Freude“ ist wahrlich eine Gabe des Geistes.

Raphaela erzählt, sie habe das Enneagrammbuch zwar lange besessen, aber nie ganz gelesen. Sie habe sich nie zugeordnet, sei auch nie bis zu Muster SIEBEN vorgedrungen – vielleicht aus Furcht vor der Selbstentlarvung. Oder auch, weil sie tiefgründiger einsteigen wollte als durch ein Selbsthilfebuch. Im Jahr 2000 hat sie sich intensiv der Auseinandersetzung mit sich selbst gestellt und an dem Seminar „Heldenreise“ teilgenommen, bei dem man/frau sich insbesondere über Theater und Körperarbeit eine Woche lang mit dem eigenen Schatten auseinandersetzt, mit Beruf, Familie, dem inneren Kind, dem Tod. Dort hat sie als wichtiges Schattenthema das *Schwachsein* entdeckt.
Als sie einige Jahre später einen Tai-Chi-Kurs besucht, fällt ihr ein Prospekt über einen Einführungskurs zum Enneagramm in die Hände. Beim Kurs ist ihr sofort klar, dass die SIEBEN ihr Muster ist: Es ist der Aspekt, Dinge optimistisch zu sehen – mit der verborgenen Angst dahinter –, der ihr sofort einleuchtet. Eine Übung,

die in das Muster SIEBEN führt, begeistert sie: Die Teilnehmenden sollen auf einem Blatt Papier minutiös den schönsten Tag ihres Lebens planen. Geld, Moral, Raum spielen keine Rolle. Für sie ist das ein Genuss. 24 Stunden reichen gar nicht für alles, was ihr einfällt: Natur, Gespräche, gutes Essen, Kultur, Liebesleben. Aber noch lässt sie das Enneagramm nicht wirklich an sich heran, sie nimmt es eher als Spielerei. Immerhin ist sie über die Treffsicherheit der Typenbeschreibung erstaunt.

Dann erfährt sie von den „Exerzitien auf der Straße". Zehn Tage in einer im Sommer leer stehenden Obdachlosenunterkunft mit neun anderen auf engstem Raum leben – zehn Tage zu Fuß unterwegs sein in der Stadt auf der Suche nach Gott im Alltäglichen. Sie spürt den inneren Ruf, sich auf diese Exerzitien einzulassen. Kurz zuvor ist ihr Vater gestorben, jetzt ist die Schwester an Krebs erkrankt. Vielleicht kann sie sich bei den Exerzitien damit auseinandersetzen? Gleichzeitig befällt sie eine Angst, die von Tag zu Tag wächst: Angst vor den anderen Teilnehmern, Angst davor, das Ganze könnte zu bigott sein, Angst vor der Unterkunft, Angst, in etwas hineingepresst zu werden. Andererseits reizt sie die Möglichkeit, einmal auszusteigen, innere Einkehr zu halten, Zeit zu haben, in Bewegung zu sein. Sie hat bereits gemerkt, dass kontemplatives Sitzen und Schweigemeditation nichts für sie sind, dass sie Bewegung braucht wie etwa beim Tai Chi. Als Kind musste sie immer in die Kirche gehen und still sitzen. Das hat sie gehasst und diese Abneigung hat sie bisher nicht überwunden.

7

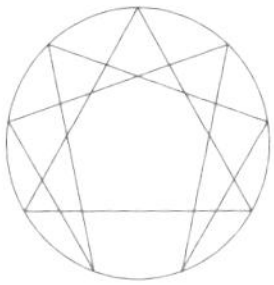

Als die Exerzitien beginnen sollen, wächst ihr Widerstand ins Unermessliche. Schon in der U-Bahn auf dem Weg zum ersten Treffen findet sie die Menschen, die mit ihr unterwegs sind, abstoßend. Und dann die Unterkunft im Heizungskeller unter der Kirche, spartanisch ausgestattet für bis zu zwölf obdachlose Frauen, die hier im Winter eine Notunterkunft finden! Hier soll sie übernachten? „Warum tue ich mir das an? Dieses Rattenloch?", fragt sie beim ersten Gruppengespräch. Am liebsten würde sie wieder abreisen. „Warum soll ich Gott bei den Pennern suchen, wenn ich bei dem schönen Sommerwetter im Café sitzen könnte und das Leben genießen?" Als ihr die Exerzitienbegleiter versichern, sie könne den ganzen Tag im Café verbringen, weil „Exerzitien auf der Straße" keine Vorgaben machen und einfach einladen, dem eigenen Herzen zu folgen, wird ihr leichter. Sie lässt sich ein.
Beim ziellosen Umherschweifen in der Stadt betritt sie die Münchner Frauenkirche. Sie hält den steifen Pomp der Messe nicht aus und flieht Richtung Synagoge, wo gerade eine Führung stattfindet. In Straßenbuchhandlungen stößt sie ununterbrochen auf Bücher über das Dritte Reich, ein Thema, das sie bisher gemieden und ausgeblendet hat. Raphaela verspürt plötzlich den Impuls, zur KZ-Gedenkstätte Dachau zu fahren und sich dem Grauen zu stellen. Als sie einem Straßenmusiker ein paar Münzen geben will, braucht sie Wechselgeld. Sie kauft ein Los, was sie normalerweise nicht tut. Und sie gewinnt ein blinkendes Herz. Das trifft auf ihre Sehn-

sucht nach einem tieferen Zugang zu den eigenen Gefühlen. Sie ahnt, dass sie bei diesen Exerzitien „geführt“ wird.

Raphaela ist Fotografin. Sie beschließt, an jedem Tag ein „Herzensbild“ aufzunehmen, wenn es besonders „dicht“ wird. Als sie montags nach Dachau fährt, ist das KZ-Gelände geschlossen. Sie zieht die Schuhe aus und umwandert barfuß das Gelände. Etwas „Heiliges“ vermag sie nicht zu sehen. Wie und wo soll Gott hier sein? Nach längerem Verweilen und Spüren macht sie ein Foto: im Vordergrund ein kreuzförmiger Ausschnitt des Stacheldrahtzauns, in der Ferne verschwommen das goldene Kreuz der Versöhnungskirche. Beides auf ein und demselben Bild: Tod und Auferstehung.

Insgesamt dreimal dringt Raphaela während der Woche immer tiefer in das KZ-Gelände vor. Sie lässt das Dunkle an sich heran und gewinnt daraus seltsamerweise die Kraft, ihre Schwester im Laufe der Woche zu einem ambulanten Termin in die Krebsklinik zu begleiten. Während die Schwester untersucht wird, sitzt Raphaela stundenlang im Wartezimmer mit Menschen, die alle die Diagnose Krebs haben. Sie „tut sich das an“ und hält es aus.

Beim Fußwaschungsgottesdienst gegen Ende der Exerzitien sagt ihr einer der Begleiter: „Das Leid, das du draußen in Dachau erfahren und an dich rangelassen hast, hilft dir, das Leid deiner Schwester zu tragen.“ Die Exerzitien lehren sie, die Natur als Trösterin zu erfahren. In der großen Dimension der Natur kann sie das Leid der Schwester besser aushalten als in einem geschlossenen Kirchenraum. Sie begreift das Leben als *kleines* Geschenk, an dem wir dennoch ohne Ende hängen. Und sie versteht, dass es eine „irre Bedeutung“ hat, was man daraus macht. Dazu kann auch gehören, manchmal sogar zum Konsum guter Dinge nein zu sagen.

Ganz am Ende der Exerzitien sind die Teilnehmenden, aber auch andere Gläubige, eingeladen, im Sonntagsgottesdienst von Begegnungen zu berichten und zu erzählen, wo und wie sie ein schockierendes Erlebnis zum Aufwachen und zur Umkehr geführt hat. Eine Dame aus der Gemeinde, die Raphaelas Geschichte nicht kennt, berichtet von ihrer eigenen Schwester, die ebenfalls Krebs hat. Die Schwester sagt, die Krankheit habe sie – so schlimm das alles sei – aufgeweckt aus ihrer Gleichgültigkeit und Oberflächlichkeit. Zum ersten Mal stelle sie die großen Sinnfragen. Zum ersten Mal frage sie nach Gott und sei deshalb trotz allem gleichsam „dankbar“ für die Krankheit. Ein anderer Besucher mit jüdischem Hintergrund erzählt, er müsse regelmäßig nach Dachau fahren und sich dem KZ stellen.

Die Parallelen berühren Raphaela. Es ist ihre Geschichte, die sich in diesen Beiträgen spiegelt. Das tröstet sie. Sie ist nicht allein. Sie ist dennoch nicht „froh“ über die Krankheit ihrer Schwester! Auch wenn diese die Chance birgt zu lernen. Aber muss das über das Drama eines anderen Menschen sein?, fragt sie nachdenklich.

Nach den Exerzitien ist Raphaela glücklich. Sie ist die Erste, die begeistert mit auf die Kuppel der Lukaskirche steigt. Ihre Lebenslust und Lebensfreude haben durch die freiwillige Konfrontation mit dem Dunkel eine neue Dimension hinzugewonnen. Sie hat gespürt, dass sie Energien bekommt, von Gott getragen wird. Dass der Anblick des Dunklen nicht schwächen muss, sondern sogar Kraft schenken kann. Und sie verarbeitet ihre „Herzensbilder“ zu einer Ausstellung, der sie den Titel „Down Under“ gibt.

Sieben Monate später stirbt ihre Schwester am Karfreitag um 11 Uhr, zur Zeit des Todeskampfes Jesu, „reif, mitgehend und friedlich, soweit man das aus Außenstehender erkennen kann“, wie Raphaela schreibt. Sie, ihre Mutter und ihre Tochter sind bei der Sterbenden, die noch Zeichen gibt, als Raphaela sie sanft am Fuß massiert, und die sich unter den sanften, liebevollen Berührungen ihrer Angehörigen deutlich beruhigt. Sie stirbt schnell; die Familie kann noch bis abends bei ihr bleiben; viele Freunde kommen und nehmen Abschied. „Ich spüre fließende Liebe zu ihr und von ihr“, sagt Raphaela, „Wärme und Helligkeit, Leichtigkeit, Heilung. Diese Worte kommen mir in Sinn, wenn ich an sie denke.“ Sie lässt die Trauer zu, kann weinen und die Schwester vermissen. Und gleichzeitig kann sie loslassen.

ACHT: Der Pfad der Stärke

Macht ist an und für sich etwas Gutes. „Mir ist gegeben alle Macht im Himmel und auf Erden“, sagt der auferstandene Christus (Matthäus 28,18). Der Begriff Macht *(Dynamis)* beschreibt im Neuen Testament den Heiligen Geist in seiner Stärke. ACHTer bejahen Stärke und hassen Unklarheit, Zimperlichkeit und Feigheit. Die entscheidende Frage lautet, wie Macht gehandhabt und wofür sie eingesetzt wird. Ohne ACHTer würde sich in der Welt wenig bewegen, würden ungerechte Systeme nie herausgefordert und Tyrannen nicht gestürzt werden. ACHTer haben die Gabe, nicht vom Urteil anderer abhängig zu sein, sondern furchtlos den Weg zu gehen, den sie gehen müssen. Aber auch sie müssen die eigene Rolle und Egozentrik loslassen und die eigene Mächtigkeit in den Dienst des Reiches Gottes stellen. Nur wenn sie Zugang finden zur eigenen inneren Quelle der Kraft, zum inneren Kind, werden sie ihre Macht fürsorglich einsetzen anstatt beherrschend.

Lilly, Jahrgang 1931, muss sich von Kleinauf durchboxen. Sie wächst mit drei Geschwistern auf. Der Vater, ein melancholischer Musiker, der auf dem Bandoneon endlos traurige Weisen wie das Wolgalied spielt, erkrankt früh an Parkinson und die Mutter fordert Lillys ganzen Einsatz. Die Mutter ist eine EINS. Alles muss gepflegt und ordentlich sein. Lilly muss funktionieren, vernünftig sein.

Als sie zehn oder elf Jahre alt ist und noch nicht schwimmen kann, fällt sie versehentlich ins Schwimmbecken, ertrinkt um ein Haar und wird in letzter Minute ohnmächtig gerettet. Als sie nach Hau-

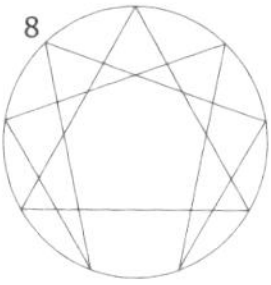

se gebracht wird und der Mutter erzählen will, was geschehen ist, kommt ihr diese zuvor und sagt: „Stell dir vor, Papa ist im Krankenhaus!“ Immer ist etwas anderes wichtiger als sie.

So beschließt Lilly, ihren Weg allein zu gehen und für sich selbst zu sorgen, zu kämpfen und sich durch niemanden mehr verletzen zu lassen. Sie verschließt sich und baut eine massive Schutzmauer um sich auf. „Feinde“ gibt es genug. Sie gilt es im Auge zu behalten. Lilly muss auf sich aufpassen, ist auf sich gestellt. So jedenfalls ist das Grundgefühl ihres Lebens. Vor allem gegenüber Gleichaltrigen verschließt sie sich in der Regel.

Nur wenige dürfen über die Mauer schauen. Zum Beispiel die fromme geliebte Großmutter, die glaubwürdig ist, die niemals jemanden verurteilt. Zu den „Freunden“ gehört auch der Onkel, Kapuzinerpater in Rom, vermutlich eine SIEBEN, der nie moralisiert, gesellig ist und die Nähe zu den Menschen sucht, ein begnadeter Seelsorger. Und die Muttergottes: Nahe der Wohnung ist ein Wald mit einem Marienmarterls. Lilly bringt der Muttergottes regelmäßig Blumen und schüttet ihr das Herz aus. Und Maria hört einfach zu.

Im Familienkreis ist Lilly die Zähe. Wegen der Bombenangriffe in der Stadt München zieht die ganze Familie 1943 auf den Bauernhof der Großeltern. Erst 1945 kehrt sie in die Stadt zurück. Das Bauernhaus steht frei und ist der Kälte ausgesetzt. Wegen des Krieges können nachts nicht alle Räume geheizt werden. Im Zimmer, in dem Lilly schläft, ist im Winter Eis an den Wänden. Mit 14

Jahren hat das Mädchen ein großes Geschwür am linken großen Zeh. Ist es Krebs? Man bringt sie per Kutsche zum Lazarettarzt im Nachbarort. Die Mutter und die Bäuerin wollen Lilly beim Eingriff festhalten. Das will sie nicht: „Das schaffe ich allein!" Statt die Augen zu schließen, möchte sie genau sehen, was der Arzt mit ihr macht. Als er fertig ist, sagt er: „An dir kann sich mancher Soldat ein Beispiel nehmen!"

In den ersten Volksschuljahren wird Lilly von einer liebevolle Lehrerin gefördert. Lilly weiß immer alles, ist aber sehr schüchtern und meldet sich nie. Die Lehrerin lässt sie immer wieder nach vorn kommen und sich die richtige Antwort ins Ohr sagen. Bis heute bleibt Lilly voller Respekt vor dem Haus dieser Lehrerin stehen. Auch die Lateinlehrerin im Klostergymnasium weiß, was Lilly kann, und „schaut hinter die Mauer". Lilly ist eine sehr gute Schülerin und überspringt anderthalb Schuljahre. Aber wegen der Krankheit des Vaters muss sie die Schule vorzeitig verlassen. Das Geld reicht nicht für den weiteren Schulbesuch. Die Oberin des Klosters ist der Meinung, man dürfe solch eine Begabung nicht brachliegen lassen. Lilly müsse unbedingt das Abitur machen. Sie solle ins Kloster eintreten, dann würde das alles geregelt. Aber das Kloster ist nichts für sie. Sie will Kinder haben und sie will nicht auf Sexualität verzichten.

Der Schulabbruch ist ein entsetzlicher Einschnitt für sie. Sie weint wie nie zuvor. Lehrerin hatte sie werden wollen, Ernährungslehre hätte sie interessiert, auch Theologie. Sie lernt – weit unter ihrem

Niveau – Kinderpflege, ist störrisch und aufsässig in der Ausbildung und verweigert Höflichkeitsrituale wie den Hofknicks.
Lilly heiratet einen Mann, den sie im Fasching kennengelernt hat, vermutlich eine NEUN. Im Dreijahresrhythmus kommen drei Töchter zur Welt. Hauptproblem in der Partnerschaft ist Lillys Bedürfnis, Konflikte anzusprechen und zu lösen, während ihr Mann Konfliktthemen eher vermeidet.
1993 meldet sich Lilly erstmals zu Exerzitien an. Beim Vorgespräch hat die Begleiterin ein Enneagrammbuch dabei. Zunächst wird sie als EINS eingeschätzt; aber nach einem halben Jahr ist glasklar, dass das Muster ACHT dominiert: Dafür sprechen Lillys Kontrollbedürfnis, ihr Bedürfnis zu bestimmen, wo es lang geht, der Führungsanspruch, die Aufteilung der Menschheit und Freund und Feind.
Zehn Jahre später nimmt sie an einem Einführungskurs zum Enneagramm teil, schließlich auch an einem Vertiefungsseminar. Am Ende wendet sie sich an den Seminarleiter und erzählt ihm, sie leide seit Jahren unter einer Schlangenphobie. Er lädt sie zum Einzelgespräch ein. Als Erstes ermuntert er sie, biblische Texte, in denen Schlangen vorkommen, zu lesen und zu meditieren: die Schlange im Paradies; die Schlange, in die sich der Stab des Mose verwandelt; die Schlangenplage in der Wüste, wo Mose eine eherne Schlange aufrichtet und alle, die auf die eherne Schlange blicken, gerettet werden; die neutestamentliche Verheißung, dass die Nachfolger Jesu Schlangen anfassen werden, ohne Schaden zu

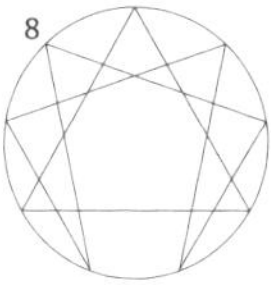

nehmen. Der Seelsorger sagt ihr nach dem zweiten Treffen mit festem Blick: „Wir gehen demnächst in den Zoo und sehen uns die Schlangen an. Ich gehe mit!“
Dieser Blick prägt sich Lilly tief ein. Doch dann kommt es zu einem Kommunikationschaos. Der geistliche Begleiter ruft zweimal nicht zurück, als es um einen neuen Termin geht. Die beiden kommen nicht zusammen. Lilly ist unendlich traurig. Sie fühlt sich ausgeschlossen. Wie schlimm erst müsste es sein, von Gott in Ewigkeit ausgeschlossen zu sein? Sie betet zu Gott um Gnade, damit das nicht passiert. Vor ihrem inneren Auge sieht sie eine Art silbergrauen Bannstrahl, der ganz und gar nicht freundlich ist. Er trifft sie mitten ins Herz. Auch du bist eine Sünderin, wird ihr klar, nicht nur die anderen! Das ist bitter. Schützend legt sie die Hände vor den eigenen Leib. Und da geschieht die Verwandlung: In der rechten Brust sieht und spürt sie ein Licht wie die Sonne. In der Mitte befindet sich eine große Flamme, die sich öffnet, als ob man eine Kerze versehentlich ausbläst. Die Flamme geht in die Breite, mehrere Flammen zeigen sich. Und dann durchflutet sie eine unbeschreibliche und schöne Wärme. Sie möchte allen Menschen verzeihen, vor allem den Eltern. Sie schreibt alle Namen auf. Noch einmal weint sie wegen der Zurückweisung durch den Bannstrahl und der eigenen Sündenerkenntnis. Am nächsten Tag sieht sie auch ihren krebskranken Mann mit neuen Augen. Und er staunt über ihre neue Ausstrahlung: „Sie ist wie ein Leuchtturm!“, sagt er.

Das Erlebnis wirkt nach. Sie hat Gottes Trost erfahren. Sie spürt, dass sie da ist – und dass Gott da ist. Zwei Tage später öffnet Lilly beim Frühstück die Zeitung und stößt auf das riesige Bild zweier Schlangen. Erstaunt stellt sie fest, dass ihr das Bild keine Angst mehr macht. Sofort beschließt sie, in den Zoo zu gehen. Allein! Aber im Ohr hat sie die Zusage des Seelsorgers: „Ich gehe mit!" Die Stimme ermutigt sie – und der feste Blick. Sie geht ins Schlangenhaus. Ganz einfach ist es nicht. Aber zum ersten Mal kann sie hinschauen. Ich halte aus, sagt sie sich, als sich eine Schlange bewegt und sie doch etwas irritiert.

Überglücklich verlässt sie das Gehege. Auf einer Brücke wirft sie die Arme in die Luft. Da macht sie eine tiefe, geradezu körperliche Erfahrung: In ihrer linken Körperhälfte spürt sie Kraft und Stärke, rechts Wärme und Güte. Und zum ersten Mal sind beide kein Gegensatz mehr, sondern werden eins. Sie muss in eine Kirche gehen und sich sammeln. Und dort erlebt sie einen tiefen Frieden wie nie zuvor. Lange sitzt sie einfach da. Alles ist schön, alles leuchtet.

Am Ende betet sie darum, dass sie noch einmal in die Sprechstunde des Seelsorgers kommen kann. Die Sache lässt ihr keine Ruhe. Lilly kann sich alles nur so erklären, dass sie etwas ganz Schreckliches gesagt oder getan hat, und schreibt ihm einen Brief. Endlich kommen die beiden wieder in Kontakt. Sie kann von ihren Erlebnissen berichten. War es göttliche Fügung, dass er nicht geantwortet hat? Das Kommunikationschaos hat dazu geführt, dass sie auf Gott selbst zurückgeworfen war und einer mystischen Erfahrung gewürdigt wird, wie sie nur wenigen Menschen geschenkt wird. Und dass sie Freundschaft schließen kann mit den Schlangen. Nachdenklich sagt sie: „Ich habe etwas gelernt von den Schlangen! Sie haben etwas Geschmeidiges. Wenn ich sie akzeptiere, werde ich selbst geschmeidiger und weicher. Das ist ein Riesenreichtum!“

NEUN: Der Pfad der Gewaltlosigkeit

NEUNer lassen anderen Menschen Raum und Zeit. In ihrer Nähe muss man nichts beweisen, muss man sich nicht verteidigen. Sie lassen zu, was ist. Sie machen sich keine Feinde und drängen niemanden in eine Verteidigungshaltung. Ihre passive Aggressivität ist insofern eine Gabe, als man NEUNern Gewaltlosigkeit nicht beibringen muss. Im Konfliktfall tauchen sie einfach ab. Wie sture Esel können sie die Hinterhufe in den Boden rammen und sagen: „Ändern kann man nichts. Das ist die Sache auch nicht wert. Aber ich nehme es, wie es ist, und bin zufrieden.“ Freilich müssen sie einen Fokus finden, wofür sie sich engagieren wollen. Das kann fast das ganze Leben beanspruchen. Ihr Weg ist still und unspektakulär. Gerade deshalb wecken sie Vertrauen. NEUNer werden ihre Mitmenschen nicht überraschen oder betrügen; wenn sie einmal aufgewacht sind und eine Entscheidung getroffen haben, dann bleiben sie dabei für den Rest ihres Lebens – unaufdringlich, unfeierlich, unprätentiös, aber höchst effektiv. Oft aber starten sie erst kurz vor Torschluss durch, bevor sie die letzte Option verlieren.

Christian ist 31 Jahre alt und arbeitet in der Verwaltung einer Altenhilfeeinrichtung. Daneben engagiert er sich im Vorstand einer christlichen Gemeinschaft. Sein spiritueller Weg ist abenteuerlich:

Schon als Kind fragt sich Christian immer wieder, weshalb er nicht so ist wie die anderen. Andere haben Talente und können ihre Umgebung begeistern. So wäre Christian auch gern. Er versucht, sich so zu geben, aber das endet mit einem Fiasko. Ihm liegt das Schauspielern nicht. Ihn stört an sich selbst, dass er sich nicht so wichtig nimmt, wie die anderen sich wichtig zu nehmen scheinen. Andere wissen, was sie wollen – er nicht! Er beneidet Freunde um ihre Familien, möchte gern dazugehören. In große Cliquen integriert er sich nicht. Um wie die anderen zu sein, beginnt er früh ganz bewusst zu trinken, um im alkoholisierten Zustand anders zu sein – eben so wie die anderen.

Die Mutter, die mit dem alkoholkranken Ehemann beschäftigt ist, schenkt dem Sohn wenig Beachtung. Christian fühlt sich von ihr „benutzt“, denn seinetwegen hat sie sich angeblich nicht recht-

zeitig vom Vater getrennt. Zum zehn Jahre älteren Bruder besteht ebenfalls wenig Kontakt. Sein Vater stirbt, als Christian 15 ist.
Mit der Haupt- und Wirtschaftsschule hat Christian wenig Probleme. Er lernt zwar nicht, aber kann sich viel merken und laviert sich durch. Erst in der Berufsschule sackt er ab. Er hat keine Vorstellung, was er werden möchte, so wie er auch in anderen Lebensbereichen nicht weiß, was er will. Ein Studium schreckt ihn ab. Karriereehrgeiz hat er nicht. Er will sich nicht hocharbeiten oder mit einem Beruf übermäßig identifizieren. Mangels Alternativen beginnt er eine kaufmännische Ausbildung.

Er hat keinerlei religiöse Ader oder Prägung; vom Elternhaus sind keine spirituellen Impulse ausgegangen; nur die Großmutter ist streng katholisch. Die Kirchgänge mit ihr empfindet er als äußerst negativ. Nur ein Onkel, den er mit zwölf kennenlernt, ist anders. Der Onkel ist „kriminell“. Christian geht einfach zu ihm hin, als der Onkel einmal gerade nicht im Gefängnis ist, und stellt sich vor: „Ich bin dein Neffe Christian!“ Beim kriminellen Onkel liegt eine Bibel. Und der Onkel outet sich als religiöser Mensch und empfiehlt Christian, die Bibel zu lesen. Das soll aber erst 15 Jahre später geschehen.

Christian entdeckt schon bald, dass er homosexuell ist. Die erste Beziehung mit einem Mann hält drei Monate. Christian gerät anschließend in eine quälende emotionale Abhängigkeit zu einem Jüngeren, der Machtspiele mit ihm treibt und von dem er sich nicht lösen kann. Er wird depressiv, isst nichts mehr, beginnt eine

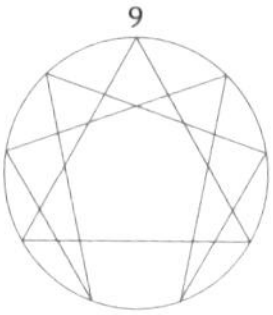

Therapie, die ihm hilft, den Kontakt mit dem jungen Mann abzubrechen. Während der Therapie besucht er auch eine Selbsthilfegruppe der „Emotions Anonymous" für emotional angeschlagene Menschen, die nach den „Zwölf Schritten" der Anonymen Alkoholiker vorgeht. Dort wird er erstmals damit konfrontiert, dass wir uns selbst nicht befreien können, sondern auf eine „höhere Macht" angewiesen sind. Das Bild gefällt ihm; er ist nicht von negativen oder sonstigen Gottesvorstellungen beeinflusst und tut sich nicht schwer, die „Macht, die größer ist", Gott zu nennen. Er ahnt, dass Gott ganz und heil machen kann, er sehnt sich nach der höheren Macht. Aber er kann sich noch nicht wirklich einlassen. Gott ist eine ferne Ahnung, aber noch nicht greifbar.

Nach der Lehre wird Christian nicht übernommen und fragt sich erstmals: „Was ist eigentlich mit meinem Leben los? Was will ich? Ich hab ja nichts Eigenes!" Er ist arbeitslos, jobbt ein Jahr ehrenamtlich in einer Bibliothek. Den vorgezogenen Zivildienst leistet er in einem Altenheim. Dabei entdeckt er zum ersten Mal so etwas wie eine „Berufung". Intensiv wendet er sich den alten Menschen zu, begegnet ihnen aus dem Inneren heraus, schließt Freundschaft mit ihnen, arbeitet in einem guten Team. Jeden Tag freut er sich auf die Arbeit. Endlich hat er so etwas wie eine Familie gefunden. Er setzt sich intensiv mit Themen wie Krankheit, Alter und Tod auseinander. Nach dem Zivildienst arbeitet er als Pflegehelfer weiter, weil ihm dieser Dienst viel Freude macht.

Mit 21 besucht er einen Bekannten in Hamburg. In der Hausbesetzergegend lernt er einen Punker kennen, der zur linksalternativen Szene gehört und ebenfalls homosexuell ist. Eine ganze Woche bleibt er bei dem neuen Bekannten und gerät in einen inneren Konflikt: Einerseits sehnt er sich nach einem geregelten Leben und will es zu etwas bringen. Andererseits fasziniert ihn die alternative Hausbesetzerszene. Und so lässt er sich ein, bleibt einfach da. Er lebt vom Arbeitslosengeld, jobbt ein wenig, raucht Cannabis und trinkt viel. Aber die Beziehung zu seinem neuen Bekannten läuft nicht gut. Eine neue Abhängigkeit droht. Christian merkt, wie ihn das Trinken und der Rauschgiftkonsum fertig machen. Er beschließt, nach München zurückzukehren, ohne sich ganz von dem Freund in Hamburg zu lösen.

Er findet einen halbwegs guten Job in einem Callcenter, verdient recht gut – und vertrinkt alles. Schließlich wechselt er in die Verwaltung eines Altenheimträgers. In einem Selbsthilfezentrum für Homosexuelle begegnet er seinem künftigen Partner. Christian genießt es, interessant zu sein und begehrt zu werden. Er beginnt, sein Trinken zu kaschieren. Der neue Freund (SIEBEN) ist unternehmungslustig, hat Pläne und nimmt den antriebsschwachen Christian ins Leben mit. Dennoch hat Christian nebenher andere erotische Kontakte, er weiß einfach nicht, was er will. Noch definiert er sich selbst und den anderen nicht als Paar.

Er lernt einen Weltenbummler kennen und freundet sich mit ihm an. Die beiden beschließen, Weihnachten in Island zu verbringen. Kurz vorher springt der Bekannte ab, Christian fliegt trotzdem nach Island. Als er allein in einem Café in Reykjavik sitzt, fällt ihm ein junger Mann auf. „Ihn werde ich kennenlernen, das ist der Mensch, wegen dem ich hier bin“, denkt Christian. Der andere Junge wendet sich zum Gehen, bleibt an der Tür stehen und kehrt zum Tisch zurück, an dem Christian sitzt, spricht ihn an und fragt ihn, wo er wohnt. Christian hat keine Bleibe. Der andere lädt ihn zu sich ein.

Schon am ersten Abend entdecken die beiden zahlreiche Übereinstimmungen in ihrer Sicht des Lebens. Aber sie leben es ganz unterschiedlich. Der junge Mann erzählt, dass er seit zwei Jahren nicht mehr trinkt. Das spricht Christian an. Ihn durchzuckt der Gedanke: „Ich will nie wieder trinken müssen!“ Er verbringt den Abend auf dem Balkon und denkt darüber nach, was er sonst noch nicht mehr müssen will. Von vielem will er sich frei machen, vieles will er ablegen und nicht mehr mit zurücknehmen nach Deutschland.

In diesem Augenblick fallen ihm wieder die „zwölf Schritte“ ein, die höhere Macht! Damit hat es etwas zu tun! Und er beginnt zur höheren Macht zu beten, zaudert nicht lange, nennt sie gleich Gott. Obwohl er Gott nicht kennt, betet er zum ersten Mal, als ob etwas in ihm weiß, zu wem er betet.

Am nächsten Tag geht er zur katholischen Kathedrale, kauft sich eine englische Bibel, setzt sich still hin und beginnt zu lesen. Er erlebt, wie ihn etwas weit macht, etwas in ihn einkehrt: ein Seelenfriede, der ihn nie mehr verlassen wird. Er liest die Bibel auf

Englisch und scheint sie plötzlich zu verstehen, ganz anders als damals in der Schule. Auch sein neuer Freund ist auf der Suche nach Gott. Aber die beiden tun sich schwer, darüber zu reden. Nicht mehr trinken ist das Eine – aber Gott, Kirche womöglich? Christian meint ja, das übliche Kirchenvolk zu kennen, und das zieht ihn nicht an. Aber den Anonymen Alkoholikern will er sich anschließen, so viel steht fest.

Während der ganzen Zeit in Island trinkt er keinen Tropfen. Als er heimkommt, wird ihm klar, dass er seine Beziehung zu seinem Freund klären und auf eine feste und ernsthafte Basis stellen will. Er geht regelmäßig in eine Gruppe der Anonymen Alkoholiker. Aber was soll aus dem Beten und dem Bibellesen werden? Zunächst besucht er die englischsprachige katholische Gemeinde, weil ihn die Bibel auf Englisch berührt hat. Aber schon bald merkt er, dass das auf Dauer nicht sein Ort sein kann. Er will in die Kirche gehen, Gott suchen, sich berühren lassen. Aber die sehr bürgerlichen Menschen dort verstehen seine Heilserfahrungen nicht. Und seine Freunde haben zwar Respekt vor seiner Abstinenz, sind aber irritiert, wenn er von Gott redet.

Christian sucht in verschiedenen Kirchen und Gemeinden, bis er seine Heimat findet, eine kleine, alternative und ökumenisch offene Gemeinschaft innerhalb der evangelischen Landeskirche. Er wird evangelisch und übernimmt bald Verantwortung in der Gemeinschaft. Nach wie vor besucht er die Treffen der Anonymen Alkoholiker. Einen Rückfall hat es sieben Jahre lang nicht gegeben.

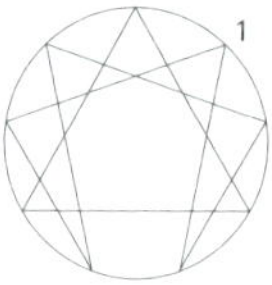

Christian weiß, dass er das nicht sich selbst verdankt, sondern der höheren Macht, die Gott zu nennen ihm nicht schwer fällt. Die Erfahrung des Enneagramms hat Christian gezeigt, dass auch heute noch dieser Wunsch nach dem „Anderssein“ besteht, dass dieser Wunsch noch immer seine Begegnungen mit Menschen lenkt und ihn mit seinen Sehnsüchten konfrontiert. Doch er hat durch das Enneagramm auch gelernt, sich liebevoll anzunehmen und Frieden mit sich selbst zu schließen. Er hat begonnen, sich zu engagieren, still und im Hintergrund, unspektakulär, aber äußerst effektiv.

EINS: Der Pfad des Verlangens

In der EINS brennt das tiefe Verlangen nach einer besseren Welt; dieses Verlangen führt zur Unzufriedenheit mit den bestehenden Verhältnissen und häufig zu überzogenen moralischen Ansprüchen. Dennoch ist das Verlangen selbst eine wundervolle Gabe Gottes. Gott selbst brennt vor Verlangen danach, dass die Menschen den rechten Weg finden und dass die Welt zu ihrer Bestimmung findet. Das spirituelle Verlangen, das auch Jesus geteilt hat (er weint über Jerusalem, das nicht begreift, was dem Frieden dient), richtet sich auf die große Vision des Reiches Gottes. Wenn EINSer diesem großen und tiefen Verlangen in sich Raum geben, können sie allmählich die allzu kleinen und eher egozentrischen Versionen einer besseren Welt loslassen („Wenn schon die Welt nicht in Ordnung ist, soll wenigstens meine Küche sauber sein ...“). Gott braucht Menschen, die für die große Vision einer neuen Welt brennen und ihr Leben einsetzen, damit sie sich verwirklicht! Dieses Verlangen ist die göttliche Gabe der EINS.

Eine gereifte EINS schreibt: „Ich würde von mir sagen, dass mein eigentliches Verlangen das nach Gott selbst ist und schon immer war, aber wenn man nur in ‚irdischen‘ Dingen unterwiesen wird, kann man das wohl gar nicht so beschreiben. Ich hatte das Glück, dass ich nie ein negatives oder herrschsüchtiges Gottesbild injiziert bekam und dass ich in meiner Kindheit nicht puritanisch geprägt wurde. Deswegen helfen mir auch die Mystiker, die dieses zugleich unstillbare und unauslöschliche Verlangen auch alle kennen, das ist dann immer ‚Fleisch von meinem Fleisch‘, wenn ich sie lese. Dieses Verlangen ist der Attraktor, der mich weiterzieht – oder wie ein Magnet, mit dem mich Gott permanent anzieht. Ich könnte auch sagen, das Verlangen selbst ist gottförmig, denn es ist ja nicht einseitig, sondern auf Gottes Seite so unendlich viel größer, deutlich fühlbar für mich, sodass es mich manchmal fast zerreißt.“

Vom mühsamen Heilungsweg einer EINS berichtet Miriam: Als Miriam, die die Bücher von Richard Rohr sehr schätzt, das Enneagrammbuch liest, mitten drin beginnt und auf Muster SECHS stößt, ist sie total verwirrt. Sie versteht gar nichts. Dann beschließt sie, von vorne zu beginnen. Muster EINS versetzt sie in großes Erstaunen. Sie erkennt sich innerhalb von zehn Minuten wieder wie nie zuvor im Leben. Beim Essen liest sie der Familie das Kapitel vor und ihre Kinder fragen: „Wie kann dich der Autor so kennen?“ Nur die Sache mit dem Zorn als „Wurzelsünde“ der EINS scheint zunächst nicht zuzutreffen: „Zorn kenne ich doch gar nicht“, sagt Miriam. Bis dato hat sie sich als konfliktscheu und friedliebend wahrgenommen. Aber schon nach wenigen Tagen weiterer Selbsterforschung geht ihr mehr und mehr auf, wie viel versteckte Wut sie in sich trägt, wie viel Selbstzerfleischung, vor allem im Blick auf ihre Rolle als Mutter.

Miriam ist die älteste Tochter ihrer Eltern, die aus kleinbäuerlichem Milieu stammen. Sie kam „zu früh“, war nicht wirklich erwünscht; die Eltern hatten in einer schwierigen Situation geheiratet. Ihre Mutter wollte eigentlich erst den Hof und die äußeren Umstände ordnen, bevor ein Kind kommen sollte. Aber dann ist Miriam unterwegs. Die Schwangerschaft und die drei Tage währende Geburt sind entsetzlich. Die Schwiegermutter wünscht der ungeliebten Schwiegertochter anlässlich der Niederkunft den Tod. Wäre es wenigstens ein Stammhalter gewesen! Das hässlichste Kind auf der ganzen Entbindungsstation sei Miriam

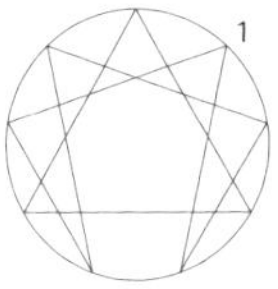

gewesen! So jedenfalls hat es ihr die Mutter später immer wieder haarklein vermittelt. Die Mutter verliert während späterer Schwangerschaften mehrere Kinder, aber zwei Brüder und eine Schwester erblicken schließlich doch noch das Licht der Welt.
Der Vater ist emotional labil, kann nicht viel Nähe zeigen und hat nah am Wasser gebaut. Er ist auch wenig leistungsorientiert. Miriam wird zur Vertrauten der Mutter, muss früh erwachsen sein. Als sie dreieinhalb Jahre alt ist, macht sich der ein Jahr jüngere Bruder in Abwesenheit der kränkelnden Mutter über deren Tabletten her. Die große Schwester kann ihn nicht abhalten. Als er mit den Augen zu rollen beginnt und die Mutter gerade noch rechtzeitig dazu kommt, wird Miriam gescholten: „Warum hast du nicht besser geschaut?"
Miriam ist angepasst und pflegeleicht, eine gute Schülerin. Erst in der Pubertät beginnt sie aufzubegehren. An eine Szene erinnert sie noch besonders deutlich: Als der Vater trotz chronischer Geldnot Süßigkeiten kauft statt gesunder Orangen, verliert sie die Beherrschung. Mit der Pubertät sei sie „böse" geworden, nicht mehr „brauchbar", klagt die Mutter. Wo sie doch vorher so „lieb" gewesen sei.
Die Eltern unterstützen sie nicht bei der Schulkarriere, im Gegenteil. Akademische Bildung ist in ihrem Elternhaus suspekt. Miriam büffelt Französisch und Latein nach, um das Abitur zu schaffen. Sie hat einen unendlichen Wissensdurst, wird mehr und mehr zur Besserwisserin, was ihr die Geschwister bis heute verargen. Sie

empfindet sich im Familiensystem in der Position der Angeklagten und leidet unter dem Unfrieden.

Am Ende ihres Studiums heiratet sie einen Studienkollegen. Nach einer Fehlgeburt bekommt sie ihr erstes Kind. Später nimmt sie Adoptiv- und Pflegekinder an, weil sie möchte, dass es diese Kinder besser haben, als sie es hatte.

Glücklich und erfolgreich ist sie im beruflichen Umfeld. Sie arbeitet zusammen mit ihrem Mann und einem Team in eigener Praxis als Ärztin, psychotherapeutische Seelsorgerin und Kunsttherapeutin, außerdem hat sie eine Ausbildung in Transaktionsanalyse absolviert. Zusätzlich gibt sie zusammen mit ihrem Mann Kurse in Meditation, verknüpft mit Anbetungstanz und Pilgerwandern. Als großes Geschenk erfährt sie eine bis heute dauernde innige Freundschaft mit einer Mitstudentin (NEUN). Während des Studiums unterstützten sie sich gegenseitig, singen oft zusammen und lassen einander Anteil haben an ihrem Leben mit Gott. Erlösende Momente in ihrem Leben werden auch durch mehrere Schockerlebnisse ausgelöst und eingeleitet. Mit 22 Jahren ist sie im Leitungsteam der Studentenbibelgruppe. Als sie eine weitere Aufgabe übernehmen will, sagt ihr der Leiter der Studentenarbeit: „Lass das, du machst schon genug!" Das stürzt sie in eine Krise. Sie beginnt erstmals, über ihr überzogenes Verantwortungsgefühl nachzudenken. Jahre später ertrinkt der Bruder, der ihr sehr nahe steht. Ihre Glaubenswelt bricht zusammen. Kurz danach stirbt auch ihr Vater bei einem Unfall. Und dann stirbt ihr zweites Kind, das schwerstbehindert ist, bei der Geburt. Sie hadert mit Gott: „Ich würde dir kündigen, wenn ich könnte. Aber das geht ja nicht, weil du mich dann strafen würdest." Sie betet und streitet sich mit Gott, weint, liest Psalmen und hört oft Bach-Kantaten. Zwei Wochen nach der missglückten Geburt – ausgerechnet in der Karwoche – bekommt sie lebensbedrohliche Blutungen und muss operiert werden. In den letzten Minuten vor der Narkose wird sie vom Pflegepersonal entwürdigend behandelt und erkennt darin Parallelen zur Passion Jesu. Er hat *ohne Sünde* gelitten. Diese Gedanken und die Freude darüber, dass sie überlebt hat, öffnen die Wahrnehmung für einen neuen Weg in die Zukunft.

Heute sagt Miriam, dass sie die Schwierigkeiten zu Gott getrieben hätten. Ohne je formal „Meditation" gelernt zu haben, hat sie früh begonnen, 45 Minuten täglich einfach still da zu sein vor Gott. Ihre damals noch kleinen Kinder wussten, dass sie diese Stille braucht, um in der übrigen Zeit ansprechbar zu sein. Über die Jahre ist durch die Meditation eine Haltung der Stille und Gelassenheit gewachsen, die sich im Alltag als tragfähig erweist.

Lange Spaziergänge, Anbetungstänze, Singen und Musik helfen ihr heute, mit Gott verbunden zu sein. Sie macht dabei die Erfahrung, dass Gott sie annimmt und grenzenlos liebt, egal ob sie fröhlich oder wütend ist. Mit ihm redet sie über alles. Sie hat erkannt, dass sie bereits in der Kindheit aus ihrem Enneagrammmuster heraus reagiert und sich so selbst wehgetan hat. Doch sie weiß auch: Gott hat mit ihrem Muster und der daraus entstehenden Schuld kein Problem, denn er vergibt alles. Ihre Verantwortung besteht einzig darin, sich zu Gott hin zu öffnen; das andere darf sie getrost ihm überlassen. Wenn etwas nicht gelingt, kann sie es der Liebe Jesu übergeben. So ist die Angst vor dem Fehlermachen für sie viel kleiner geworden und sie erlebt sich als handlungsfähiger.

Die Ehe hat sich mithilfe langjähriger Seelsorge sehr in die Tiefe entwickelt. Darüber hinaus hat das Enneagramm den Partnern geholfen, über die Beziehung zu reden und herauszufinden, was „deins" ist und was „meins".

Mit 48 Jahren wird Miriam mit der eigenen Sterblichkeit konfrontiert; sie wird todkrank und muss seither mit Medikamenten leben. Dennoch ist ihr Lebensgefühl positiv. Sie hat sich mit ihrem Zorn versöhnt, auch damit, dass Menschen sie verlassen, weil sie mit ihrer Art nicht zurechtkommen. Sie wünscht sich nach wie vor mehr Sanftmut und die Fähigkeit, nicht dem eigenen Perfektionismus zu erliegen, sondern sich von Gott die Hände füllen zu lassen. Sie ist auf dem Weg zu heiterer Gelassenheit.

Der Prozess der Wandlung

Der „objektive Beobachter“

Der Wandlungsprozess von der Fixierung hin zur Integration und Versöhnung beginnt paradoxerweise mit der Diagnose, das heißt, mit dem Innehalten und mit der nüchternen Wahrnehmung des eigenen Lebensskripts und automatisierten Verhaltensmusters. Diese Wahrnehmung ist nur möglich, wenn eine Art produktiver Persönlichkeitsspaltung gelingt und wir gleichsam einen Schritt neben uns selbst treten, um unser Verhalten „objektiv“ zu beobachten. Der „objektive Beobachter“ in uns ist nicht fixiert im Muster; er ist nicht Teil der Egostruktur, sondern gehört zum unzerstörbaren Kern unseres „wahren Selbst“. Er ist gleichsam der innere Arzt.

Was tut diese innere Instanz? Sie schaut, sie nimmt wahr. Wach und interessiert, aufmerksam und freundlich, unparteiisch und unbestechlich. Ohne Lob, Tadel oder sonst ein Urteil. Die drei „großen A“ helfen der Seele: wenn wir *aufmerksam, absichtslos* und *anteilnehmend* betrachten, was ist. Der innere Beobachter nennt das, was er sieht, beim Namen: Wut, Traurigkeit, Müdigkeit, Irritiertheit, Gelassenheit, Zufriedenheit. Er sucht im „Alphabet der Gefühle“ die passende Vokabel und weiß instinktiv, wenn der richtige Name gefunden ist. Das Wahrnehmen, Benennen und Akzeptieren dessen, was ist, ist der Anfang der Wandlung.

Die drei „großen A“ helfen der Seele:
wenn wir aufmerksam, absichtslos und anteilnehmend betrachten, was ist.

Der Einsatz des „objektiven Beobachters“ erfordert Übung. Die meisten Menschen haben gelernt, Wahrnehmung und Urteil zu verwechseln. Der Satz „es geht mir gut“ beispielsweise ist ein Urteil, keine Wahrnehmung. Ich bewerte einen bestimmten inneren Zustand wie Gelassenheit oder Entspanntsein, indem ich ihm das Prädikat „gut“ gebe. Damit wird aber das eigentliche Gefühl überdeckt.

Es gibt gute Hilfsmittel zum präzisen Benennen dessen, was ist. Marshal Rosenberg hat in seinem Buch „Gewaltfreie Kommunikation“ ein Gefühlsalphabet zusammengestellt. In der folgenden gekürzten Liste, die daran angelehnt ist und von Schülern und Jugendlichen zusammengestellt wurde (www.mediation-und-mehr.de/downloads/Alphabet), finden sich jeweils in der ersten Zeile Gefühle, die sich einstellen, wenn unsere Bedürfnisse nicht erfüllt werden, in der zweiten Gefühle, die auftreten, wenn unsere Bedürfnisse gestillt sind:

– ängstlich, ärgerlich, angespannt, aufgebracht, ausgelaugt
+ aufgeregt, angenehm, ausgeglichen, ausgeruht
– bedrückt, besorgt, bestürzt, bitter, beunruhigt, bange, beschämt
+ befreit, begeistert, behaglich, beschwingt

- – chaotisch
- – deprimiert, dumpf, durcheinander, depressiv
- \+ dankbar
- – einsam, enttäuscht, entrüstet, ermüdet, erschöpft, erschreckt, erschüttert, erstarrt, eifersüchtig, entnervt
- \+ energiegeladen, engagiert, enthusiastisch, entschlossen, entspannt, entzückt, erfreut, erfrischt, erfüllt, ergriffen, erleichtert, erstaunt, euphorisch
- – frustriert, furchtsam, feindselig
- \+ fasziniert, freundlich, friedlich, froh
- – gehemmt, geladen, gelähmt, genervt, gereizt, gelangweilt, gleichgültig, geknickt, gierig, gehetzt, gestresst
- \+ gebannt, gefasst, gefesselt, gelassen, gespannt, gerührt, gesammelt, geschützt, glücklich
- – hasserfüllt, hilflos, hoffnungslos, hysterisch
- \+ heiter, hocherfreut, hingerissen, hoffnungsvoll
- – irritiert, ironisch
- \+ inspiriert, interessiert
- – jämmerlich
- \+ jubelnd
- – kalt, kribbelig, kränklich
- \+ kraftvoll, klar

- – lasch, leblos, lethargisch, lustlos
- + lebendig, leicht, liebevoll, locker, lustig, lustvoll
- – miserabel, müde, mutlos, mürrisch, misstrauisch, missmutig
- + motiviert, munter, mutig
- – nervös, niedergeschlagen, neidisch
- + neugierig, nachdenklich
- + optimistisch
- – perplex
- – quengelig
- – ruhelos, reizbar, rachsüchtig
- + ruhig
- – sauer, scheu, schlapp, schüchtern, schockiert, sorgenvoll, streitlustig, schadenfroh, schutzlos
- + satt, schwungvoll, selbstsicher, selbstzufrieden, selig, sicher, spritzig, still, strahlend, stolz, stark, sorglos, sensibilisiert
- – teilnahmslos, traurig, todtraurig, trübsinnig
- + triumphierend, tatkräftig, tatendurstig
- – überwältigt, unglücklich, unruhig, unbehaglich, ungeduldig, unwohl, unzufrieden, unsicher, unentschlossen, überheblich
- + überschwänglich, überwältigt, unbekümmert, unbeschwert

Für jedes Gefühl und jede Seelenregung gibt es einen treffenden Namen.

- – verärgert, verbittert, verletzt, verspannt, verstört, verzweifelt, verwirrt, verlegen, verstimmt, verängstigt, vorwurfsvoll, verlassen, verachtet, vernachlässigt
- \+ vergnügt, verliebt, verzückt, vertrauensvoll, vertraut
- – widerwillig, wütend
- \+ warm, warmherzig, wach, weit, wissbegierig
- – zappelig, zitternd, zögerlich, zornig
- \+ zärtlich, zufrieden, zuversichtlich, zauberhaft

Diese Liste lässt sich beliebig ergänzen. Wesentlich ist, dass es für jedes Gefühl und jede Seelenregung einen treffenden Namen gibt. Sätze, die beginnen mit: „Ich habe das Gefühl, ...“, enthalten meist kein Gefühl, sondern nur eine Interpretation. Gefühle wie „sich ausgenutzt fühlen“, „sich ausgegrenzt fühlen“, „sich vernachlässigt fühlen“ sind ebenfalls Interpretationen.

„Es gibt keine revolutionärere Tat als zu sagen, was ist“, sagt Rosa Luxemburg. Das gilt nicht nur politisch, sondern auch im Blick auf die innere Revolution, die Wandlung der Persönlichkeit. Im Märchen ist das böse Rumpelstilzchen besiegt, sobald sein Name bekannt ist. Ebenso fragt Jesus die Dämonen nach ihrem Namen, bevor er sie austreibt.

*Die Tatsache,
dass es die innere Instanz des Beobachters gibt,
beweist, dass ich nicht identisch bin
mit meiner Stimmung oder meinem Muster.*

Der innere Beobachter identifiziert und benennt ein aktuelles Gefühl oder ein Muster. Das ist gleichzeitig der erste Schritt zur Desidentifikation. Schon die Tatsache, dass es die innere Instanz des Beobachters gibt, beweist, dass ich nicht identisch bin mit meiner Stimmung oder meinem Muster. Ein Teil von mir sieht ja „von außen", was sich da bewegt. Ich bin jetzt wütend. Aber der Teil in mir, der das wahrnimmt, ist nicht wütend.

Diese Wahrnehmungsfähigkeit kann von einer Gruppe oder einer therapeutisch und/oder spirituell erfahrenen Begleitperson unterstützt werden, die zuhört und bei der Unterscheidung von Wahrnehmung und Urteil behilflich ist.

Veränderung: Das enneagrammatische Prozessmodell

Klausbernd Vollmar hat Gurdjieffs „bewegtes" Enneagramm aufgegriffen, das zwar ein Bewegungs-, aber kein ausgefeiltes Prozessmodell war (wir kennen von seinen Schülern nur einige Deutungen wie die oben erwähnte musikalische), und zum Problemlösungsmodell weiter entwickelt. Dabei geht es um Wahrnehmung, Bewusstsein und Handeln. Die neun Punkte des Enneagrammmodells werden hier zu Stationen auf dem Weg von der *Problemwahrneh-*

mung zur *Problemlösung*. Hintergrund der folgenden Kurzdarstellung des Prozessmodells ist die Diplomarbeit von *Ludwig Zink*, dem ich auch die Einführung in das Prozessmodell verdanke. *Gerhard Heck* und vor allem *Arno Kohlhoff* haben wesentliche Beiträge zur Erschließung und Vertiefung des Modells vorgelegt, die in meine Darstellung ebenfalls einfließen.

Das Prozessmodell ist auf jede individuelle oder kollektive Problemsituation anwendbar, angefangen bei „banalen" Herausforderungen des Alltags über große Konflikte in Liebe und Arbeit bis hin zu den tiefsten Sinnfragen des Lebens oder den globalen Herausforderungen der Menschheit. Das Modell beschreibt einen universellen Weg der Problemerfassung und -lösung und macht durchsichtig, wo und weshalb ein Prozess stockt. Das Modell eignet sich besonders dazu, den Wandlungsprozess von der enneagrammatischen Musterfixierung zur Befreiung zu beschreiben und zu unterstützen.

Arno Kohlhoff hat gezeigt, wie Typenmodell und Prozessmodell zusammengehören. Er geht davon aus, „dass die typenspezifischen Leidenschaften und Energien ... als energetische Quellen angesehen werden können, die das prozessuale Geschehen des Lebens entweder blockieren (Leidenschaften) oder fließen lassen (Tugenden). Dabei spielt die Anordnung der Enneagrammpunkte eine entscheiden-

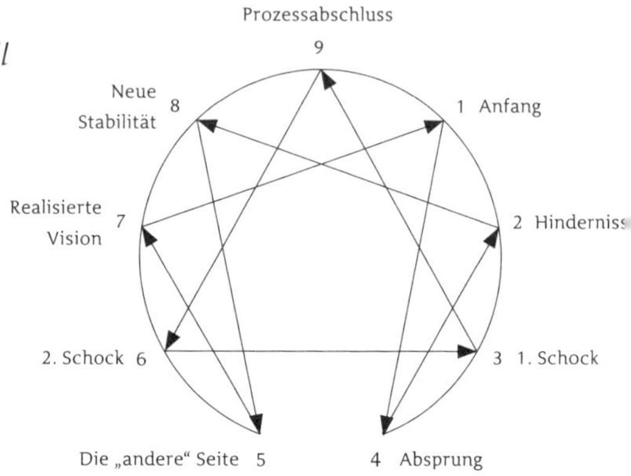

de Rolle: die energetische Qualität eines Typs wird genau da benötigt, wo sie im Enneagramm auch angeordnet ist.“ (Kohlhoff, 38)

210 Der Prozess bewegt sich an der Peripherie des Kreises an den Punkten entlang, die das innere Sechseck verbinden (1, 2, 4, 5, 7, 8). Das innere Dreieck markiert die „göttlichen“ oder archimedischen *Außenimpulse,* die notwendig sind, damit der Prozess nicht zum Erliegen kommt. Anders als beim Persönlichkeitsenneagramm ist der Kreis zwischen Punkt 4 und Punkt 5 zunächst nicht geschlossen. Zwischen beiden Punkten klafft ein Graben, der der Überbrückung bedarf.

Punkt EINS: Ausgangspunkt jedes Prozesses ist Punkt EINS, der „Anfang“. Veränderungsprozesse beginnen mit einem Unwohlsein angesichts des Status quo und einer Ahnung oder Vision von einem anderen, besseren Zustand. Die Linie von EINS zu SIEBEN markiert diesen Blick auf die „andere Seite“, die Vision und Vorahnung des besseren und erstrebenswerten Zustands und stimuliert die Bereitschaft, etwas zu ändern oder Neuland zu betreten, auch wenn das Ganze noch sehr emotional und unkonkret ist und Einwände und Widerstände noch nicht im Blick sind. Die Linie nach VIER markiert an diesem Punkt erste Anzeichen emotionaler Erregung. Das unvermeidliche Gefühlschaos, das

mit echten Veränderungen verbunden ist, meldet sich, wenn auch zunächst leise.
Es ist ein gleichsam „naiver" Anfangsimpuls nötig, damit Prozesse überhaupt in Gang kommen. Wie viele Ehen wür-
den noch geschlossen, wenn von Anfang an die Mühen und Beschwerlichkeiten des Liebeslebens klar wären? Große Anfänge haben etwas Irrationales und Unwirkliches. Visionen wecken Aufbruchstimmung. Ohne sie würde wenig Wesentliches geschehen. Ausgangspunkt der Unzufriedenheit kann zum Beispiel mein Enneagrammmuster sein. Ich nehme es wahr, ich nehme auch den Schmerz dieser Einengung wahr und die Sehnsucht nach Freiheit. Vielleicht verdichtet sich die Sehnsucht bereits in inneren Bildern, die mich inspirieren und motivieren.
Die Qualität der EINS im Enneagramm ist ihre Kritikfähigkeit, das Vermögen, Mängel zu benennen. Diese Qualität ist zu Beginn jedes Prozesses gefordert. Ein guter Beginn kann nach Arno Kohlhoff dadurch blockiert werden, dass nicht die *Gabe* dieses Energiepunktes, die heitere Gelassenheit, den nächsten Schritt ermöglicht, sondern dass die *Leidenschaft* des Zorns zu vorschnellen Urteilen führt und gerade dadurch den Gesamtprozess verhindert.

Punkt ZWEI: Die ersten Lösungsversuche werden unternommen, dabei kommen erste Hindernisse in den Blick.

Vor allem bewegen sich diese ersten Versuche noch ganz im Rahmen unserer egozentrischen Musterautomatik; sie sind zum Scheitern verurteilt. Es geht nicht so einfach wie in der ersten Euphorie gedacht. Aber noch reicht der Schwung der Vision, damit ich am Ball bleibe. Der Blick geht in Pfeilrichtung nach ACHT (Orientierung, Führung). Damit wird die Bereitschaft geweckt, Außenimpulse zuzulassen. Aber ich kann nicht ohne weiteres auf jene andere Seite springen. Ich ahne, dass der Preis der Veränderung höher ist, als ich anfangs meinte. „Glücklich die, die Träume haben und bereit sind, den Preis zu zahlen, damit sie sich verwirklichen" (Kardinal Suenens). Die Leidenschaft der ZWEI, der Stolz, kann an dieser Stelle den weiteren Prozess blockieren. Er manifestiert sich in der Unfähigkeit, die eigene Hilfsbedürftigkeit wirklich zu sehen und zuzulassen. Nur durch die erlöste Qualität der ZWEI, die Demut, hat der Außenimpuls die Chance zu wirken.

Punkt DREI: Der erste „Schock" oder Außenimpuls ändert den Blickwinkel. Dieser Schock kann ein Ereignis sein, das mir die Augen öffnet und mir klar macht, dass es so nicht weiter gehen kann. Das Ego wird mit der Außenwelt konfrontiert, mit einer Realität, die größer ist als es selbst. Träume, eine Tür, die sich verlockend öffnet, eine bedeutsame Begegnung, ein unvorhergesehenes Ereignis, eine

„Glücklich die, die Träume haben und bereit sind, den Preis zu zahlen, damit sie sich verwirklichen.“
Kardinal Suenens

Fügung, ein mystisches Erlebnis, ein Unfall, eine Trennung, eine Krankheit – sie alle können zum Aufruf werden, den Schritt zu wagen, das Leben in die eigene Verantwortung zu nehmen und neu zu ordnen. Das ist allerdings nur mög-
lich, wenn an dieser Stelle die Qualität der DREI, die Aufrichtigkeit, ihre Wirkung entfaltet. Bedroht ist der Schockpunkt 3 von der Leidenschaft der DREI, der Täuschung. Ich kann einem falschen Außenimpuls, gleichsam einem Irrlicht, folgen und so den echten Außenimpuls verfehlen. Ich kann in Illusionen über meine eigenen Veränderungsmöglichkeiten verstrickt sein, die angemessenes Reagieren verzerren oder unmöglich machen.

Punkt VIER: Die Probleme verdichten sich zur Krise. Hier geht es um die Entscheidung, ob der durchdachte und gefühlte Veränderungsprozess in die Tat umgesetzt werden wird. Die Achterbahn der Gefühle zwischen Agonie und Euphorie hat hier ihren Platz. Die Veränderung schillert und reizt. Aber die Angst vor Veränderung scheint noch größer zu sein als die Sehnsucht. Die Vorteile und der „Gewinn“ des bestehenden Systems bekommen wieder Gewicht. Ich kehre zur Anfangsfixierung zurück, finde vielleicht Schuldige (die Gesellschaft, meine Eltern) oder verurteile mich selbst. Vielleicht gehe ich zurück zu Punkt ZWEI und verfalle in ein allgemeines Lamento, meditiere

In der Krise kann Neues entstehen
oder Leben scheitern.
Hier geht es um Sterben und Auferstehen.

die unüberwindlich scheinenden Probleme. Zu klaren Gedanken und Entscheidungen bin ich nicht fähig. Jedenfalls schaffe ich nicht den Sprung über den „garstigen Graben“

nach FÜNF (Neuorientierung). Die Leidenschaft der VIER, der Neid, manifestiert sich in der Verlustangst, etwas Reizvolles loslassen zu müssen. Ich will den Kuchen essen und zugleich behalten. Solange ich Spielball meiner euphorischen und ängstlichen Emotionen bin, kann es nicht zur Entscheidung kommen. An keinem anderen Punkt des Prozesses wirken sich die musterspezifischen Abwehrmechanismen so hinderlich auf den nächsten Schritt aus wie bei Punkt VIER. Das gesamte Suchtpotenzial der Fixierung bäumt sich mit seinen Verlockungen und Reizen noch einmal auf. Balance und Ausgeglichenheit, Gabe der VIER, sind nötig, damit der Schritt gelingen kann.

Der „Graben“ zwischen VIER und FÜNF: Er markiert den Übergang von Unbewusstem zum Bewusstsein, von Automatismus zu Autonomie, von Fixierung zur Freiheit. Er ist kein Energiepunkt, sondern ein offener Raum. Er ist das genaue Gegenteil von Punkt NEUN, der Fülle und Integration repräsentiert. Wenn NEUN für den Vollmond steht (so Helen Palmer, die das Enneagramm auf einen antiken Mondkalender zurückführt), so der Graben für den Neumond, die Leere, das Nichts, die Gottverlassenheit, die Nacht der

Seele und des Geistes. Der Graben bedeutet Einsamkeit, Orientierungslosigkeit, Weglosigkeit, Verwirrung, Desintegration. Aber er markiert auch die Schwelle ins Neuland. Ich ahne, dass ich ins Bisherige nicht mehr zurückkehren kann. Das Neue hat jedoch noch keine Konturen und macht Angst. Der Graben ist die Krise. Hier kann Neues entstehen oder Leben scheitern. Hier geht es um Sterben und Auferstehen. *Søren Kierkegaard* hat in diesem Zusammenhang vom „Sprung des Glaubens" gesprochen. Über diesen Graben führt keine vorgefertigte Brücke, nur Vertrauen trägt uns hinüber. Der Sprung gleicht einer neuen Geburt, von der Jesus zu Nikodemus spricht und ohne die man das Reich Gottes (die eigentliche Wirklichkeit) nicht sehen kann (Johannes 3). Um auf die andere Seite zu gelangen, muss man das sichere Boot bisheriger Gewohnheiten und Sicherheiten verlassen und auf dem Wasser gehen wie Petrus. Das geht nur gut, solange Petrus auf Christus ausgerichtet ist. In dem Augenblick, in dem er den Sturm und den Wellengang wahrnimmt, versinkt er.

Die rechte Seite des Grabens (EINS – DREI) markiert die materielle, unbewusste Seite der Wirklichkeit. Zwischen VIER und FÜNF tobt der psychische und bedrohliche Kampf zwischen dem Schlaf der Unbewusstheit und bewusstem, wachem Leben. Die Punkte SECHS bis ACHT bezeichnen die bewusste, geistige Seite.

Punkt FÜNF: Der Sprung scheint geschafft zu sein. Neuland ist betreten. Der Blick wendet sich abermals nach SIEBEN und ACHT, wo Vision und Führung angesiedelt sind, aber er ist inzwischen wesentlich geerdeter, realitätsnaher und nüchterner. Gleichzeitig ist der Rückfall jederzeit möglich, ja sogar wahrscheinlich. Besonders einleuchtend ist das, wenn wir uns einen Suchtkranken vor Augen halten (letztlich sind alle unsere Gewohnheiten, einschließlich unserer Verhaltensmuster, suchthaft). Endlich ist der Entschluss gefasst, nie wieder zu trinken. Alleine ist das aber kaum zu schaffen. Der erste „Schock" bzw. Außenimpuls bei DREI bedarf weiterer Unterstützung. Der weitere Prozess wird blockiert, wenn die Leidenschaft der FÜNF, der Geiz und die mit ihm verbundene Isolation, eine Öffnung nach außen verhindert. Noch ist ja das Neue nur ein gedachtes, nicht ein verwirklichtes Konstrukt, es muss geerdet und inkarniert werden. Der Blick zum Trostpunkt ACHT kann den Tatendrang fördern. Die Tugend der FÜNF, das Nicht-Anhaften, befreit dazu, die nur gedachte Veränderung nicht wie einen Schatz zu horten, sondern loszulassen, damit sie sich realisieren kann. Das ist der Unterschied zwischen Wissen und Weisheit.

Punkt SECHS: Der zweite Schockpunkt setzt die bewusste Veränderung bzw. die Entwurzelung alter Gewohnheiten

Letztlich sind alle unsere Gewohnheiten, einschließlich unserer Verhaltensmuster, suchthaft.

und die Verwurzelung des Neuen in Gang. Er ist in der Regel sanfter als der erste und beinhaltet die innere Bereitschaft, sich Unterstützung von außen zu holen. Das kann die Entscheidung sein, eine Selbsthilfegruppe aufzusuchen, der Weg in die Therapie oder in die geistliche Begleitung, die dazu beitragen, dass sich die Neuorientierung stabilisiert. Dazu gehört häufig die Veränderung des Lebensumfeldes und die Loslösung von bisherigen Freundeskreisen, soweit sie destruktive Gewohnheiten unterfüttert haben, die Verwurzelung in einer verbindlichen spirituellen Gemeinschaft und die Umstrukturierung des Tagesablaufs. Je existenzieller das Ausgangsproblem und je dramatischer die Neuorientierung ist, desto notwendiger ist an dieser Stelle kompetente Unterstützung. „Ich schaffe das schon allein" – dieser Satz entspringt fast immer der Selbstüberschätzung. Es ist keine Schande, sich Unterstützung zu holen! An Punkt SECHS kommt die Veränderung auf den Prüfstand, wollen „Nägel mit Köpfen" gemacht werden. Es geht um Konsequenz. Die Leidenschaft der SECHS, das Misstrauen bzw. die Angst, birgt das größte Gefahrenpotenzial. Die Angst vor der eigenen Courage und das Gefühl, dem Neuen in letzter Konsequenz nicht gewachsen zu sein, machen sich breit. Die Gaben der SECHS, Gewissenhaftigkeit, Treue, Vertrauen und Mut, müssen ins Spiel kommen, damit das Neue einwurzeln und „Fleisch werden" kann.

„In der Geschichte der Freiheit sind wir niemals definitiv an einem guten Ende."
Klausbernd Vollmar

Punkt SIEBEN: Die Vision, die mich hat aufbrechen lassen, ist noch vorhanden, aber sie hat sich verändert. Sie bekommt eine reale Gestalt. Erste Ergebnisse sind unübersehbar und spürbar. Leichtigkeit und Freude machen sich breit. Gefährdet ist dieser Punkt durch die Leidenschaft der SIEBEN, die Maßlosigkeit. Anstatt weiter in die Tiefe zu gehen und Detailarbeit zu leisten, wird gefeiert oder neue reizvolle Projekte kommen vorschnell in den Blick. Statt Qualität lockt Quantität. Aber noch ist die Aufgabe nicht erledigt. Vor allem besteht die Gefahr, dass der Schmerz und die „Langeweile" vermieden werden, die aus der Detailarbeit folgen können. „Genug gelitten!", lautet dann die Devise – und die Bodenhaftung geht verloren. Die Gabe der SIEBEN, heilige Nüchternheit, verhindert, dass kurz vor dem Ziel der gesamte Prozess durch Oberflächlichkeit zunichte wird.

Punkt ACHT: Der Prozess ist vollendet. Die Konsequenzen haben angefangen, das gesamte Leben zu verändern. Eine neue Stabilität ist erreicht. Die Orientierung kommt jetzt nicht mehr von außen, sondern von innen. Diese neue Erfahrung von Stärke birgt ihre eigenen Gefahren. Sie kann vergessen machen, dass ich den Weg nicht allein bewältigt habe, sondern mit Hilfe und Unterstützung anderer und inspiriert und belebt von einer Macht, die höher ist, als ich selbst es bin. An diesem Punkt besteht die Gefährdung durch Übergriffigkeit und Schamlosigkeit. Ich verachte und bevormunde dann andere, die noch nicht so weit sind wie ich. Die Gabe der ACHT, die Unschuld, wird an diesem Punkt benötigt. Sie bedeutet in diesem Zusammenhang vor allem „Unschuld gegenüber dem Resultat“ (Kohlhoff), das ich eben nicht mir selbst zuschreibe, indem ich mich egozentrisch mit dem Ergebnis identifiziere. Bei Punkt ACHT droht der spirituelle Hochmut. Klausbernd Vollmar: „Ist das weltzugewandte Ich von der *Verfallenheit* bedroht, so das reflektierende von einer *Verstiegenheit* ... Schließlich bleibt in allen Stadien des Selbstwerdens die Möglichkeit des Rückfalls; in der Geschichte der Freiheit sind wir niemals definitiv an einem guten Ende.“ (Vollmar, 46)

Punkt NEUN: Der Weg ist zu Ende, der Kreis schließt sich; die Fixierung beherrscht mich nicht mehr; ich bin mit mir und den Lebensumständen, die zur Krise geführt haben, versöhnt. Jetzt kann ich mich eine Weile ausruhen oder bereit werden, mich neuen Herausforderungen und Aufgaben zu stellen, die noch gar nicht in den Blick kommen konnten, solange der aktuelle Prozess noch nicht abgeschlossen war. Punkt NEUN birgt allerdings die Gefahr, dass ich mich auf den Lorbeeren ausruhe und erneut einschlafe. So kann die Trägheit, Leidenschaft der NEUN, den erneuten

Aufbruch zur nächsten „Runde“ verhindern. Punkt NEUN ist ja Endpunkt und Anfangspunkt zugleich. Aktive, handelnde Liebe, die Gabe der NEUN, ist nötig, damit der Weg nicht zum Stillstand kommt. „There is no end of integration“ – „Die Integration ist nie abgeschlossen“ (Fritz Pearls).

Die meisten biblischen Heilungsgeschichten spiegeln diesen Prozess. Am häufigsten heilt Jesus Sinnesorgane. Bei diesen Erzählungen geht es nicht nur oder vor allem um *physische* Gesundung, sondern um das Heilwerden der ganzen Person. Blindheit steht immer auch für spirituelle Unbewusstheit, Taubheit für Isolation und Unempfänglichkeit, Stummheit für Unterdrücktsein und Unmündigkeit, Lähmung für Verstricktheit. Dazu als Beispiel eine Blindenheilung Jesu:

Sie kamen nach Betsaida. Da brachten sie ihm (Jesus) einen Blinden und baten ihn, dass er ihn anrühre. Er nahm den Blinden an der Hand und führte ihn hinaus vor das Dorf. Da spuckte er ihm in die Augen, legte die Hände auf ihn und fragte: „Siehst du schon etwas?“ Der Mensch hob die Augen und sprach: „Ich sehe die Leute umhergehen, als wären es Bäume.“ Da legte er ihm zum zweiten Mal die Hände auf die Augen. Jetzt sah er deutlich und wurde wieder heil, sodass er alles scharf sehen konnte. Jesus schickte ihn nach Hause und sprach: „Geh nicht wieder ins Dorf hinein!“ (Markus 8,22-26)

In den biblischen Heilungsgeschichten geht es nicht nur um physische Gesundung, sondern um das Heilwerden der ganzen Person.

Punkt EINS: Einige Leute bringen einen Blinden zu Jesus. Wir wissen nicht, in welcher Beziehung sie zu ihm stehen, ob es sich um Verwandte oder Freunde handelt. Auf jeden Fall sind sie von seinem Leid so betroffen, dass sie Mühe auf sich nehmen, damit ihm geholfen wird. Von einer Eigeninitiative oder einem eigenen Heilungswunsch des Blinden erfahren wir in dieser Geschichte nichts. Offensichtlich hat das, was die Leute über Jesus gehört haben, in ihnen die Sehnsucht und Vision (Punkt SIEBEN) erzeugt, dass er den Blinden heilen könne.

Punkt ZWEI: Einer sofortigen Heilung scheint die Menschenmenge entgegenzustehen, die womöglich auf ein spektakuläres Wunder hofft. Vielleicht aber ist es auch die Passivität des Blinden, die Jesus motiviert, ihn aus dem Dorf zu führen und auch von der Gruppe zu trennen, die ihn gebracht hat. Der Blinde lässt sich führen (Punkt ACHT). Das kann bedeuten, dass er immer noch rein passiv und apathisch ist. Die Bereitschaft, sich führen zu lassen, kann aber auch bereits ein Zeichen von Vertrauen sein.

Punkt VIER: Vor dem Dorf stehen sich der Blinde und Jesus gegenüber. Was muss geschehen, damit Jesus den Graben zwischen Blindheit und Sehen, zwischen dumpfer Ergebenheit und selbst bestimmtem Leben, zwischen Unbewusstheit und Bewusstheit überwinden kann? Vom Blinden geht keine Initiative aus. In den meisten neutestamentliche Hei-

Häufig sind Schockerfahrungen, Schicksalsschläge, Krisen oder Krankheiten nötig, damit wir aufwachen.

lungsgeschichten ist eine starke, manchmal sogar schockierende Handlung der erkrankten Person Auslöser für die Heilung: ein lauter Hilfeschrei, ein Kniefall, eine heimliche Berührung von hinten. „Dein Glaube hat dir geholfen!“, pflegt Jesus zu Menschen zu sagen, die mit dem Mut der Verzweiflung zu ihm kommen und bei ihm Heilung finden. In dieser Geschichte geschieht nichts dergleichen.

Punkt DREI: Jesus selbst setzt den schockierenden Außenimpuls: Er spuckt dem Blinden ins Gesicht. Die meisten Übersetzungen umschreiben und verharmlosen das (Luther: Jesus „tat Speichel auf seine Augen“). Manche Ausleger spekulieren über die Heilkraft des Speichels oder darüber, dass Jesus eine schamanische Praxis benutzt, um einen Menschen zu erreichen, der noch ganz auf einer archaisch-mythologischen Ebene lebt und empfindet. Das mag alles richtig sein. Ich vermute darüber hinaus, dass der *Schock* des Anspeiens notwendig ist, damit dem Mann die Augen aufgehen. Jemanden anzuspucken, das war und ist Ausdruck äußerster Verachtung und Erniedrigung. Jesus selbst hat es während seiner Gerichtsverhandlung erlebt und erlitten, angespuckt zu werden. Die verächtliche Gebärde ruft in dem Blinden vielleicht die Erinnerung an all die Verachtung und Selbstverachtung wach, die mit seinem Gebrechen zusammenhängen. Noch einmal muss er das Schmerzliche durchleben. Häufig sind Schockerfahrungen,

Schicksalsschläge, Krisen oder Krankheiten nötig, damit wir aufwachen. Das Gewohnte muss so unterbrochen werden, dass der Trott durchbrochen wird und wir nicht mehr weitermachen können wie gehabt. Gleichzeitig nimmt Jesus durch diese schockierende Geste den Blinden vorwegnehmend in seine eigene Leidensgeschichte hinein. Auf geheimnisvolle Weise wird der Mann dem verachteten und angespienen Christus ähnlich. Dass Jesus Hilfesuchende zunächst brüskiert und gerade dadurch ihre Widerstandskraft und ihr Wille zur Selbstbehauptung geweckt werden, ist noch häufiger belegt. Beispielsweise weist Jesus eine syrophönizische Frau zunächst auf diskriminierende Weise zurück, weil sie keine Jüdin ist (Markus 7,24ff).

Punkt FÜNF: Der Schock wirkt und katapultiert den Blinden über den Graben. Dem Blinden gehen die Augen auf. Aber die Heilung ist noch nicht vollendet. Ausdrücklich fragt ihn Jesus, ob er schon etwas sieht. Er bezieht den bisher so Passiven ins Geschehen ein; er muss endlich aktiv werden und selbst Stellung beziehen. Ja, er sieht schon etwas, aber er sieht noch nicht klar. Nur Schemen kann er erkennen, kann noch nicht unterscheiden zwischen Pflanzenwelt und Menschenwelt.

Punkt SECHS: Der halb Geheilte braucht einen zweiten Außenimpuls. Er braucht weitere Begleitung, damit er die Augen nicht wieder verschließt vor der verwirrenden Realität.

Dieser zweite Impuls ist nicht schockierend. Im Gegenteil: Er ist zärtlich. Eine sanfte Berührung. Dreimal unterstreicht der Evangelist Markus, was daraufhin geschieht: Der ehemals Blinde sieht *deutlich,* er wird *heil,* er sieht *scharf.*

Punkt SIEBEN: Die Sehnsucht und Vision der Freunde hat sich erfüllt. Die Heilung, vor kurzem noch ein schöner Traum, ist realisiert.

Punkt ACHT: Jesus gibt weitere Anweisungen und führt den Geheilten zum nächsten Schritt. Er soll nach Hause gehen, in sein vertrautes Umfeld, wo sich das Erlebte erst einmal setzen kann. Im Dorf wäre er vermutlich Objekt sensationshungriger Blicke und Fragen. Er stünde im Mittelpunkt des Interesses und könnte dabei kaum bei sich bleiben und die Heilung nachwirken lassen. Er wäre womöglich ein Held und gerade so von einer neuen, anderen Art der „Verblendung" bedroht.

Punkt NEUN: Zu Hause kann sich der Kreis schließen. Der Geheilte kann sich in das neue Leben als Sehender hineinfinden – bis eine neue Herausforderung und Aufgabe auf ihn warten. Aber davon berichtet diese Erzählung nicht mehr.

Das Neue Testament enthält auch eine Geschichte, bei der zwar eine physische Heilung stattfindet, aber der Betroffene in der Tiefe seiner Persönlichkeit zunächst unberührt bleibt:

Heilung wird erst vollständig, wenn sich die Vision vom Heilwerden erfüllt hat.

Danach war ein Fest der Juden und Jesus zog nach Jerusalem hinauf. Es gibt beim Schaftor in Jerusalem einen Teich, der heißt auf Hebräisch Bethesda und hat fünf Hallen, in welchen viele Kranke, Blinde, Lahme und Gelähmte lagen, die darauf warteten, wann sich das Wasser bewegt. Denn ein Engel fuhr ab und zu herab in den Teich und bewegte das Wasser. Wer zuerst, nachdem das Wasser bewegt worden war, hineinstieg, der wurde gesund, mit welchem Leiden er auch behaftet war. Dort war auch ein Mensch, der 38 Jahre lang krank gelegen hatte. Da Jesus ihn liegen sah und vernahm, dass er so lange gelegen hatte, spricht er zu ihm: „Willst du gesund werden?" Der Kranke antwortete ihm: „Herr, ich habe keinen Menschen, der mich, wenn das Wasser sich bewegt, in den Teich bringt; und wenn ich komme, so steigt immer schon ein anderer vor mir hinein." Jesus spricht zu ihm: „Steh auf, nimm deine Bahre und geh!" Und sofort wurde der Mensch gesund und nahm seine Bahre und ging davon.

Es war aber an diesem Tag Sabbat. Da sprachen die Juden zu dem, der geheilt worden war: „Es ist heute Sabbat; es ziemt sich nicht, die Bahre zu tragen." Er antwortete ihnen: „Der mich gesund gemacht hat, sprach zu mir: ‚Nimm deine Bahre und geh!'" Da fragten sie ihn: „Wer ist der Mensch, der zu dir gesagt hat: ‚Nimm deine Bahre und geh!'?" Der Geheilte wusste nicht, wer es war; denn Jesus war fortgegangen, da so viele Leute da waren. Später fand Jesus den Geheilten im Tempel und sprach zu ihm: „Sieh zu, du bist gesund geworden; sündige hinfort nicht mehr, damit dir

Gewohnheiten und Leiden sind bequem
und bergen einen Gewinn.
Sie entheben der Verantwortung für das Leben.

nicht etwas Ärgeres widerfahre." Der Mensch ging fort. Darum verfolgten die Juden Jesus und wollten ihn töten, weil er so etwas am Sabbat getan hatte. (Johannes 5,1-15)

Eigentlich ist dies keine Heilungsgeschichte, da der „erste Schock" zwar äußerlich wirkt, aber offenbar zu keiner tiefer gehenden Verwandlung führt. Der Gelähmte in dieser Geschichte ergreift – wie der Blinde – keinerlei Initiative. Er liegt 38 Jahre da und wartet. Worauf eigentlich? Offensichtlich muss es Menschen geben, die ihn täglich versorgen. Er selbst ist rein passiv. Er unternimmt keine ernsthaften Anstrengungen, um seine Lage zu ändern. Er bittet auch Jesus nicht um Hilfe.
Jesus ergreift die Initiative. Er stellt ihm die seltsame Frage: „Willst du gesund werden?" Ist sie wirklich seltsam? Unsere Gewohnheiten und Leiden sind ja auch bequem und bergen einen Gewinn. Die Lähmung enthebt den Kranken in der Geschichte der Verantwortung für sein Leben. Andere sind schuld, dass er leidet, andere sind schuld, dass er nicht rechtzeitig zum Teich kommt, um geheilt zu werden. Würde er geheilt, müsste er Verantwortung übernehmen für sein Leben und seine Zukunft. Deshalb ist es bezeichnend, dass der Kranke die Frage nicht beantwortet, sondern ausweicht und die Unmöglichkeit seiner Heilung unterstreicht. Sein Wille ist noch nicht geheilt. Er will lieber krank blei-

ben, da dieser Zustand vertrauter ist, als das Neue, Unbekannte anzuvisieren.
Hier verhält es sich also genau umgekehrt wie in vielen anderen Heilungsgeschichten, in denen es das Vertrauen der Kranken ist, das Jesus beeindruckt und zum Handeln inspiriert. Hier kann von solchem Vertrauen nicht die Rede sein. Da geschieht das Überraschende: Ohne jedes weitere Gespräch und ohne weiteres Nachfragen fordert Jesus den Langzeitgelähmten abrupt auf: „Steh auf, nimm deine Bahre und geh!" Leider überliefert das Johannesevangelium nicht den Tonfall dieser Aufforderung. Ich kann ihn mir durchaus autoritativ bis aggressiv vorstellen: „Heb endlich den Hintern hoch und übernimm Verantwortung für dich!" Das ist der „erste Schock", der Außenimpuls Jesu. Wie von der Tarantel gestochen springt der Gelähmte auf und tut, was Jesus ihm befohlen hat.
Die Gelegenheit, selbst den zweiten Schritt zu gehen und für die eigene Heilung Verantwortung zu übernehmen, folgt auf dem Fuß: Die Vertreter der religiösen Behörden fragen den Geheilten, weshalb er am Sabbat eine Bahre trägt, da doch das Tragen von Gegenständen am Ruhetag ausdrücklich untersagt ist. Anstatt sich zu seiner Heilung zu bekennen, schiebt er die Verantwortung auf Jesus ab. Nicht einmal seinen Namen kennt er. Er interessiert sich offensichtlich nicht für seinen Heiler, sondern wirkt fast

ärgerlich, dass ihm diese Heilung zugemutet wurde. Der Geheilte sucht Jesus auch nicht. Ist es die passive Aggressivität einer NEUN? Jesus ist es, der ausdrücklich nach ihm sucht.

Dann folgt der zweite Schock: die Aufforderung Jesu, nicht *wieder* zu sündigen. Worin bestand wohl die Sünde dieses Mannes? Nach allem, was der Evangelist mitteilt, geht es um seine Passivität und die Weigerung, das eigene Leben zu verantworten und in die Hand zu nehmen. Jesus warnt ihn vor dem Rückfall, der umso wahrscheinlicher ist, als die Heilung offensichtlich nicht der Sehnsucht und dem Antrieb des Kranken entspricht. Diese Heilung wider Willen wird vermutlich nicht lange vorhalten, wenn nicht die innere Bereitschaft geweckt wird, frei und verantwortlich zu leben. Auch hier erfahren wir den Fortgang der Geschichte nicht. Vielleicht deshalb, damit wir bewusster hinsehen, wo in unserem eigenen Leben Heilungschancen vertan oder auf halber Strecke stecken geblieben sind.

Die Leidenschaften und der Heilungsweg bei den Wüstenvätern

Oscar Ichazo ordnet wie bereits erwähnt in seinem Enneagramm der Persönlichkeit den neun Egofixierungen neun Leidenschaften zu. Sieben davon sind mit den sieben Hauptsünden identisch, die Papst Gregor der Große im 5. Jahrhundert festgelegt hat. Gregor greift dabei auf die Lehre von den acht bzw. neun Leidenschaften oder Lastern zurück, die Evagrius Pontikus (345–399), der große Seelenkenner und Schriftsteller unter den ägyptischen Wüstenmönchen, in immer wieder neuen Variationen formuliert hat. Schon der US-amerikanische Jesuit *Bob Ochs,* der erste christliche Enneagrammadept, und später auch der deutsche Benediktiner *Anselm Grün* haben die große Nähe des Persönlichkeitsenneagramms zur Lehre des Evagrius bemerkt.

Die Leidenschaftslehre der Wüstenväter und Wüstenmütter ist der vielleicht wichtigste Schlüssel zu einem vertieften spirituellen Verstehen des Enneagramms. Sie enthält wertvolle Hinweise zum Umgang mit den Leidenschaften, die an Aktualität bis heute wenig eingebüßt haben. Ihre Leitfrage lautet: Warum kommen Menschen auf ihrem spirituellen Weg zu Gott (zur „Apatheia", das heißt, zum leidenschafslosen Ruhen im Dasein) nur so mühsam voran? Was blockiert die Selbstwerdung des Menschen? Wie können wir mit diesen Stolpersteinen so umgehen, dass der Weg frei wird und das Leben wieder fließen kann?

Das Persönlichkeitsenneagramm ist nur ein Modell unter vielen und bedarf der Ergänzung durch andere Sichtweisen.

Obwohl die Wüstenväter wissen, dass unterschiedliche Menschen für unterschiedliche Leidenschaften besonders anfällig sind, entwickelt Evagrius keine geschlossene Typologie wie Ichazo, sondern ein Prozessmodell, das die Heimkehr des gefallenen Menschen zu Gott in *drei Phasen* beschreibt, die bestimmten Lebensabschnitten zugeordnet sind und zu denen jeweils *drei spezifische Leidenschaften* gehören. Es geht Evagrius um den Ganzwerdungsweg jedes Menschen, unabhängig vom typologischen Ausgangspunkt.

Evagrius ordnet seine neun Leidenschaften ähnlich wie Ichazo drei Bereichen oder „Zentren" zu, nämlich dem „begehrlichen" Teil des Menschen *(epithymia)*, der in gewisser Weise dem „Bauchzentrum" des Enneagramms entspricht, dem emotionalen Bereich *(thymos)*, der dem Herzzentrum entspricht, und dem geistigen Bereich *(nous)*, dem Kopfzentrum. Der Heilungsweg folgt einer Hierarchie: Er beginnt beim „niedrigen" begehrlichen Zentrum, durchläuft dann den emotionalen Bereich und endet im Bereich des Geistes und Bewusstseins. Allerdings verteilt Evagrius die Leidenschaften anders auf die Zentren als später Ichazo.

Das ist für Enneagrammkundige auf den ersten Blick verwirrend und verlangt von uns, dass wir uns zunächst von der gewohnten Sichtweise lösen, um einen überraschend anderen und neuen Blick auf das Phänomen der Leidenschaften werfen zu können. Unter anderem kann uns das davor bewahren, „enneagrammfixiert“ zu werden und dabei zu vergessen, dass das Persönlichkeitsenneagramm Oscar Ichazos und seiner Schüler nur ein *Modell* unter vielen ist, das seinerseits der Ergänzung durch andere Sichtweisen bedarf. So kann uns die Beschäftigung mit Evagrius einerseits vor Einseitigkeit und Engstirnigkeit bewahren und andererseits erhellen und vertiefen, was hinter dem Begriff der „Leidenschaften“ (oder „Wurzelsünden“, wie wir sie in unserem Einführungsbuch zum Enneagramm genannt haben) steckt.

Evagrius und der Ausstieg in die Wüste

Im 4. Jahrhundert ging die Christenverfolgung im Römischen Reich zu Ende. Die Kirche war trotz oder gerade wegen vieler Verfolgungen unaufhaltsam gewachsen und in der sozial und kulturell zerfallenden Spätantike zur einzigen stabilen sittlich-moralischen Gegenkultur und so paradoxerweise zur eigentlich staatstragenden Größe geworden. Der Schritt von der vermeintlich staatsfeindlichen und deshalb verfolgten Religion zur Staatsreligion war letztlich unausweichlich. Freilich büßte die Kirche nach dieser Wende schnell jene spirituelle Kraft ein, die eine

Frucht der Verfolgungszeit gewesen war. In dem Maße, in dem die vormals heidnischen Massen in die Kirche strömten und zur Verweltlichung des Christentums beitrugen, hörte sie auf, denen Heimat und Halt zu bieten, die ihren Glauben radikal und verbindlich leben wollten.

Das ist einer der Hintergründe der gewaltigen Aussteigerbewegung des frühen Wüstenmönchtums. Der ungebildete Bauernsohn Antonius hatte mit seinem spektakulären Ausbruch aus der Gesellschaft und seinem heroischen Dämonenkampf in der ägyptischen Wüste ein Fanal gesetzt. Andere taten es ihm nach und schon bald strömten Massen suchender Menschen hinaus in die Wüste, um bei den Aussteigern Orientierung und Rat zu finden. „Was soll ich tun? Sag mir ein Wort!" – so lautete die stereotype Frage und Bitte verunsicherter Seelen an die Männer und Frauen, die in der Einsamkeit und Kargheit der Wüste ein Stück vorangekommen waren auf dem inneren Weg zu Gott. Zehntausende Suchende blieben in der Wüste und siedelten in Gemeinschaften von Männern und später auch Frauen oder auch als Einsiedler mit dem Ziel, die eigene Seele zu erretten. Die Staatskirche hatte nicht mehr die Kraft, Heilsgewissheit zu vermitteln. Gelingen konnte das in der überschaubaren Gemeinschaft der radikal Suchenden in der Nähe eines erfahrenen „Abbas" oder einer „Amma".

Die meisten der ersten „Anachoreten" waren ungebildete

Heilsgewissheit kann sich nur ereignen in der Gemeinschaft radikal Suchender.

Analphabeten wie Antonius. Autodidaktisch und durch den heroischen Kampf mit den eigenen Regungen und Trieben erwarben sie jenes Erfahrungswissen und jene Weisheit, die sie qualifizierten, kompetente und unbestechliche See- lenführer zu werden. In der zweiten und dritten Generation kamen dann auch immer mehr junge Intellektuelle in die Wüste, um Gott und das eigene Seelenheil zu finden. Einer von ihnen war Evagrius Pontikus.

Das Leben des Evagrius

Evagrius wird 345 in Ibora, im Norden der heutigen Türkei, geboren. Sein Vater, von vornehmer Herkunft, ist von Basilius dem Großen (Bischof von 370–379) zum Chorbischof geweiht worden und kann es sich offenbar leisten, seinem Sohn eine umfassende philosophische, mathematische, theologische und vor allem rhetorische Bildung zukommen zu lassen. Irgendwann nimmt Basilius den jungen Evagrius als Lektor in den niederen Klerus von Caesarea auf. Basilius, sein jüngerer Bruder Gregor von Nyssa und Gregor von Nazianz, die drei „Kappadozier", sind die bedeutendsten theologischen Lehrer ihrer Zeit. Der persönlichen Begegnung mit ihnen hat Evagrius seine umfassende Bildung und seine theologische Urteilskraft zu verdanken.

Evagrius ist als der „Philosoph der Wüste“ in die Geschichte eingegangen.

Nach dem Tod des Basilius im Jahre 379 geht Evagrius zu Gregor von Nazianz nach Konstantinopel, wo er zum Diakon geweiht wird und sich als genialer Rhetoriker an der Auseinandersetzung mit der arianischen Bewegung beteiligt, die damals in der Reichshauptstadt die Übermacht hat (die Arianer leugneten die Göttlichkeit Jesu). Als Gregor 381 aufgrund belastender Intrigen sein Amt aufgibt, bleibt Evagrius in Konstantinopel und unterstützt den Nachfolgebischof Nektarios. Aber die (tatsächliche oder drohende) Liebesaffäre mit der Frau eines hohen Beamten, von der er nicht loskommt, setzt seinem unaufhaltsam scheinenden Aufstieg in der Kirche ein jähes Ende. In einem Traumgesicht sieht er, wie er von den Soldaten des Gouverneurs verhaftet wird. Ein Engel erscheint und rät ihm, Konstantinopel zu verlassen. Im Traum schwört er auf die Bibel, sein Leben zu ändern. Tatsächlich scheint ihm der gehörnte Gatte nach dem Leben zu trachten.

Der Traumschock bewegt Evagrius, nach Jerusalem zu fliehen. Dort wird ihm die später heiliggesprochene Melania, eine römische Adelige, die zusammen mit Rufin am Ölberg ein Doppelkloster gegründet hat, zur Vertrauten. Aber der „erste Schock“ von Konstantinopel und der daraus folgende Vorsatz halten nicht vor. Die alte Eitelkeit ergreift wieder Besitz von ihm. Er liebt prächtige Gewänder und den großen Auftritt – bis zum „zweiten Schock“: Eine unerklärliche, lebensbedrohliche Fieberkrankheit streckt ihn ein halbes Jahr lang nieder und macht seinen Leidenschaften den Garaus. Schließlich beichtet er seiner geistlichen Führerin Melania, dass er in seine alten Laster zurückgefallen ist, anstatt seinen Lebenswandel zu ändern, wie er es im Traum gelobt hatte. Sie nimmt ihm das Versprechen ab, ernst zu machen und Mönch zu werden, und betet für seine Genesung. Er wird in wenigen Tagen gesund, empfängt von Rufin das Mönchshabit und begibt sich im Jahre 383 in die ägyptische Wüste.

Zwei Jahre lang lebt er in Nitria südöstlich von Alexandria, danach 14 Jahre bis an sein Lebensende (399) noch einsamer in der „Kellia“, etwa 18 Kilometer weiter in der Wüste. Makarios von Ägypten und Makarios von Caesarea werden in dieser Zeit seine beiden wichtigsten geistlichen Lehrer. Von Makarios dem Ägypter wird er in das Geheimnis des kontemplativen mantrischen Gebets eingeweiht, aus dem sich später seine eigene Lehre vom „reinen“ (gegenstandslosen) Gebet entwickelt hat, eine der Hauptquellen für das spätere Herzensgebet der Ostkirche. Makarios von Caesarea verdankt er die Grundlagen der asketischen Praxis und der Auseinandersetzung mit den „Gedanken“ bzw. „Dämonen“.

Das neue Leben fällt dem gebildeten und verwöhnten Karrieristen alles andere als leicht. Dennoch harrt er aus,

schlägt das Angebot eines Bischofssitzes aus und entzieht sich diesem Ansinnen, indem er eine Zeitlang zu Melania und Rufin nach Palästina zurückkehrt. Evagrius lebt streng asketisch und fastet viel. Dabei ruiniert er seine Gesundheit so sehr, dass er in späteren Jahren auf Befehl der Mönchsältesten seine Askese lockern muss. Er schläft nur vier Stunden pro Nacht und erlegt sich harte Bußübungen auf. Ganz im Gegensatz dazu geht er überaus mitfühlend mit seinen Schülern um, die sich am Wochenende in seinem geräumigen Haus zur Gruppenseelsorge und in schwierigeren Fällen zur Einzelbegleitung zu versammeln pflegen. Gerühmt werden seine herzliche und durch großzügige Spenden mögliche Gastfreundschaft und seine Sanftmut, die ihm als höchste aller Tugenden gilt.
Die eigene Meditation und Selbsterforschung während der Woche, die regelmäßige Begleitung durch einen anderen erfahrenen Mönchsvater und der tiefe Einblick in die Herzen seiner Mitbrüder im Rahmen der geistlichen Begleitung haben aus ihm jenen profunden Kenner der Menschenseele gemacht, dessen Einsichten bis heute brisant sind.
Die gebündelten und reflektierten Selbst- und Fremderfahrungen sind Grundlage seiner zahlreichen Schriften, die eine glückliche Synthese von solidem theologischen Denken und einem tiefen und nüchternen Blick in die Regungen und Abgründe der menschlichen Seele darstel-

*Die Schöpfung ist und bleibt gut;
der Mensch ist und bleibt Gottes Ebenbild.
Das Böse hat kein eigenes Sein
und ist deshalb auch nicht ewig.*

len. Sie richten sich vor allem an junge Mönche, die nach praktischer Wegweisung für das geistliche Leben suchen. Evagrius ist als der „Philosoph der Wüste“ in die Geschichte eingegangen. Zu seiner Zeit wird unter Philosophie allerdings nicht das Errichten abstrakter Denkgebäude, sondern die geglückte Einheit von Gotteserkenntnis und Lebensvollzug verstanden. Das Ziel seiner Lebensphilosophie ist therapeutisch; sie will die Menschen von der falschen, narzisstischen Selbstliebe heilen, damit sie wahrhaft liebesfähig und „gottfähig“ (Gabriel Bunge) werden. Dabei ist seine Sicht letztlich nicht dualistisch. Die Schöpfung ist und bleibt gut; der Mensch ist und bleibt Gottes Ebenbild. Das Böse hat kein eigenes Sein und ist deshalb auch nicht ewig.
Gegen Ende seines Lebens hat Evagrius regen Kontakt mit zahlreichen Mönchen, die nach 399 in die „origenistische Kontroverse“ verwickelt und aus der nitrischen Wüste vertrieben werden. Der Tod des Evagrius im Jahre 399 erspart ihm selbst dieses Schicksal. Posthum wird er allerdings im Jahre 553 auf dem Konzil von Konstantinopel neben Origenes als Häretiker verurteilt. Drei spätere Konzile wiederholen den Verdammungsspruch, dessen verwickelte Begründung heute kaum noch nachvollziehbar ist.

Dämonen – Gedanken – Leidenschaften – Laster

Die Lehre von den menschlichen Leidenschaften, die Eva-
238 grius in mehreren Schriften entfaltet, knüpft an die neutes-
tamentliche Dämonenlehre an. Jesus war Exorzist. Er hat
Menschen, die von einem lebenszerstörenden „Geist“ be-
setzt waren, durch sein gebietendes Wort von psychischen
Gebundenheiten und Zwängen befreit und auch seine Jün-
ger ausdrücklich angewiesen, die „unsauberen Geister“
(Matthäus 10,1) auszutreiben, was nur durch „Fasten und
Beten“ möglich sei (Matthäus 17,21). Im Epheserbrief ist
davon die Rede, dass wir nicht „gegen Fleisch und Blut“
kämpfen, sondern gegen die „bösen Geister in der Luft“
(Epheser 6,12). Das Böse liegt gleichsam „in der Luft“ und
will sich materialisieren; es braucht einen irdischen Wirt,
bei dem es parasitär andocken kann, weil es kein eigenes
Sein hat. In den synoptischen Evangelien erlaubt Jesus den
Dämonen von Gerasa, die sich „Legion“ nennen und einen
Menschen besetzt haben (er ist offensichtlich Symptom-
träger der Leiden, die die römische Besatzung des Mittel-
meerraums durch die römischen Legionen verursacht!), in
eine Herde von Schweinen zu fahren.

„Dämonen“ sind der personifizierte bildhafte Ausdruck für Automatismen, Zwänge, Neurosen und Komplexe, die sich in den menschlichen Synapsen festsetzen und sie so

„Dämonen" sind der personifizierte bildhafte Ausdruck für Automatismen, Zwänge, Neurosen und Komplexe.

blockieren, dass der „Besetzte" nicht mehr Herr im eigenen Haus ist. Sie haben wie gesagt kein eigenes Sein, sondern ergreifen Besitz von Seelen, die von Natur aus von Gott geschaffen und deshalb gut und gesund sind. Selbst die Dämonen sind nicht „an und für sich" böse, aber sie sind fehlgeleitet und handeln entgegen ihrer Bestimmung. Sie können sich vor allem da festsetzen, wo durch seelische Vorschädigungen ein Vakuum entstanden ist, das dazu einlädt, besetzt und ausgefüllt zu werden, wenn der Mensch ihre Versuchungen nicht zurückweist. Die vorgeschädigte Seele ist aber häufig nicht in der Lage, diesen Widerstand aufzubringen.

Die Rede von den Dämonen ist krass bildhaft, personifizierend und mythologisch. Dennoch hat sie den Vorteil, dass die „besetzte" Person und/oder der Heiler mit der besetzenden Energie in Dialog treten und ihr einen Namen geben können. Jede Krankheit und jedes psychische Leiden hat einen „Geist", den „Geist der Traurigkeit", den „Geist der Verlassenheit", den „Geist des Grolls". Ihn zu suchen, zu benennen und zu befragen kann ein wesentlicher Schritt auf dem Weg zur Lösung sein. Es ist der „Rumpelstilzchen-Effekt": In dem Augenblick, in dem der Name des Kobolds ausgesprochen wird, ist seine Macht gebrochen („Das hat dir der Teufel gesagt!"). Jesus hat die Dämonen gefragt: „Wie heißt du?" Dadurch kommt es zu einer heilsamen Un-

Die Unterscheidung zwischen dem Kranken und der Krankheit, zwischen dem Besetzenden und dem Besetzten ist heilsam.

terscheidung zwischen dem Kranken und der Krankheit, zwischen dem *Besetzenden* und dem *Besetzten*. Die subjektiv erfahrene Wirklichkeit des Besetztseins wird dabei ernst genommen. Gerade dadurch wird Desidentifikation möglich. C. G. Jung sagt: „Wirklich ist, was wirkt!"

Bei vertiefenden Enneagrammseminaren zum Thema „Meine dunkle Seite annehmen" bitten wir die Teilnehmenden, einen Dialog mit ihrer personifizierten „Wurzelsünde" bzw. „Leidenschaft" aufzuschreiben. In neun musterspezifischen Kleingruppen tauschen sie sich dann aus und berichten oft von erstaunlichen Erfahrungen. Gerade die liebevolle Annahme der Leidenschaft kann zu einer heilsamen Nicht-Identifikation führen: Ich *habe* diese Leidenschaft. Aber ich *bin* sie nicht.

In nicht-mythologischer, theologischer Sprache kann man – weniger konkret als in der Dämonologie – von dem Geheimnis des Bösen sprechen, das zugleich personal als auch überpersonal zu sein scheint und nach uns Menschen greift. Die Vaterunser-Bitte „Erlöse uns von dem Bösen" ist im Deutschen wie im griechischen Urtext doppeldeutig und lässt offen, ob es „das Böse" oder „der Böse" ist, von dem die Betenden erlöst werden wollen. Die medizinische Fachsprache, die in diesem Zusammenhang von Komplexen, Zwängen und Neurosen oder Psychosen spricht, hat den Vorteil, dass sie die Zusammenhänge versachlicht. Nachteilig ist, dass sie in ihrer kühlen Sachlichkeit die subjektive Erfahrung der Erkrankten nicht wirklich trifft, wie schon C. G. Jung angemerkt hat.

Das Bild des Menschen als „Wirtshaus der Dämonen“ liegt auch jener biblischen Textstelle zugrunde, auf die sich Evagrius bei seiner Lehre von den acht Leidenschaften bezieht:

> Wenn ein böser Geist einen Menschen verlässt, schweift er über ödes Land und sucht einen Ruheplatz. Wenn er keinen findet, beschließt er: Ich will in das Haus zurückkehren, das ich verlassen habe! Er kehrt zurück und findet das Haus leer und geputzt vor. Er kommt und bringt sieben andere Geister mit, die noch schlimmer sind als er, und sie ziehen ein und nehmen Wohnung. So befindet sich der Mensch am Ende in einem schlimmeren Zustand als zuvor. (Matthäus 12,43-45)

Der erst ausgetriebene und dann heimkehrende Dämon ist in der Acht-Laster-Lehre des Evagrius die „Völlerei“. Sie zieht sieben andere, nämlich Unzucht und Habsucht, Traurigkeit, Zorn und Trägheit, Eitelkeit und Hochmut nach sich.

In seiner kurzen Schrift „De vitiis quae opposita sunt virtutibus“ (Die Laster, die den Tugenden entgegenstehen) folgt Evagrius überraschenderweise einem anderen Schema und benennt nunmehr *neun* Laster, was im Zusammenhang mit dem Enneagramm natürlich besonders interessant und erhellend ist.

242 Hintergrund dieser Schrift ist Evagrius' Vorstellung vom Wesen und Fall des Menschen und von seiner Heimkehr zu Gott. Der ursprüngliche Mensch ist ein Geistwesen und lebt in völliger, nicht-dualistischer Einheit mit dem dreieinigen Gott, der ebenfalls Geist ist. Der „Sündenfall" besteht darin, dass sich der Mensch aufgrund seines freien Willens und motiviert vom Dämon des Hochmuts geistig von Gott löst. Bei diesem Vorgang entsteht die emotional erregbare Seele, die sich schließlich im begehrenden Leib verkörpert. Ausgangspunkt des Falls ist also der Geist *(nous);* der Abstieg verläuft über das emotionale Zentrum des Menschen *(thymos)* zum physisch-begehrlichen Bereich *(epithymia).* Diese Dreiteilung des Menschen in Leib, Seele und Geist ist in der griechischen Philosophie gang und gäbe; wir finden sie im Zusammenhang mit dem Enneagramm in den drei Zentren bei Gurdjieff und Ichazo wieder. Nach Evagrius sind jedem dieser drei Zentren je drei „Gedanken" und die daraus resultierenden Leidenschaften und Laster zugeordnet, die durch Dämonen ausgelöst werden: Dem *nous* ordnet er Hochmut, Neid und Selbstruhm zu, dem *thymos* Antriebslosigkeit, Zorn und Traurigkeit, der *epithymia* Habsucht, Unzucht und Völlerei.

Den Anflug der Gedanken können wir nicht aufhalten, aber wir können ihnen widersprechen, wenn sie sich unserer Gefühle und unseres Körpers bemächtigen wollen.

Die Dämonen sind also überindividuelle Energien, die zunächst im Geist des Menschen andocken und dort neun spezifische Gedanken *(logismoi)* generieren. Schon Paulus kennt diese Vorstellung: „Die Waffen, die wir ... einsetzen, sind nicht irdisch, aber sie haben durch Gott die Macht, Festungen zu schleifen; mit ihnen reißen wir alle hohen Gedankengebäude (logismoi) ein, die sich gegen die Erkenntnis Gottes auftürmen" (2. Korinther 10,4f). An und für sich sind Gedanken gute und produktive Manifestationen der Seele. Wir können von göttlichen Gedanken, Gedanken des eigenen Willens und von natürlichen Gedanken (wie Elternliebe) positiv motiviert werden und mit ihrer Hilfe den dämonischen Einflüsterungen widerstehen. Erst wenn die *logismoi* von Dämonen besetzt sind und sich emotional aufladen, werden sie zu Leidenschaften, die die Laster gebären. Den Anflug der Gedanken können wir nicht aufhalten, aber wir können ihnen widersprechen, wenn sie sich unserer Gefühle und unseres Körpers bemächtigen wollen.

Evagrius kann alle vier Begriffe (Dämonen, Gedanken, Leidenschaften, Laster) geradezu synonym benutzen. Am häufigsten allerdings taucht der Begriff „Gedanken" auf. Die sorgfältige Beobachtung der eigenen Gedanken – der Abfall von Gott beginnt im Kopf – ist für ihn der sicherste Weg, um den Dämonen auf die Schliche zu kommen und sie zu

Leidenschaften sind an und für sich gute Kräfte, die erst durch die dämonische Aufladung Leiden schaffen und (selbst)zerstörerisch wirken.

besiegen, bevor die ganze Person von der Leidenschaft besetzt ist.

Auch die Leidenschaften sind an und für sich gute bzw. neutrale Kräfte, die erst durch die dämonische Aufladung Leiden schaffen und (selbst)zerstörerisch wirken. Sie sind nicht ausrottbar, deshalb bedürfen sie der Kultivierung. Wenn wir recht mit ihnen umgehen, müssen sie dem Leben dienen.

Leib – Seele – Geist: Der Aufstieg zu Gott

Die Wüstenväter wissen aus eigener Erfahrung und aus der Seelsorge, dass jeder Mensch für spezifische Gedanken und Leidenschaften besonders anfällig ist. So sagt *Abbas Matoe:* „Der Satan weiß nicht, durch welche Leidenschaft die Seele unterliegt. Er sät, aber er weiß nicht, ob er auch ernten wird. Die einen durch Unkeuschheit, die anderen durch ehrabschneiderische Gedanken und so steht es auch mit den übrigen Leidenschaften. Wenn er sieht, zu welcher Leidenschaft eine Seele hinneigt, so macht er aus ihr den Führer." Dennoch entwickelt Evagrius anhand der „Haupt- und Lieblingslaster" keine Typologie wie das Enneagramm, sondern verfolgt einen anderen Ansatz. Ihm geht es um den *Prozess* der Heimkehr des Menschen zu Gott.

Dieser Rückweg bzw. Aufstieg verläuft in umgekehrter Reihenfolge wie der Fall bzw. Abstieg. Er beginnt auf der *physisch-begehrlichen Ebene* und bei den dort angesiedelten Leidenschaften und führt über den *emotionalen* zum *geistigen* Bereich. Bei diesem Prozess kann man den zweiten Schritt nicht vor dem ersten tun; in unterschiedlichen Lebens- und Reifungsphasen sind unterschiedliche Lebensbereiche und -aufgaben virulent. Der junge Mönch muss sich zunächst mit den Begierden des Leibes auseinandersetzen (Völlerei, Unzucht, Habsucht). Ab der Lebensmitte stehen die seelischen Anfechtungen (Traurigkeit, Zorn, Antriebslosigkeit) im Mittelpunkt (was freilich nicht heißt, dass die Herausforderungen des Leibes ein für alle Mal „erledigt" sind). Und im Alter sind die Geisteslaster (Selbstruhm, Neid, Stolz) besonders virulent; sie gefährden besonders diejenigen, die die vorherigen spirituellen Aufgaben mit einer gewissen Bravour bewältigt haben, sie sich aber selbst zuschreiben, anstatt sich vor Gott zu demütigen.

In der erwähnten Schrift „De vitiis quae opposita virtutibus" stellt Evagrius die neun Laster nebst den ihnen jeweils entgegengesetzten Tugenden dar. Dabei geht er den Weg von unten nach oben, von den Lastern der leiblichen Begierde über die Anfechtungen des Gemüts zu den geistigen Sünden. Die leiblichen und seelischen Leidenschaften teilen wir mit der Tierwelt; die geistigen Laster kennt nur der Mensch. Das dem Geist zugeordnete Bewusstsein ist es auch, das schließlich das Steuer über die Begierden und Emotionen übernehmen muss. Das „reine Gebet“, das zur Gottesschau führt, ist im geistigen Bereich angesiedelt. Kontemplation ist „apatheia“ (Leidenschaftslosigkeit). Diese Reihenfolge ist wesentlicher Teil von Evagrius' Erlösungslehre.

Bis in den Protestantismus hinein setzt sich allmählich die Einsicht durch, dass geistliche Übung ganzheitlich ist und mit dem *Körper* steht und fällt, weil „der Leib der Tempel des Heiligen Geistes“ ist (1. Korinther 2,16). Das rechte Sitzen und Gehen und das rechte Atmen sind Voraussetzung dafür, dass sich Emotionen klären können und tiefere geistliche Erfahrungen möglich sind. Gottes Gnade ist zwar theoretisch fähig, all dies zu überspringen; aber die Erfahrung zeigt, dass der Geist Gottes in der Regel *mit* der Natur arbeitet und nicht auf einem Sonderweg. Die Denaturierung des modernen Großstadtmenschen, der den Kontakt mit der Schöpfung und mit der eigenen Geschöpflichkeit und Leiblichkeit verloren hat, ist eine immense spirituelle Blockade. „Alle Wege Gottes enden in der Leiblichkeit“, sagt der pietistische Mystiker Friedrich Christoph Oetinger. In der spirituellen Erzählung „Das Herzensgebet“ von *Jean-Yves Leloup* wird geschildert, wie der alte Athosmönch und *Starez* (Seelenführer) Seraphim einen jungen französischen

Die Denaturierung des modernen Menschen, der den Kontakt mit der eigenen Leiblichkeit verloren hat, ist eine immense spirituelle Blockade.

Studenten in die Tiefe des kontemplativen Gebets initiiert. Der Mönch lässt seinen Adepten zunächst meditieren wie ein Berg, sodann wie eine Mohnblume, dann wie der Ozean, dann wie ein Vogel. Dazu schreibt der Autor:

Die alten Mönche waren wirkliche „Therapeuten“ … Bevor sie zur Erleuchtung führten, mussten sie die Natur heilen, sie bestens vorbereiten, damit sie die Gnade empfangen kann, die der Natur nicht widerspricht, sondern sie erneuert und vollendet. Nichts anderes tat der alte Starez mit dem jungen Philosophen, als er ihm eine Meditationsmethode zeigte, die manche „rein natürlich“ nennen möchten. Berg, Mohn, Ozean, Vogel, Elemente der Natur, die den Menschen daran erinnern, dass er die verschiedenen Seinsebenen, die verschiedenen Bereiche, die den Makrokosmos bilden, erneut durchlaufen muss, bevor er weiter geht: die mineralische Ebene, die vegetative und animalische Ebene. Häufig hat der Mensch den Kontakt mit dem Kosmos, dem Felsen, den Tieren verloren. Die Folgen sind alle möglichen Beschwerden, Krankheiten, Ungeborgenheit, Angst. Er fühlt sich überflüssig, der Welt entfremdet. (Leloup, 12)

Auch Evagrius geht davon aus, dass die Heilung mit der Natur und mit der Leiblichkeit beginnt. Der Umgang mit Nahrungs- und Genussmitteln, Sexualität und Besitz muss geordnet sein, bevor tiefere Lebensthemen produktiv be-

Heutige Menschen stehen vor der spirituellen Herausforderung, ihren persönlichen Weg zwischen Askese und dem gängigen Libertinismus selbständig suchen zu müssen.

arbeitet werden können. Völlerei (Konsum als Sinnersatz), Unzucht (Sex als Liebesersatz) und Habgier (materielles Zustopfen des spirituellen Vakuums) sind die drei Grundblockaden, denen sich der Novize stellen muss, wenn er spirituell erwachsen werden will. Strenges Fasten, sexuelle Enthaltsamkeit und Almosengeben sind für junge Wüstenmönche das probate Mittel, um den Fesseln der leiblichen Begierden zu entrinnen.

Diese praktisch ausschließlich auf Askese und Triebverzicht aufbauende „Therapie“ lässt sich freilich nicht in unsere heutige Lebenswelt übertragen. Im frühen Mönchtum wurde Integration häufig mit „Abtötung“ verwechselt. Aber die Themen, um die es geht, sind so aktuell und brisant wie damals. Denn die Laster, die die Menschheit bedrängen und das Leben zerstören, sind überall und immer dieselben, auch wenn sie sich für einen Wüstenmönch anders manifestieren als für einen modernen Weltmenschen. Der Mönch, der viele irdische Stimulanzen hinter sich gelassen hat, muss sich mit den Leidenschaften auf der Ebene der Gedanken und Fantasien auseinandersetzen. Er geht gleichsam mit Christus in die Wüste, um dort dem Versucher nackt gegenüberzutreten (Bunge). Heutige Menschen stehen vor der spirituellen Herausforderung, ihren persönlichen „dritten“ Weg zwischen Askese und dem gängigen Libertinismus selbständig suchen zu müssen. Die Flut der Sinnesreize ist allgegenwärtig und per Mausklick zu haben. Diese Aufgabe ist in gewisser Weise noch herausfordernder als es der rein asketische und zum Teil lebens- und leibfeindliche Weg der frühen Mönche. Wie und was konsumieren? Wie umgehen mit Sexualität und Eros? Und wie mit dem „Mammon" in einer Welt, in der wenige viel besitzen und viele fast nichts und in der fast alles zur Ware geworden ist?

Die drei Laster des leiblich-begehrlichen Bereichs

Evagrius ordnet die Leidenschaften wie erwähnt den drei Zentren Leib, Seele und Geist unter anderen Gesichtspunkten zu als das Enneagramm. Völlerei (SIEBEN) und Habsucht (FÜNF) werden im Enneagramm dem Kopfzentrum zugerechnet, weil das Enneagramm in diesem Zusammenhang bei dem geistigen Konzept hinter der Leidenschaft ansetzt. Der maßlose Mensch (SIEBEN) wird von der fixen Idee getrieben, mehr sei besser, der Geizhals (FÜNF) von dem Zwangsgedanken, man müsse einen Vorrat an Wissen und Waren horten, um zu überleben. Evagrius hingegen ordnet die beiden Laster dem leiblich-kreatürlichen Bereich zu, der eher dem „Bauch" entspricht, weil es in beiden Fällen um materiell-körperliche Begierden geht. Die Unzucht allerdings wird von Evagrius wie vom Enneagramm dem „begehrlichen“ Teil der Seele („Bauch“) zugerechnet. Völlerei, Unzucht und Habgier sind nach Evagrius die drei Leidenschaften der leiblich-begehrlichen Sphäre, die zu Beginn des spirituellen Prozesses bearbeitet werden müssen.

KONSUM: *Völlerei* hatte für den karg und asketisch lebenden Mönch eine andere Konnotation als für uns. Sie manifestierte sich in der Angst, vor lauter Askese und Konsumverzicht krank zu werden. Die Fantasie eines reich gedeckten Tischs wurde zur spirituellen Anfechtung.
Für uns Heutige stellt sich die Frage anders, jedenfalls im reichen Westen, wo wir in der Regel eher mit den Pfunden kämpfen als um das Lebensnotwendige. Konsumzwänge (Genussmittel, Drogen und andere stoffgebundene Süchte) einerseits und die vielfachen Essstörungen unserer Zeit, gerade bei jungen Menschen, beweisen, dass das Problem des oralen Konsums als Sinnersatz virulent ist. Evagrius empfiehlt Abstinenz und Konsumverzicht als Gegenmittel. Immer mehr Menschen entdecken heute die reinigende und heilende Kraft des *Fastens.* Es entschlackt den Körper und kann seelisch-geistliche Prozesse fördern. Nach einer Periode des Fastens lassen sich die Ernährungsgewohnheiten leichter umstellen. Fasten ist auch ein Akt der Solida-

Konsumzwänge, stoffgebundene Süchte und die vielfachen Essstörungen unserer Zeit beweisen, dass das Problem des oralen Konsums als Sinnersatz virulent ist.

rität mit denen, die unfreiwillig hungern. Das Geld, das bei einer Fastenkur eingespart wird, kann man denen zukommen lassen, denen das Nötigste fehlt.

In diesen Bereich gehört heute auch die ethische Frage nach dem „Was" des Konsums. Woher kommen die Produkte, die wir genießen? Unter welchen Bedingungen für Mensch und Umwelt werden sie erzeugt? Welche Schadstoffe enthalten sie? Wie steht es mit dem Fleischkonsum angesichts der gängigen Tierhaltung? Das wachsende Bewusstsein für fairen Handel und biologischen Landbau hat auch eine spirituelle Qualität. Es ist nicht verwunderlich, dass gerade das Konsumthema schon für Evagrius Einstieg in umfassendere spirituelle Fragestellungen ist und dass bei ihm der spirituelle Heilungsweg mit verändertem oralen Konsum beginnt.

SEX: Auch wenn das Wort *Unzucht* seit der sexuellen Revolution verstaubt klingt, wir den heroischen Triebverzicht im Mönchtum als neurotisch belächeln und dem Zölibat skeptisch gegenüberstehen – die spirituelle Aufgabe, mit den Kräften des Eros achtsam umzugehen, um nicht andere und sich selbst zu verletzen oder zu zerstören, ist mitnichten überholt. Sexuelle Wunden können sehr tief sein. Solche Traumata zu heilen ist langwierig und schmerzhaft. Eine gigantische Pornoindustrie vermarktet heute eine see-

Der Eros ist eine wesentliche Quelle für eine lebendige Spiritualität.

lenlose Sexualität als Ware (die US-amerikanische Pornobranche macht mehr Umsatz als Hollywood!). Das Ausmaß und die verheerenden Folgen von sexuellem Missbrauch in Elternhäusern, Nachbarschaft, Schule, Sportvereinen und Kirche, lange verdrängt und verschleiert, kommen erst allmählich ans Licht; sexuelle Belästigung am Arbeitsplatz ist kein Kavaliersdelikt. Der brutale Schwarzmarkt der Zwangsprostitution zerstört junge Frauen und Männer physisch und psychisch. Das alles ist nicht nur ein individuelles, sondern ein gesamtgesellschaftliches Problem und vermutlich ist erst die Spitze des Eisbergs sichtbar. Mit der Sexualität ist es wie mit der Religion: Sie kann zum höchsten Glück führen oder – wenn sie missbraucht wird – schwerste Schäden verursachen.

Spiritualität und Sexualität sind keineswegs Feinde! Der Eros ist eine wesentliche Quelle für eine lebendige Spiritualität. Das vor Erotik knisternde Hohelied Salomos hat seinen Platz im Kanon der Heiligen Schrift gefunden, wenn auch vielleicht nur, weil es sich auf die intime „Liebesaffäre“ der Seele mit Gott umdeuten ließ. Aber selbst das würde beweisen, dass die erotische Liebe durchaus gleichnisfähig ist für die Gottesliebe und dass sich beide aus derselben Quelle speisen. Die glutvolle sufistische Mystik eines Rumi oder die Brautmystik des deutschen Mittelalters bedient sich ebenfalls einer unzensierten erotischen

Sprache, um die Vereinigung von Mensch und Gott zu beschreiben und zu feiern. Religion ist auf die Kräfte der Ekstase und der Hingabe angewiesen, um nicht trocken, dogmatisch und leblos zu werden. Selbstüberschreitung, Hingabe und Ekstase sind nicht möglich, wenn die Sexualität unterdrückt oder abgespalten wird. Im Eros wie in der Spiritualität geht es um die Vereinigung der Gegensätze.

Die weitgehend noch ausstehende Versöhnung von Spiritualität und Sexualität ist allerdings weder durch Askese zu erreichen noch durch ihr Gegenteil, den Libertinismus und die Promiskuität. Ebenso wie der Asketizismus vieler religiöser Richtungen birgt auch der Libertinismus unserer Gesellschaft nach der sexuellen Revolution der 70er und 80er Jahre die Gefahr, die Sexualität abzuspalten. Wir werden von der Werbung und den Medien mit erotischer Stimulierung überschwemmt, ob wir wollen oder nicht. Die einschlägigen Angebote, die das Internet macht, bedienen und fördern Suchtverhalten. Sie versprechen schnelle Intimität, beschädigen aber in Wirklichkeit echte Liebes- und Beziehungsfähigkeit.

Evagrius selbst hatte zeitlebens mit sexuellen Fantasien und Anfechtungen zu kämpfen, er erlebte sie als immenses Gebetshindernis. Tagelang stellte er sich in kaltes Wasser, um seinen „unkeuschen Impulsen“ Einhalt zu gebieten. Ziel war dabei eher die Abtötung als die Integration der Sexualität. Evagrius empfiehlt völlige sexuelle Enthaltsamkeit. Das ist ein Weg, zu dem heute wenige Menschen fähig oder berufen sind. Dennoch: Spirituelle Reifung ohne Phasen der Enthaltsamkeit und ohne achtsamen Umgang mit eigener und fremder Sexualität ist auch heute nicht möglich. Den Weg zwischen Verklemmtheit und abgespaltenem sexuellem Konsum zu finden ist mühsam und es gibt kaum Rezepte oder überzeugende spirituelle Begleiter, bei denen Sexualität und Religion versöhnt sind. Die meisten religiösen Traditionen, westliche wie östliche, sind *de facto* leibfeindlich und sexualfeindlich. Auch die meisten spirituellen Schulen – abgesehen vom indischen Tantrismus – behandeln die Sexualität eher als Feindin denn als Freundin des Gebets. „Der spirituell entwickelte Mensch bedarf der Sexualität nicht mehr“, so lautet ein verbreitetes, wenn auch meist ungeschriebenes „spirituelles“ Gesetz. Das hängt vermutlich damit zusammen, dass es bei der Spiritualität wie bei der Religion um Ganzheitserfahrung, um Vereinigung und um die Liebe geht und dadurch eine Art Konkurrenz zur Sexualität entsteht. Die Auseinandersetzung mit der Sexualität siedelt Evagrius beim spirituellen Reifungsprozess sehr früh an, weil seiner Erfahrung nach erotische Unordnung viele andere Formen der Unordnung nach sich zieht. Die scheinbare Enttabuisierung der Sexualität in unserer Zeit hat bisher nicht wirklich zu einer

Spirituelle Reifung ohne Phasen der Enthaltsamkeit und ohne achtsamen Umgang mit eigener und fremder Sexualität ist nicht möglich.

Kultivierung ganzheitlicher und achtsamer Erotik geführt, die die seelischen und spirituellen Dimensionen des Sexus auslotet und ihnen eine überzeugende Gestalt gibt. Die Suche nach der Versöhnung von Spiritualität und Sexualität im Spannungsfeld von religiös-spiritueller Leibfeindlichkeit und postmodernem Körperkult ist eine entscheidende und unerledigte Aufgabe, bei der es wohl nicht ohne Versuch und Irrtum abgeht.

MAMMON: Die *Habsucht* ist als ideologischer Motor des globalisierten neoliberalen Kapitalismus Hauptursache der Zerstörung unserer Umwelt und der himmelschreiend ungerechten Verteilung der Güter dieser Erde. Auch die Kirchen und ihre Funktionäre sind oft mehr mit Finanzen, Besitzstandswahrung und profitabler Anlage der Kirchensteuereinnahmen beschäftigt als damit, der Armut Jesu nachzufolgen oder zumindest die klare biblische Option für die Armen ernst zu nehmen. Selbst „religiöse" Menschen sind Schnäppchenjäger und verschließen die Augen vor den Arbeitsbedingungen derjenigen, die um unseres Wohlstands willen am Rande der Verelendung leben. Wir versuchen, Gott zu dienen *und* dem ungerechten Dämon Mammon, was Jesus zufolge unmöglich ist (Matthäus 6,24). Jesus warnt unaufhörlich vor den Gefahren des Reichtums: „Sammelt euch keine Schätze auf Erden, wo

Die Frage, wie die Güter der Erde verteilt werden, ist eine zutiefst spirituelle Frage.

Motte und Wurm sie zerstören und Diebe einbrechen und sie stehlen können. Sondern sammelt euch Schätze im Himmel ... Denn wo dein Schatz ist, da ist auch dein Herz"
 (Matthäus 6,19-21).

Evagrius schildert die Freiheit vom Materialismus unter anderem als „Entwurzelung des Neids", „Frucht der Liebe", „sorglosen Himmel", „Sonne ohne Schatten". Er erzählt die Geschichte von einem Wüstenmönch, die an die radikale Armut eines Franz von Assisi erinnert: „Einer der Brüder besaß einzig ein Evangelium und nachdem er es verkauft hatte, gab er (den Erlös) zur Speisung der Hungernden, indem er folgenden, des Gedenkens würdigen Ausspruch tat: Ich habe das Wort selbst verkauft, das mir sagt: Verkaufe deinen Besitz und gib (den Erlös) den Armen" (Matthäus 19,21; vgl. Bunge, Akedia 26).

Gerade das Problem der Habgier zeigt, dass wir nicht nur als Individuen, sondern auch kollektiv und als Teil der Gesellschaft im Banne mächtiger Gedanken, Dogmen und Sachzwänge stehen. Es gibt so etwas wie „strukturelle Sünde", an der wir partizipieren, ob wir wollen oder nicht. Bankenzusammenbrüche und astronomische Managerabfindungen sind Symptome dieses blinden Geldvermehrungswahns. Es wäre naiv anzunehmen, dass wir uns den weltbeherrschenden Mechanismen der Börse, der Zinswirtschaft und des Kapitalismus, die den Profit über den Menschen stellen, im

Alleingang entziehen könnten. Dennoch sind persönlicher Konsumverzicht bzw. bewusster Konsum ein Einstieg in den Umstieg und „Almosengeben" (gezieltes Teilen mit den Armen, Abgabe des „Zehnten") der Beginn der Heilung: „Brich den Hungrigen dein Brot und nimm die Obdachlosen in deinem Haus auf; wenn du einen nackt siehst, kleide ihn. Entzieh dich nicht deinem Fleisch und Blut! Dann wird dein Licht hervorbrechen wie die Morgenröte und deine eigenen Wunden werden schnell heilen" (Jesaja 58,7f).

Darüber hinaus aber brauchen wir im Kampf gegen eine Form der Globalisierung, von der nur wenige auf Kosten der anderen profitieren, Verbündete. Immer mehr Menschen – religiöse und nicht religiöse – arbeiten daran, Alternativen zur derzeitigen Geldwirtschaft zu durchdenken und im Kleinen zu erproben (Regionalwährungen, ethische Geldanlagen usw.). Die Frage, wie die Güter der Erde verteilt werden, ist nicht nur eine wirtschaftspolitische, sondern eine zutiefst spirituelle Frage. Spiritualität ist mehr als Schweigemeditation im idyllischen Besinnungshaus mit Einzelzimmer und Nasszelle. Wenn der Glaube praktisch wird, hat das immer etwas mit Schritten zu einem neuen Lebensstil tun, der darauf zielt, dass alle genug haben und die Schöpfung bewahrt und geheilt wird. Dazu gehört auch der Weg nach unten, die konkrete Begegnung mit Menschen, die zu den Verlierern des Systems gehören.

Die drei psychischen Herausforderungen der Lebensmitte

258 Die Leidenschaften des emotionalen Bereichs sind ganz anderer Natur als die „fleischlichen" Laster. Erstere können nach Meinung des Evagrius durch Askese relativ leicht gebändigt oder geheilt werden. Letztere sind viel komplexer und bedürfen der langen und liebevollen therapeutischen Begleitung. Sie entstehen ja nicht aus (fehlgeleiteten) leiblichen Bedürfnissen, sondern vor allem aus unseren zwischenmenschlichen Beziehungen. Die Wüstenväter verstanden sich als Therapeuten in der Nachfolge Jesu. Jesus hat Dämonen ausgetrieben, Sünden vergeben und Kranke geheilt. Der Umgang mit psychischen Anfechtungen bedarf in besonderem Maße der therapeutischen Kompetenz und der therapeutischen Beziehung. Nach Evagrius treten die psychischen Probleme, die er der „erregbaren Seele" zuordnet, verstärkt in der Lebensmitte in Erscheinung. Es handelt sich um die Traurigkeit, den Zorn und die Trägheit.

DEPRESSION: Nach Evagrius wird die *Traurigkeit* dadurch ausgelöst, dass elementare Bedürfnisse nicht befriedigt werden. Beim Mönch kann sie zum Beispiel aus der nostalgischen Erinnerung an das frühere Weltleben entstehen, das er ein- für allemal aufgegeben hat und das nie wieder-

Echte Trauer verarbeitet Verlusterfahrungen, um das Verlorene loszulassen und so den Weg frei zu machen für Neues.

kommen wird. Die Traurigkeit wird zum Selbstmitleid oder zur Melancholie, jener traurig-süßen Nostalgie, die das Gute in der Vergangenheit (oder in der Ferne) sucht anstatt in der Gegenwart, die als defizitär empfunden wird (im Enneagramm ein Grundcharakterzug der VIER, die beide Leidenschaften, Trauer und Neid, in sich vereint).

Paulus unterscheidet zwei Arten von Traurigkeit, die „göttliche" und die „weltliche": „Die göttliche Traurigkeit verursacht eine Sinnesänderung (Reue), die niemand bereuen braucht, weil sie Heil wirkt; die weltliche Traurigkeit aber führt zum Tod" (2. Korinther 7,10). Auch Evagrius unterscheidet die selbstverliebte und selbstmitleidige Traurigkeit *(lype)* von der echten, göttlichen Trauer *(penthos)*. Die falsche Trauer kreist in einer Abwärtsspirale um das eigene Ego. Die echte Trauer *verarbeitet* Verlusterfahrungen, um das Verlorene loszulassen und so den Weg frei zu machen für Neues. Jesus preist die Trauernden selig: „Selig, die ihr jetzt weint, denn ihr werdet lachen" (Lukas 6,21). Er selbst hat über den Tod seines Freundes Lazarus und über die Stadt Jerusalem geweint, die nicht begriffen hat, was zu ihrem Frieden führt (Lukas 19,41).

Zur echten Trauer gehört für die Wüstenväter vor allem das Erschrecken vor der eigenen Sünde, die Reue über vertanes und nicht gelebtes Leben und über das, was wir uns und anderen durch unbewusstes Ausagieren unseres

Wo Trauer nicht zugelassen wird,
blockiert sie den Fluss des Lebens,
entsteht Depression.

Typs angetan haben. In Enneagrammseminaren erlebe ich manchmal, dass Menschen die Tränen kommen, wenn sie schlagartig begreifen, nach welchem Drehbuch und wel-

chen Gesetzen sie bisher gelebt haben.

Vom Wüstenvater Arsenios wird er zählt: „Sein ganze Leben hatte er, wenn er bei einer Handarbeit saß, ein Tuch auf seinem Schoß wegen der Tränen, die ihm aus den Augen flossen. Als der Altvater Poimen von seinem Hinscheiden hörte, sagte er unter Tränen: ‚Selig bist du Arsenios, weil du über dich und die Welt geweint hast. Wer nicht hier über sich weint, wird es dort tun'." Die Wüstenväter beteten um die geistgewirkte echte Trauer und um die Tränen der Reue.

Zu ihrem Erfahrungsschatz gehören gleichzeitig probate Mittel gegen den Sog der depressiven, „falschen" Traurigkeit. „Abbas Poimen wurde von einem Bruder gefragt: ‚Was soll ich tun, Vater, denn ich werde von Traurigkeit niedergeschlagen?' Der Greis antwortet ihm: ‚Schaue niemand für nichts an, verurteile niemand, verleumde niemand, und der Herr wird dir Ruhe geben.'" Das Abwerten und Verurteilen der Mitmenschen ist für ihn Ursache der Trauer. Denn so, wie wir mit anderen umgehen, gehen wir auch mit uns um. Die falsche Trauer ist Folge der Selbstabwertung und Selbstverurteilung; wenn ich sie nicht mehr nach außen projiziere, finde ich auch Frieden mit mir.

In unserer Gesellschaft ist das Weinen verpönt. Zu viele Tränen werden hinuntergeschluckt, weil es keinen Ort gibt, wo sie gesehen werden. Auch unsere Trauerrituale im Zusammenhang mit dem Tod von Angehörigen sind schwach entwickelt. Gelobt wird die Witwe, die „gefasst" ist. Wo Trauer nicht zugelassen wird, blockiert sie den Fluss des Lebens, entsteht Depression. Häufig wird sie mit Tabletten überdeckt oder mit Alkohol heruntergespült. So lässt sich die Abwärtsspirale nicht aufhalten. Trauer braucht einen „Container", einen Menschen oder eine Gruppe, wo sie sein darf und Platz hat. Trauergruppen und Trauerseminare können dabei eine wichtige Hilfe sein.

In den Montes von León am höchsten Punkt des spanischen Jakobswegs auf dem Monte Irago 1500 Meter über dem Meer ist das *Cruz de Ferro* errichtet, ein kleines eisernes Kreuz, auf einen fünf Meter hohen Baumstamm montiert. Seit Menschengedenken tragen Pilger auf dem Jakobsweg einen kleinen oder großen Trauer- oder Sorgenstein mit sich. Unter dem Kreuz legen sie ihn ab. Eine riesige Schutthalde türmt sich dort auf.

Als ich nach Santiago gepilgert bin, hatte ich zwei Steine bei mir, einen für mich und einen für einen Freund, der mit mir gehen wollte, aber wenige Wochen vorher an einer Überdosis Heroin gestorben war. Erst in dem Augenblick, als ich die beiden Steine niederlegte, konnte sich meine

Trauer zeigen, die Tränen konnten fließen und sich vereinen mit dem unermesslichen menschlichen Schmerz, der sich hier auftürmt seit Jahrhunderten. Es war tröstlich und

zugleich die Erfahrung der „Solidarität der Weinenden“, den eigenen Schmerz in Gestalt der Steine gerade hier abzulegen.

Bei Straßenexerzitien habe ich erlebt, wie eine Teilnehmerin einen ganzen Tag lang geweint hat. Sie war den Spuren ihrer Mutter nachgegangen, die von den Nazis als „Nervenkranke“ ermordet worden war. In der modernen Michaelskirche in Berlin Kreuzberg lag diese Teilnehmerin neben einer Statue des leidenden Christus und zwei andere Exerzitanten waren einfach da und standen ihr bei, ohne viel zu tun oder zu fragen. Aber diesen Beistand, dieses Wachen und Dasein brauchte sie, damit der Tränenstrom endlich fließen konnte. Die Jünger Jesu haben seine Trauer in Gethsemane nicht ausgehalten und sind eingeschlafen. Bei den Exerzitien in Berlin sind sich die Trauernde und ihre „Bewacher“ gegenseitig zum leidenden und zum beistehenden Christus geworden. Dies ist die Art der Trauer, die paradoxerweise die Trauergeister der Depression und des Selbstmitleids vertreibt und den Weg freimacht für echte Freude.

ZORN: Die *Wut* ist für Evagrius die heftigste der Leidenschaften, weil sie ihrem Wesen nach auf Rache sinnt, die

Zorn bringt den Menschen von seiner eigentlichen Bestimmung ab, dem Gebet.

dem Christen untersagt ist. Die meisten seiner Ratschläge beziehen sich auf den Umgang mit dem Zorn. *Gabriel Bunge* hat der Lehre des Evagrius über Zorn und Sanftmut eine eigene Monographie gewidmet („Drachenwein und Engelsbrot"). Evagrius schreibt:

Der Zorn ist die heftigste der Leidenschaften. Er ist ein Aufwallen der erregbaren Seele, das sich gegen jemanden richtet, der einen verletzt hat oder von dem man sich verletzt glaubt. Er reizt, ohne aufzuhören, die Seele des Menschen und drängt sich vor allem während der Gebetszeit ins Bewusstsein. Dabei lässt er das Bild der Person vor seinen Augen aufsteigen, die ihm Unrecht getan hat. Manchmal hält er längere Zeit an und wandelt sich dabei zum Groll, der schlimme Erfahrungen während der Nacht verursacht. Meistens wird der Körper dadurch geschwächt. Es kommt zu mangelnder Nahrungsaufnahme. Jener Mensch wirkt dann blass und immer stärker plagen ihn im Traum Bilder, wie er von wilden, giftigen Tieren angegriffen wird. (Bunge, 39)

Zu den verheerenden Wirkungen des Zorns gehört, dass er den Menschen von seiner eigentlichen Bestimmung abbringt, dem Gebet. In diesem Sinne sagt Jesus: „Wenn du deine Gabe zum Altar bringst und dir einfällt, dass dein Bruder etwas gegen dich hat, lass deine Gabe vor dem Altar liegen. Geh und versöhn dich erst mit deinem Bruder, dann

Zorn ist die Abkehr vom Mitmenschen, der ebenso Gottes Ebenbild ist wie ich – und damit von Gott selbst.

komm und opfere deine Gabe“ (Matthäus 5,23). Wer unversöhnt ist oder hasst, kann nicht beten.

Der Zorn als Leidenschaft ist die Fehlleitung des an und für sich guten Vermögens der Seele, sich über Unrecht zu empören und zu erregen. Es gibt einen heiligen, göttlichen Zorn, den es nicht gleichgültig lässt, wenn Menschen gequält und unterdrückt werden oder die Schöpfung zerstört wird. Hinter dem heiligen Zorn stehen die Liebe zur Welt und den Menschen und das Verlangen nach Gerechtigkeit. Der unheilige Zorn dagegen richtet sich gegen Menschen und verweigert ihnen die Liebe. Deswegen ist der Zorn für Jesus gleichbedeutend mit dem Töten: „Ihr habt gehört, dass zu den Alten gesagt worden ist: Du sollst nicht töten; wer aber tötet, der sei dem Gericht verfallen. Ich aber sage euch: Wer seinem Bruder zürnt, sei dem Gericht verfallen; wer ihn Idiot nennt, ist dem Hohen Rat verfallen, und wer ihn als gottlosen Narren bezeichnet, der ist dem Höllenfeuer verfallen“ (Matthäus 5,21f). Der Zorn ist die Abkehr vom Mitmenschen, der ebenso Gottes Ebenbild ist wie ich – und damit von Gott selbst. Wer seinen Mitmenschen als gottlos bezeichnet, leugnet Gott selbst, der diesen Menschen geschaffen hat und ebenso liebt wie mich. Die „Hölle“ ist nichts anderes als die Abwesenheit Gottes, in die sich derjenige begibt, der seinem Mitmenschen das Daseinsrecht verweigert oder ihn zum hoffnungslosen Fall stempelt.

Die Liebe, die sich nach 1. Korinther 13 als langmütig, freundlich und geduldig erweist, und die Sanftmut, von Jesus seliggepriesen, sind die Tugenden, die den Zorn überwinden und das Gebet ermöglichen. Die Seele kann nur geheilt werden, indem sie geduldig diejenigen Tugenden übt, die dem Laster entgegenstehen.
Evagrius gibt zahlreiche praktische Hinweise zur Überwindung des Zorns, vor allem den biblischen Rat: „Lasst die Sonne nicht über eurem Zorn untergehen!" (Epheser 4,26). Evagrius wusste viel über die Bedeutung des Schlafs und der Träume. Er war ein begnadeter Traumdeuter und davon überzeugt, dass unsere Träume unbestechliche Spiegel unseres inneren Zustandes sind. Unsere Leidenschaften sind erst integriert, wenn sie uns auch nicht mehr in die Träume hinein verfolgen. Alpträume sind Zeichen ungelöster Konflikte und zeigen, dass Liebe und Mut, die Haupttugenden gegen den Zorn, die Seele noch nicht in ihrer Tiefe geheilt haben. Die Überwindung des Zorns ist eine Lebensaufgabe, mit der wir niemals ganz fertig werden.

AKEDIA: Die Akedia ist eines der Hauptprobleme der Anachoreten, ein „typisches" Mönchsproblem, wie es zunächst scheint. In Wirklichkeit gehört sie zu den gefährlichsten Phänomenen auch unserer Zeit. Der Begriff ist schwer zu übersetzen. Die Wüstenmönche nannten sie den „Mittagsdämon“, weil er in der Mittagshitze (Siestazeit) verstärkt auftritt (aber durchaus auch nachtaktiv ist), Mittagsdämon aber auch, weil er in der Lebensmitte besonders akut wird – bis hinein in jene Phänomene, die unter dem Sammelnamen „Midlife-Crisis“ beschrieben werden. Übersetzungsvorschläge sind Trägheit, Lustlosigkeit, Schwermut, Widerwille, Ekel, Antriebslosigkeit, Langeweile, Überdruss, Sinnlosigkeit. Die Wüstenväter haben die Akedia eher beschrieben als definiert:

Das Auge des Überdrüssigen starrt dauernd das Fenster an und sein Geist stellt sich die Besucher vor. Die Tür knarrt und jener springt auf. Er hört eine Stimme und späht aus dem Fenster und er geht von dort nicht weg, bis er, lahm geworden, sich setzt. Liest der Überdrüssige, dann gähnt er viel und leicht versinkt er in Schlaf. Er reibt sich die Augen und streckt die Hände aus und indem er die Augen vom Buch abwendet, starrt er die Wand an. Dann wendet er sie wieder ab und liest ein wenig und indem er (das Buch) durchblättert, forscht er nach dem Schluss der Ausführungen. Er zählt die Blätter und bestimmt (die Zahl) der Hefte, bemäkelt die Schrift und die Ausstattung und zuletzt klappt er das Buch zu und legt den Kopf darauf und fällt in einen nicht allzu tiefen Schlaf, denn der Hunger weckt schließlich seine Seele wieder auf und sie geht (dann erneut) ihren eigenen Sorgen nach. (Zitiert bei Bunge, Akedia, 61)

Auch Glaube, Kirche, Gebet, Bibel und der Gedanke an Gott werden unter Einfluss der Akedia schal.

Der überdrüssige Mensch hat keinen Fokus, keine Lebensfreude und Motivation. Hektischer Aktivismus und völlige Ermattung wechseln sich ab. Nichts macht Spaß, der gegenwärtige Augenblick ist unerträglich. Jugendliche in der Orientierungskrise oder Menschen in der Lebensmitte kennen solche Phänomene in tausenderlei Varianten. Das Leben hat seinen Reiz und seine Vitalität verloren. Alle Versuche, sich zu stimulieren, sind verbraucht. Essen und Trinken schmecken nicht mehr, auf nichts kann man sich freuen.

Vielleicht versucht man, die Dosis der Stimulanzen zu erhöhen, um sich wieder zu spüren: mehr Alkohol, mehr Drogen, mehr Sex, mehr Arbeit. Oder man verfällt in Apathie und sitzt antriebslos vor dem Fernseher oder dem Computer. So lässt sich die Akedia nicht besiegen. Denn sie ist vor allem ein spirituelles Problem, das allerdings und fatalerweise auch vor gelebter religiös-spiritueller Praxis nicht halt macht. Auch Glaube, Kirche, Gebet, Bibel und der Gedanke an Gott werden unter Einfluss der Akedia schal, laden sich emotional nicht mehr auf. Der große Mystiker Johannes vom Kreuz spricht in diesem Zusammenhang von der „Nacht der Sinne".

Evagrius empfiehlt zwei Heilmittel. Erstens das Aushalten und Dableiben, anstatt sich zu zerstreuen. Einer der wichtigsten Ratschläge für den Kampf mit den Dämonen, der

Der Weg Gottes, den Jesus Christus gezeigt hat, ist ein Abstieg in die Niedrigkeit und Demut.

sich in vielen Varianten bei vielen Wüstenvätern findet, lautet: Bleib in deinem Kellion (Mönchszelle)!

268 Ein Bruder fragte den Altvater Makarios: „Sage mir ein Wort!" Der Alte antwortete ihm: „Fliehe die Menschen." Da sprach Abbas Isais zu ihm: „Was heißt das, die Menschen fliehen?" Der Greis antworte ihm: „Dich in dein Kellion setzen und deine Sünden beweinen!"

Wenn beim kontemplativen Schweigegebet Langeweile oder Unruhe aufkommt, dann empfiehlt es sich, in diesen inneren Zustand der Langeweile hineinzuspüren, sich gleichsam mit wachem Interesse ihm zuzuwenden. Auf diese Weise desidentifiziere ich mich. Ich bin nicht mein Überdruss oder meine Langeweile. Ein Teil von mir ist wach. Oft zeigt sich, dass sich hinter der Langeweile, Müdigkeit oder Unruhe Trauer oder Zorn verbergen, die sich zeigen, wenn ich bei dem ungemütlichen Gefühl bleibe und es anschaue. Ausharren bedeutet, der Akedia (wie auch jeder anderen Leidenschaft) zu widerstehen. „Alles Unglück in der Welt kommt daher", sagt Blaise Pascal, „dass die meisten Menschen unfähig sind, eine halbe Stunde lang in ihrem Zimmer (bei sich selbst) auszuhalten." Jesus empfiehlt den Rückzug ins (Seelen-)Kämmerlein, wo der Dialog mit Gott möglich wird, der weiß, was wir brauchen.

Evagrius rät zweitens zur „Zweiteilung der Seele“, wie sie in Psalm 42 begegnet: „Was betrübst du dich meine Seele und bist so unruhig in mir? Harre auf Gott, denn ich werde ihm noch danken, meinem Gott und Retter, auf den ich schaue“ (Psalm 42,6). *Ein* Seelenteil des Beters trauert. Er braucht Trost und Ermutigung. Der *andere* Teil spricht ihm Mut zu, indem er ihn auf Gott verweist und ihn so aus der Abwärtsspirale des Selbstmitleids befreit.

Die geistigen Laster des Alters

Die Leidenschaften bzw. „Gedanken“ des geistigen Bereichs sind nur dem Menschen eigentümlich, weil nur er Bewusstsein hat. Auch Tiere sind gierig, traurig, aggressiv oder träge. Aber nur der Mensch ist zu Eitelkeit (Ruhmsucht), Neid und Hochmut fähig. Die *logismoi* des geistigen Bereichs bedrohen vor allem den spirituell entwickelten Menschen. Das „erleuchtete Ego“, das sich hochnäsig über den Mitmenschen erhebt, der sich „noch“ mit den Niederungen des Fleisches und der Psyche herumschlägt, droht der schlimmsten aller Sünden zu verfallen, der Selbstvergottung. Der Weg Gottes, den Jesus Christus gezeigt hat, ist ein *Abstieg* in die Niedrigkeit und Demut. Gerade weil er sich selbst niedrig gemacht hat, hat ihn

Gott erhöht. Ein Hauptkriterium christlicher Spiritualität ist der Abstieg in die Selbstbescheidung. Martin Luthers letzter überlieferter Satz „Wir sind Bettler, das ist wahr!“ ist Ausdruck dieser radikalen Demut, an der sich am Ende entscheidet, ob unser Weg Gott ehrt oder subtilster Ausdruck des Selbstruhms ist. Die großen Heiligen zeichneten sich dadurch aus, dass sie wenig Illusionen über den eigenen spirituellen Zustand hatten, sich selbst zeitlebens als bedürftig, schwach und sündig erlebt haben und sich der Verehrung entzogen.

In gewisser Weise können die drei Leidenschaften des Geistes erst „bearbeitet“ werden, wenn die wesentlichen früheren „Hausaufgaben“ erledigt sind. Im frühen Stadium der spirituellen Entwicklung sind Eitelkeit, Neid und Stolz gewissermaßen notwendig, damit die Prozesse des physischen und psychischen Bereichs überhaupt in Gang kommen.

EITELKEIT: Ein eitler Mensch ist ständig mit der Frage nach seiner Außenwirkung befasst. Anstatt er selbst zu sein, inszeniert er sich. Das beginnt in der eigenen Fantasie. Die eitle Ruhmsucht ist besonders gefährlich bei ausgeprägtem spirituellen und moralischen Engagement. Der „Gedanke der Ruhmsucht ... entsteht gern in Menschen, die tugendhaft leben möchten. In ihnen weckt er das Verlangen, anderen mitzuteilen, wie schwierig ihr Ringen sei. Sie suchen

In Habsucht, Machtsucht und Ehrsucht manifestiert sich unsere Ich-Bezogenheit.

damit die Ehre der Menschen ... Sie stellen sich vor, wie (Hilfe suchende) Menschen an ihre Tür klopfen, die sie abholen möchten, um mit ihnen zu sprechen ..." (Evagrius, Praktikos 13, zitiert nach Grün, Himmel, 79).

In unserer säkularisierten Welt hat sich die Ruhmsucht allerdings meist von religiösen Inhalten emanzipiert. Der aus den USA importierte Star- und Prominentenkult („Celebrities") macht Ruhm und Ehre nur noch an Äußerlichkeiten fest, vor allem an erotischer Ausstrahlung. Auf jungen Menschen lastet der ungeheure Druck, diesen hohlen Idolen nachzueifern. Idealmaße und Markenkleidung bedienen das Image. Dagegen wird die innere, seelisch-geistige und spirituelle Entwicklung immer weniger gesucht, ja, sie ist eher hinderlich.

In Habsucht, Machtsucht und Ehrsucht manifestiert sich nach Franz Jalics unsere *Ich-Bezogenheit* (Egozentrik); sie vereiteln die Verwandlung hin zur *Gott-Bezogenheit.* Das Vaterunser unterstützt die Verwandlung, indem es am Anfang und am Ende diese drei „Besessenheiten" benennt und konterkariert: „Geheiligt werde DEIN Name" (gegen die Ehrsucht), „DEIN Reich komme" (gegen die Habsucht), „DEIN Wille geschehe" (gegen die Machtsucht); und ebenso: „Denn DEIN ist das Reich (gegen Habsucht) und die Kraft (gegen Machtsucht) und die Herrlichkeit (gegen Ehrsucht) in Ewigkeit."

Die vorwiegend egozentrischen Motive als Ausgangspunkt spiritueller Wege werden im Verlauf des Weges geläutert und gewandelt.

Ehrsucht und Eitelkeit haben etwas Selbstzerstörerisches, da ihre Gier nie vollends zu stillen ist: „Die Eitelkeit, der nimmersatte Geier, fällt nach verzehrtem Vorrat selbst sich an" (William Shakespeare, König Richard II.). Die Ehrsucht isoliert uns von anderen, die zum applaudierenden Publikum degradiert werden, wodurch echte Begegnung unmöglich wird.

Und dennoch sind – wie erwähnt – ein gewisses Maß an Ehrgeiz und Eitelkeit nötig, damit sich ein (junger) Mensch auf den spirituellen Weg machen kann. Geistlicher Ehrgeiz ist eines der notwendigen (und dennoch fragwürdigen) Motive, die uns dazu bringen, zu beten und zu meditieren, zu fasten, auf den Jakobsweg zu gehen, uns ehren(!)amtlich zu engagieren usw. Niemand beschreitet den Weg der spirituellen Wandlung aus purer Gottes- oder Nächstenliebe (sonst wäre man ja bereits am Ziel und müsste ihn gar nicht mehr beschreiten!). Aber die vorwiegend egozentrischen Motive als Ausgangspunkt spiritueller Wege konterkarieren sich im Verlauf des Weges selbst, sie werden geläutert und gewandelt, wenn wir auf dem Weg bleiben. Echte spirituelle Wege sind immer *self repairing.* Wir werden geläutert, indem wir sie gehen. Das gilt in besonderer Weise für den Ehrgeiz. Mit einer gewissen Ironie hat das *George Sand* auf den Punkt gebracht: „Nach der Liebe ist die Eitelkeit die schönste Leidenschaft des Menschen.

Sie zwingt uns, gut zu sein, aus dem Drang heraus, so zu scheinen" (George Sand, Lelia).

NEID: Neidisch ist ein Mensch, der anderen eine Besserstellung nicht gönnt (Missgunst), sondern verübelt. Das ständige Vergleichen mit den Mitmenschen fällt zu den eigenen Ungunsten aus. Dadurch entsteht ein Minderwertigkeitsgefühl, das häufig durch seine scheinbare Umkehrung, ein Gefühl oder eine Haltung der Überwertigkeit oder Arroganz, wettgemacht wird. Auf jeden Fall beginnt ein Teufelskreis, bei dem sich Selbstaufwertung und Selbstabwertung und die Auf- und Abwertung anderer ständig ablösen. „Normalerweise versuche ich den andern zu entwerten, um mich selbst aufzuwerten ... Wenn mir das nicht gelingt, dann entwerte ich mich selbst und hebe den andern auf den Podest" (Grün, Himmel, 80).

Nach einer Umfrage der Zeitschrift GEO aus dem Jahre 2003 stimmen 73 Prozent der Deutschen der Aussage zu, dass die Bundesrepublik eine „Neidgesellschaft" sei. Etwa ein Fünftel meinte, selbst „häufig neidisch" zu sein. Der Neid richtet sich vor allem auf Reichtum, Intelligenz und Karriere.

Der Psychologe und „Neidforscher" Leo Montada von der Universität Trier hält Neid für eine tabuisierte Emotion. Selbst in der Psychotherapie brauchten Menschen lange, bevor sie Neid zugeben können. Neid äußere sich versteckt, weniger im Bekenntnis, sondern in Schadenfreude: „Die einfachste und häufigste Reaktion von Neidern ist, sich zu sagen, dass man gar nicht möchte, was der andere hat", sagt Montada. Das Schlechtreden von etwas, was man eigentlich selbst gerne hätte, ist symptomatisch für neidische Menschen („Saurer-Trauben-Effekt"). Der Neidfalle entkomme man nur, wenn man die eigenen Stärken entdeckt und würdigt. Wenn man selbst beneidet wird, solle man positiv über den anderen sprechen und so Konkurrenz in Wertschätzung verwandeln.

Ähnlich wie die Ehrsucht kann der Neid in einer frühen Phase des spirituellen Weges als Initialzündung hilfreich und sogar nötig sein. Man hat in der Tradition sogar von einem „heiligen Neid" gesprochen (wie auch vom „heiligen Zorn"). Das Vorbild spirituell überragender Persönlichkeiten, zum Beispiel der Heiligen, kann zur Herausforderung werden, den eigenen Weg konsequenter zu gehen. Am Ende freilich geht es nicht um Neid, Vergleich und Nachahmung, sondern um die eigene Originalität und Einmaligkeit mit Licht und Schatten, Stärken und Schwächen, um echte Selbstwertschätzung, die zugleich Selbstrelativierung ist. Eine jüdische Geschichte erzählt:

> Als es mit Rabbi Sussja ans Sterben kam, fragten ihn seine Schüler und Freunde: „Hast du denn gar keine Angst?" Rabbi Sussja gab

Stolz ist die schlimmste Form des Götzendienstes, es ist Selbstvergottung.

zur Antwort: „Wenn ich an all die Großen und Bedeutenden denke: an Mose und Abraham und Jeremia, den Propheten, dann wird mir schon angst. Aber ich bin gewiss: Gott wird mich in der kommenden Welt nicht fragen: ‚Warum bist du nicht Mose gewesen?', sondern allenfalls: ‚Warum bist du nicht Sussja gewesen?'"

HOCHMUT: Der Stolz bzw. Hochmut wird von allen Religionen als Irrtum und Sünde verurteilt; in der christlichen Tradition gilt falscher Stolz als die schlimmste und unausrottbarste aller Leidenschaften. Die Stimme der Schlange „Ihr werdet sein wie Gott und wissen, was gut und böse ist" (1. Mose 3,5) löst den Abfall des Menschen von Gott aus. „Hochmut kommt vor dem Fall" (Sprüche Salomos 16,8). Hochmut ist seinem Wesen nach die „Inflation des Ego" (C. G. Jung), die Überschätzung der eigenen Größe, die mit der Anerkennung der Gnade Gottes kollidiert und anderen Menschen den Wert aberkennt, den sich der Hochmütige selbst zuschreibt. Stolz ist die schlimmste Form des Götzendienstes, es ist Selbstvergottung. Für Evagrius ist der Stolz auf dem Weg des Abfalls von Gott und des daraus folgenden Abstiegs des Menschen die ausschlaggebende und auslösende Leidenschaft. Auf dem spirituellen Rückweg zu Gott stellt er folgerichtig die letzte und schwierigste Hürde dar.
Gerade der spirituell gereifte Mensch, der alle anderen Leidenschaften siegreich hinter sich gebracht hat, schwebt in

Die Selbstidentifikation des Menschen mit Gott
überfordert uns,
der Gottesarchetyp
überfordert die Kapazität unserer Seele.

der Gefahr, auf seine Mitmenschen herabzusehen, sich – wie die Pharisäer zur Zeit Jesu – fromm zu überheben und den eigenen „Erfolg“ sich selbst statt der Gnade Gottes zu-

zuschreiben. Er gefällt sich in der Rolle des Propheten oder des Märtyrers.

Viele östlich und esoterisch beeinflusste Wege unserer Zeit leugnen auf dem Hintergrund einer oberflächlich verstandenen Einheitsmystik den Unterschied von Mensch und Gott. Das Versprechen der Schlange „Ihr werdet sein wie Gott“ taucht in schillernd-spirituellem Gewand immer wieder auf. Die christlichen Mystiker hingegen haben von der gnadenhaften Erfahrung der Erleuchtung und des Einswerdens mit Gott gesprochen, die nur im Modus der Demut und Hingabe als Geschenk empfangen werden kann. Die Selbstidentifikation des Menschen mit Gott überfordert uns, der Gottesarchetyp überfordert die Kapazität unserer Seele; wer in die Überheblichkeit des Gotteskomplexes verfällt, über-hebt sich buchstäblich.

Der Überheblichkeit des Menschen, der nicht Mensch bleiben, sondern Gott werden will, tritt im Neuen Testament ein Gott entgegen, der nicht Gott bleiben, sondern Mensch werden will. Die kecke Graffiti-Einladung „Mach’s wie Gott! Werde Mensch!“ ist theologisch betrachtet durchaus mehr als ein Bonmot. Der demütige Mensch lässt sich an seinem Menschsein genügen. Die Menschwerdung Jesu versteht sich als Dienst und sein Ruf in die Nachfolge ist Ruf in den Dienst:

Die Mutter der Söhne des Zebedäus kam mit ihren Söhnen zu Jesus, fiel vor ihm nieder und wollte ihn um etwas bitten. Er sprach zu ihr: „Was willst du?“ Sie sagte: „Lass diese meine beiden Söhne sitzen in deinem Reich, einen zu deiner Rechten und den andern zu deiner Linken.“ Aber Jesus antwortete: „Ihr wisst nicht, was ihr bittet. Könnt ihr den Kelch trinken, den ich trinken werde?“ Sie antworteten ihm: „Ja, das können wir.“ Er sprach zu ihnen: „Meinen Kelch werdet ihr zwar trinken, aber es steht mir nicht zu, in meinem Reich die Sitze zur Linken und zur Rechten zu vergeben. Das wird denen zuteil, für die es bestimmt ist von meinem Vater.“ Als das die zehn anderen Jünger hörten, wurden sie unwillig über die zwei Brüder. Aber Jesus rief sie zu sich und sprach: „Ihr wisst, dass die Herrscher ihre Völker niederhalten und die Mächtigen ihnen Gewalt antun. So soll es nicht sein unter euch; sondern wer unter euch groß sein will, der sei euer Diener; und wer unter euch der Erste sein will, der sei euer Knecht, so wie auch ich als Mensch nicht gekommen bin, um mir dienen zu lassen, sondern um zu dienen und das Leben für die Erlösung aller hinzugeben.“ (Matthäus 22,20-28)

Die Bewegung des hochmütigen Menschen verläuft von unten nach oben, die des demütigen Gottes von oben nach unten. Christliche Spiritualität der Nachfolge bedeutet, in diese Bewegung hineingezogen zu werden. Der Weg nach unten ist der Weg des Kreuzes; die „Erhöhung“ ist ganz allein Gottes Geschenk.

Freilich birgt die Predigt der Demut auch große Gefahren. Die Geschichte der Religionen ist voll von Beispielen krankhafter Selbsterniedrigung und Selbstkasteiung und falscher Demut. Kirchliche Pädagogik war häufig darauf ausgerichtet, den Willen und das Ego junger Menschen zu brechen und sie zu gehorsamen Untertanen zu erziehen. „Schwarze Pädagogik“ bricht das Rückgrat, anstatt die Fähigkeit zum Widerstand und den aufrechten Gang zu fördern. In religiösen Orden, insbesondere Frauenorden, hat ein überzogenes Demuts- und Gehorsamsidealideal häufig zu schlimmen Verbiegungen geführt. Falsche Demut ist die Kehrseite des falschen Stolzes. Oft ist sie einfach getarnter Stolz: „Die Demut ist oft nichts anderes als eine vorgespielte Unterwerfung, um andere zu unterwerfen. Ein Kunstgriff des Stolzes, der sich erniedrigt, um sich zu erhöhen“ (François de La Rochefoucauld). Herrschen durch Dienen – diese Dynamik lässt sich insbesondere beim Enneagrammmuster ZWEI beobachten. Sie hat mit der echten Demut Jesu nichts zu tun.

Es gibt auch so etwas wie einen geheiligten und gesunden Stolz, der keineswegs in Widerspruch zu echter De-

Ohne gesunden Stolz und Selbstrespekt gelingt der spirituelle Weg nicht.

mut steht: „In den besten Augenblicken unseres Lebens ist Demut einfach ein Stolz, der zu dankbar ist, um auf irgendjemand herabzublicken" (David Steindl-Rast). Die Psychologin *Karen Horney* unterscheidet in ihrem Buch „Neurose und menschliches Wachstum" gesunden und kranken Stolz. Stolz auf etwas, was man nicht selbst geschaffen hat, ist neurotisch. Eine Spielart von neurotischem Stolz ist ein überzogenes Nationalgefühl („ich bin stolz, Deutscher zu sein"). Neurotisch ist es auch, stolz auf Dinge zu sein, die gegen Mitmenschen gerichtet sind, zum Beispiel darauf, möglichst viele Leute betrogen zu haben. Gesunder Stolz bezieht sich dagegen auf Leistungen für die Gesellschaft oder die eigene Person (Bestehen einer Prüfung). In der Form von Selbstwertschätzung und Selbstrespekt ist dieser Stolz Voraussetzung und ein notwendiges Moment ethischen und verantwortungsbewussten Handelns. Ohne gesunden Stolz und Selbstrespekt gelingt auch der spirituelle Weg nicht.

Evagrius und seine Bedeutung für heute

Die Grundideen des Evagrius stammen aus ferner Zeit. Seine Überlegungen sind für junge Mönche bestimmt, die gewillt sind, einen strengen asketischen Weg in der Wüste zu

Im Idealfall sollte die Weisheit des Alters darin bestehen, selbstlos weitergeben zu können.

gehen. Dieser Weg ist heute nur wenigen Menschen zugänglich. Was also kann uns Evagrius lehren?

Zunächst können wir von ihm lernen, dass der spirituelle Weg ein *Prozess* ist. Dieser Prozess der Integration und Befreiung endet nie. Er hat einen gewissen Ausgangspunkt, bestimmte Phasen und ein gewisses Ziel. Er verläuft spiralförmig; keine der Lebensaufgaben ist jemals ganz erledigt. Eine Lebensaufgabe kann nicht übersprungen werden; sie stellt sich immer wieder oder manifestiert sich als Störung oder Krankheit.

Unabhängig vom konkreten Persönlichkeitstypus ist es uns allen aufgetragen, unser Leben spirituell so zu ordnen (und ordnen zu lassen), dass Leib, Seele und Geist immer mehr von Gott und Gottes Gnade durchdrungen werden können. Nach Evagrius beginnt dieser Prozess mit dem Körper und der materiellen Welt. Erst wenn wir einigermaßen geerdet sind, können die eigentlichen seelischen und geistig-spirituellen Aufgaben gelöst werden. Dieser Prozess ist nicht beliebig umkehrbar. Alle Themen kehren ein Leben lang auf immer wieder neuen Ebenen wieder; aber dennoch hat jedes Lebensalter seine Schwerpunkte.

Diese Sicht berührt die Entwicklungstheorie *Rudolf Steiners.* Er erwähnt sie verschiedentlich, hat sie aber wohl nie systematisch zusammengefasst. Nach Steiner vollzieht sich die menschliche Entwicklung in Jahrsiebten, wobei jeweils drei Jahrsiebte (21 Jahre) eine zentrale Phase bilden. Die Körperphase geht bis zum 21. Lebensjahr, die Seelenphase bis zum 42. Jahr, die Geistphase bis zum 63. Jahr. Die Jahrsiebte innerhalb jeder dieser drei Phasen folgen ebenfalls dem Schema Körper – Seele – Geist (1–7 Körper – Körper, 7–14 Körper – Seele, 14–21 Körper – Geist, 21–28 Seele – Körper, 28–35 Seele – Seele mit dem entscheidenden 33. Lebensjahr als dem Christusjahr, 35–42 Seele – Geist, 42–49 Geist – Körper, 49–56 Geist – Seele, 56–63 Geist – Geist). Alles, was nach dem 63. Lebensjahr geschieht, dient der nachfolgenden Generation. Im Idealfall sollte die Weisheit des Alters darin bestehen, selbstlos weitergeben zu können. Es ist reizvoll, die Entstehung und Reihenfolge der neun Leidenschaften, wie sie Evagrius beschreibt, den neun Jahrsiebten Steiners zuzuordnen. Für die ersten drei Jahrsiebte leuchtet das unmittelbar ein: Die Jahre 1–7 (Körper – Körper bei Steiner) wären dann die Zeit der oralen Begierde (Völlerei), die Jahre 8–14 (Körper – Seele) die Zeit der erwachenden Sexualität (Unzucht), die Jahre 15–21 (Körper – Geist) die Phase, in der geistiges und materielles Besitzstreben in den Vordergrund treten (Habsucht). Dies weiterzuverfolgen würde allerdings den Rahmen dieses Buches sprengen.

In diesem Zusammenhang leuchtet auch *Teilhard de Chardins* Entwicklungsmodell ein. Er hat als Erster versucht, den christlichen Glauben mit dem Gedanken der Evolution zu verbinden. Der gesamte Kosmos befindet sich nach Teilhard in einem evolutionären Prozess; die Schöpfung ist eine Bewegung, die noch nicht ans Ziel gelangt ist und nach immer mehr Integration strebt, bis der „Punkt Omega" erreicht ist. Motor dieser Bewegung ist die Liebe. In seiner Liebe nimmt Christus den Endpunkt der Geschichte, den Punkt Omega, handelnd und leidend vorweg. Ja, Christus *ist* der Punkt Omega.

Nach Teilhard vollzieht jeder Mensch vom Augenblick der Zeugung an die gesamte Evolution vom Mineralreich über das Pflanzen- und Tierreich hin zum menschlichen Bewusstsein (vergleiche das Zitat von Leloup, S. 247). Als kleiner Kosmos ist jeder von uns darauf angelegt, ebenfalls zum Punkt Omega zu gelangen, zur Vereinigung mit Christus als höchste Entwicklungsstufe. Dabei durchlaufen wir alle die Stufen vom Körper über die Seele zum Geist.

Pilger auf dem Jakobsweg berichten immer wieder von der Erfahrung, wie bei diesem „Beten mit den Füßen" in den ersten Wochen zunächst nur der Körper an der Reihe ist: Erschöpfung, Schwäche, Verletzungen, Blasen, Müdigkeit ... Dabei wird allmählich der Kopf frei. Erst nach etwa 10 bis 14 Tagen ist die Umstellung gelungen. Jetzt melden sich als Nächstes die anstehenden und unerledigten seelischen Themen. Alte, bisher verdrängte Konflikte und Wunden

Als kleiner Kosmos ist jeder von uns darauf angelegt, zum Punkt Omega zu gelangen, zur Vereinigung mit Christus als höchste Entwicklungsstufe.

kommen ans Licht, der psychische Prozess lässt sich nicht aufhalten. Und wieder erst nach Wochen stellen sich die eigentlich geistig-spirituellen Themen ein, Kopf und Herz sind jetzt immer freier, die Pilger leben mehr und mehr in der Gegenwart, empfinden sich im Einklang mit sich selbst, mit der Natur und mit Gott. Auch beim Pilgern ist der Prozessaufbau Körper – Seele – Geist nicht umkehrbar. Deswegen hat auch der Pilgersatz seine Wahrheit: „Die Menschen machen sich mit ganz unterschiedlichen Motiven auf den Weg – aber in Santiago de Compostella kommen sie alle als Pilger an." Der Verwandlungsprozess ereignet sich gleichsam ohne menschliches Zutun, wenn der Mensch konsequent auf seinem Weg bleibt.

Das Prozessmodell des Evagrius kann ergänzend zur typologischen Arbeit mit dem Enneagramm und unabhängig vom jeweiligen Persönlichkeitsmuster zum Spiegel werden. Mithilfe des Evagrius können wir überprüfen, wo wir gerade stehen. Sind wir womöglich in einer früheren Phase stecken geblieben und können deshalb die spirituellen „Hausaufgaben" unserer biologischen Lebensphase nicht wirklich erledigen? Muss etwas „nachgeholt" oder nachgearbeitet werden?

Der folgende Fragenkatalog folgt den drei Lebensphasen und lehnt sich dabei an die neun Leidenschaften nach Evagrius an.

Körper/materielle Welt

Körper/Konsum: Wie gehe ich mit Nahrungs- und Genussmitteln um? Esse ich genügend und achte ich auf ausgewogene Ernährung? Achte ich beim Einkauf auf die Herkunft der Waren (fairer Handel, biologischer Anbau)? Kenne ich Exzesse der Askese oder der Völlerei? Bin ich suchtgefährdet im Blick auf Essen (hungern oder übermäßiges Essen, Essstörungen), Genussmittel (Schokolade, Alkohol, Nikotin, Drogen)? Bewege ich mich regelmäßig? Schlafe ich genug?

Körper/Sexualität: Kann ich meinen Körper so annehmen, wie er ist? Achte ich auf mein Äußeres? Bin ich mit meinem Sexualleben zufrieden? Achte ich darauf, dass auch die Bedürfnisse meines Partners/meiner Partnerin nicht zu kurz kommen? Wie steht es mit der Aufrichtigkeit und Treue in meiner Partnerschaft? Verheimliche ich etwas? Wie gehe ich mit meinem Alleinsein und meiner Einsamkeit um? Benutze ich andere Menschen als Objekte der Begierde oder bewahre ich mir und ihnen Respekt? Gibt es Menschen, von denen ich abhängig bin oder die von mir abhängig sind?

Körper/Besitz: Gehe ich mit Geld und materiellen Gütern achtsam um? Mache ich mir im Blick auf Geld häufig Sorgen? Kann ich teilen? Wie viel meines Einkommens gebe ich weg, um andere zu unterstützen, die in Not sind? Bin ich ein Schnäppchenjäger? Kaufe ich Dinge, die ich nicht brauche? Kümmere ich mich um die Herkunft der Produkte? Wenn ich Geld anlege, achte ich dann auf den ethischen Hintergrund der Anlage?

Seele/psychische Welt

Seele/Depression: Kenne ich Zustände der Trauer, der Angst und der Schwermut? Gönne ich mir professionelle Unterstützung, um seelische Blockaden zu überwinden? Nehme ich Medikamente, um mich psychisch zu stabilisieren? Gibt es Ereignisse in meinem Leben, insbesondere in der Kindheit, die mich lähmen, aber noch nicht „durchtrauert" sind? Wann habe ich das letzte Mal geweint? Worüber? Waren es Tränen des Selbstmitleids oder der Läuterung?

Seele/Aggression: Wie gehe ich mit meinen Aggressionen um? Kann ich sie wahrnehmen und zulassen? Bin ich fähig, für meinen Ärger Verantwortung zu übernehmen, anstatt andere anzuklagen? Wie drücke ich ihn aus? Kenne ich Ausbrüche von Gewalttätigkeit gegenüber mir selbst und anderen? Wie gehe ich mit Gewalt (zum Beispiel gegen Fremde oder Minderheiten) um?

Seele/Antrieb: Gibt es Dinge, die ich häufig aufschiebe und unerledigt lasse? Wie konsequent bin ich im Blick auf sinnvolle Vorsätze (zum Beispiel regelmäßige spirituelle Praxis)? Engagiere ich mich zumindest punktuell, um Armut, Gewalt, Zerstörung oder Ungerechtigkeit etwas entgegenzusetzen?

Geist/spirituelle Welt
Geist/Eitelkeit: Achte ich auf mein Erscheinungsbild? Lege ich übertrieben Wert auf Äußeres? Lasse ich mich gehen? Bin ich gepflegt? Habe ich bestimmte Statussymbole (Auto, Kleidung, technische Geräte usw.)? Bilde ich mir etwas ein im Blick auf meine Herkunft, Bildung, Menschen, die ich kenne, Leistungen, die ich vollbracht habe?
Geist/Neid: Gibt es Menschen, zu denen ich aufschaue oder auf die ich herabschaue? Vergleiche ich mich mit anderen? Bin ich eifersüchtig? Bin ich schadenfroh? Kann ich mich über Erfolge meiner Mitmenschen freuen und ihre Misserfolge bedauern? Bin ich zufrieden mit meinem Besitz, meiner Bildung, dem, was ich im Leben erreicht habe?
Geist/Stolz: Gibt es Menschen oder Menschengruppen,

die ich verachte oder verurteile wegen ihrer Rasse, ihres Geschlechts, ihrer politischen Haltung, ihrer Moral, ihrer sexuellen Orientierung, ihrer religiösen Einstellung? Gibt es Dinge, wegen derer ich mich selbst ablehne oder verurteile? Vor wem habe ich Respekt und Hochachtung? Kann ich mich vor Gott beugen?

Was hilft und heilt

Jeder authentische spirituelle Weg ist ein Übungsweg, der Wachsamkeit, Konsequenz, Kontinuität und Disziplin erfordert. Das gilt nicht nur für „strenge" Wege wie den Zen-Weg, sondern auch für bescheidenere Wege. Ohne regelmäßige Übung – und damit ohne Verzicht auf bestimmte Ablenkungen – und ohne Verbindlichkeit kommt es kaum zu Verwandlungsprozessen. Die Gnade offenbart sich da, wo wir uns ihr entgegenstrecken, unserer tiefsten Sehnsucht Raum schenken – und geduldig warten.
Im Folgenden stelle ich eine Reihe von Hilfen und Angeboten vor, die den spirituellen Prozess unterstützen können. Dabei gilt: Nicht alle Methoden und Wege sind für alle Menschen geeignet. Vor allem kann es nicht darum gehen, alles gleichzeitig auszuprobieren. Es ist besser, an einem Punkt in die Tiefe zu gehen, als von Angebot zu Angebot zu springen. Ein kompetenter geistlicher Begleiter oder eine Begleiterin kann dazu beitragen, die passende Methode bzw. den nächsten Schritt auf dem eigenen Befreiungs- und Versöhnungsweg zu finden. Es ist nicht einfach, geeignete Begleitung zu finden. Im Internet kann man unter dem Suchwort „Geistliche Begleitung" im eigenen geographischen Umfeld fündig werden.

Der Beitrag des Enneagramms: Identifikation und Desidentifikation

Eine Stärke des typologischen Enneagramms besteht darin, dass es uns in die *Introspektion* führt. Es zwingt uns geradezu, uns selbst zu beobachten, Abstand von unseren automatischen Verhaltensmustern zu gewinnen, den inneren Beobachter zu aktivieren und uns (vorläufig) mit einem der neun angebotenen Muster zu identifizieren. In Seminaren erlebe ich immer wieder, dass das einigen Teilnehmern und Teilnehmerinnen leicht fällt. Sie haben sozusagen augenblicklich ein Aha-Erlebnis, das sich als zutreffend erweist.

Nie werde ich vergessen, wie sich eine nicht mehr ganz junge Dame, Gattin eines Theologieprofessors, in ein Enneagrammseminar verirrte, das im selben Bildungshaus stattfand, in dem auch ihr Mann ein Seminar hielt. Da sie die Kurse ihres Mannes bereits kannte, entschloss sie sich spontan und ohne Vorwissen, einfach zu uns zu kommen. Sie sog das Gesagte förmlich auf. Als wir schließlich ein großes Enneagrammsymbol (mit Malerkrepp auf den Fußboden appliziert) „begingen“ und jeder und jede den eigenen vermutlichen Ausgangspunkt betrat, wusste sie, dass sie zu Punkt ACHT musste. Auf dem Weg zu ihrem Trostpunkt ZWEI kam der Durchbruch. Die Tränen waren nicht mehr aufzuhalten. Es waren Tränen der Erschütterung und Erleichterung. Endlich verstand sie, warum sie so oft im Leben angeeckt war, warum andere sie fürchteten, weshalb sie so viele Feinde hatte. Sie begriff, dass sie nicht besser und nicht schlechter war als andere Menschen, aber eben anders. Dieser Augenblick wurde zu einer der stärksten spirituellen Erfahrungen ihres Lebens. Sie wurde später eine engagierte Enneagrammlehrerin und hat vielen anderen geholfen, das eigene Leben besser zu verstehen und den eigenen Weg zu finden.

Andere tun sich schwer. Ein Hauptwiderstand gegen die Selbsteinordnung manifestiert sich in der Frage: „Habe ich nicht von allen Mustern etwas in mir?“ Ich antworte dann: „Ja, wir alle haben etwas von allen Mustern in uns. Und dennoch gibt es einen Schwerpunkt, einen Ausgangspunkt, eine besondere Anfälligkeit für eine bestimmte Leidenschaft und eine gewisse natürliche Resistenz gegen andere Fallen. Der Weg mit dem typologischen Enneagramm beginnt mit der Identifikation an einem bestimmten Punkt. Der Sinn der *Identifikation* ist allerdings die *Desidentifikation.* Erst wenn ich weiß, was mich persönlich besetzt, kann ich mit Gottes Gnade die nächsten Schritte zur eigenen Befreiung finden.“ Allerdings wäre es fatal, bei der eigenen Fixierung stehen zu bleiben. Wer sich mit der eigenen Fixierung auf falsche Weise identifiziert, benutzt sie nicht

Erst wenn ich weiß, was mich persönlich besetzt, kann ich mit Gottes Gnade die nächsten Schritte zur eigenen Befreiung finden.

mehr zur besseren Selbsterkenntnis, sondern womöglich zur Selbstrechtfertigung: „Ich bin nun einmal so!"

Das Enneagramm ist weder heilsnotwendig noch ein Allheilmittel. Es ist eine – wie ich meine – sehr nützliche Landkarte. Aber es bleibt ein Modell. Wer dem Gedanken, an einem bestimmten Punkt in besonderer Weise fixiert und gefährdet zu sein, nichts abgewinnen kann, sollte sich für das eigene spirituelle Erwachen und Wachsen andere Hilfsmittel suchen. Viele Wege führen zum Ziel.

Als ich kürzlich bei einem Enneagrammkurs in der Schweiz sagte: „Ich bin keine ZWEI. Ich bin Andreas Ebert", da ging ein erleichtertes Raunen durch die Reihen und mehrere Teilnehmerinnen erwähnten bei der Schlussauswertung, wie gut ihnen dieser Satz getan hätte. Bei dieser Aussage geht es genau um diese Desidentifikation: Ich bin immer wieder gefangen in meinem Muster, aber *ich bin nicht mein Muster*. Der wahre Andreas Ebert ist einmalig, nicht fixiert und determiniert, er ist unvorhersagbar und frei. Der Prozess der Desidentifikation führt aber vor Augen, wie oft ich dennoch immer wieder in alte Fallen tappe, einschlafe und dem Muster *nicht* widerstehe.

Ignatianische Exerzitien

Ignatius von Loyola (1491–1556), der Gründer des Jesui-
292 tenordens, hat in seinem Exerzitienbuch einen exemplarischen Übungsprozess dargestellt, der ausgehend von einer gründlichen Bestandsaufnahme zur Neuorientierung und -ordnung des gesamten Lebens führen kann. Dazu sind Stille, Gebet und kompetente Begleitung nötig.

Ignatius war der Erste, der in seinen Exerzitien psychologisches Wissen nutzte, um die Seele zu läutern. Der Weg zu Gott führt nach Ignatius zur Einsicht in die eigene Sündhaftigkeit, zur Konfrontation mit dem eigenen Schatten. Genau das leistet das typologische Enneagramm. Es ist daher kein Wunder, dass es Jesuiten waren, die das Enneagramm christlich adaptiert haben, weil sie erkannten, wie vorzüglich es sich als Hilfsmittel auf dem spirituellen Verwandlungsweg eignet. Der Jesuit *Bob Ochs,* Dozent an der Loyola-Universität in Chicago, gehörte 1971 zu den Seminarteilnehmern *Claudio Naranjos,* der das System Ichazos nach Nordamerika transferierte. Sofort nahm Ochs das Enneagramm in seine Lehrtätigkeit auf. Einer der Teilnehmer, *Paul Robb SJ,* machte das Enneagramm bald zum zentralen Lehrinhalt seines Instituts für spirituelle Begleitung. Mitte der 80er Jahre veröffentlichte der Jesuit *Patrick O'Leary* zusammen mit zwei Angehörigen anderer

Ignatianische Exerzitien können einen Prozess in Gang setzen, bei dem Selbsterkenntnis und Gottesliebe gleichzeitig in den Blick kommen.

christlicher Orden das erste Einführungsbuch ins Enneagramm überhaupt und gab damit den Startschuss für eine enorme Buchproduktion zum Thema.

In den letzten Jahren haben sich auch die evangelischen Kirchen immer mehr den Impulsen der ignatianischen Exerzitienpraxis geöffnet. Es ist eine Art Treppenwitz in der Konfessionsgeschichte, dass die Jesuiten, im 16. und 17. Jahrhundert Hauptträger der Gegenreformation, im 20. und 21. Jahrhundert die vielleicht wichtigsten Impulsgeber für die Erneuerung der geistlichen Praxis in der Kirche Martin Luthers geworden sind. Luther wie Ignatius hatten beide das Ringen des Einzelnen um seinen Weg mit Gott und sein Seelenheil im Auge. Für beide war die Bibel Ausgangspunkt und Quelle geistlicher Erfahrung und Übung und das Gebet das Herzstück geistlicher Übung. Sie waren sich viel näher, als man auf den ersten Blick meinen könnte. Die protestantische Angst vor „Werkgerechtigkeit", die meinte, man würde die Gnade verdunkeln, wenn man sich einer spirituellen Disziplin öffnet, scheint sich allmählich zu verflüchtigen.

Die ignatianischen Exerzitien sind, wenn sie kompetent angeleitet werden, bis heute ein vorzügliches Hilfsmittel, um einen Prozess in Gang zu setzen, bei dem Selbsterkenntnis und Gottesliebe gleichzeitig in den Blick kommen. Ignatius sagt: „Die Exerzitien sind doch das Allerbeste, was

Unseren innersten Kern
bezeichnet die biblische Tradition
als die Gottebenbildlichkeit in uns.

ich in diesem Leben denken, verspüren und verstehen kann, sowohl dafür, dass sich der Mensch selber nützen kann, wie dafür, Frucht zu bringen und vielen anderen helfen und nützen zu können.“ Das gilt bis heute.

Ignatianische (Einzel-) Exerzitien sind eine Abfolge von religiösen Übungen, die sich an dem Exerzitienbuch des Ignatius von Loyola orientieren. Ihr Ziel ist es, dass die Exerzitanten ihr Leben dem Willen Gottes entsprechend ordnen und gestalten. Dies bedeutet auch, dem inneren Wachstum unter der Führung des Heiligen Geistes und dem befreienden Wirken Gottes Raum zu geben. Der Inhalt dieser Übungen orientiert sich an der Bibel und an den von Ignatius vorgelegten Betrachtungen, Besinnungen usw.

Ignatianische Exerzitien sind ein Weg, der die Exerzitanten in Beziehung zum dreieinigen Gott setzt und in die Nachfolge Jesu führt. Sie sind erfahrungsbezogen und auf die Exerzitanten in ihrer Einzigartigkeit abgestimmt. An dieser Stelle kommt auch das Enneagramm ins Spiel, das viele erfahrene Exerzitienbegleiter als Hilfsmittel nutzen, um den Menschen, die sich ihnen anvertrauen, gerecht zu werden. Persönliche Begleitgespräche sind integraler Bestandteil der Exerzitien. Sie finden in der Regel täglich statt. Die Dauer der Exerzitien kann von wenigen Tagen bis zu mehreren Wochen reichen. Zu Einzelexerzitien gehört das Schweigen als wesentlicher Bestandteil dazu.

In vielen Pfarreien werden inzwischen auch „Exerzitien im Alltag“ angeboten, häufig in der Advents- oder Fastenzeit und in ökumenischer Kooperation. Dabei trifft sich die Exerzitiengruppe einmal pro Woche zu Austausch und zu geistlichen Impulsen. Die Teilnehmenden verpflichten sich, zu Hause täglich selbständig zu meditieren.

Weitere Informationen zum ignatianischen Weg und zu Exerzitienangeboten finden sich im Internet unter www.geistliche-begleitung.de.

Kontemplation und Herzensgebet

In der Mitte des Enneagrammsymbols klafft ein riesiges Loch. Nicht einmal der Mittelpunkt des Kreises, der das Neuneck umschließt, ist sichtbar. Dieser Leerraum lädt zur Deutung ein. Ich verstehe ihn (im Zusammenhang mit dem Enneagramm der Persönlichkeit) als Symbol für die Personmitte und als Platzhalter für das Christusgeheimnis. Unseren innersten Kern, das Geheimnis unserer Persönlichkeit, bezeichnet die biblische Tradition als die Gottebenbildlichkeit in uns. Sie ist wie Gott selbst unanschaulich; sie ist das Spiegelbild des unsichtbaren Gottes in uns. Manche Mystiker sprechen vom „gottförmigen Vakuum in der Seele“, C. G. Jung spricht vom „wahren Selbst“. Dieses Unsichtbare ist unser Wesen, das, was uns zutiefst ausmacht. Wer sind wir *vor* unseren Sünden, Leidenschaften, Fixierungen und Charaktermustern? Wer werden wir sein, wenn all unsere Verwundungen, Egotrips und Irrwege geläutert sind im Schmelztiegel der göttlichen Liebe, wenn endlich „erscheinen wird, was wir sein werden" (vgl. 1. Johannes 3,2)? Paulus spricht davon, dass „unser (wahres) Leben mit Christus in Gott verborgen" ist (Kolosser 3,3). Von dieser geheimnisvollen, unanschaulichen Mitte aus vollzieht sich jene Verwandlung, die die Energien unserer ichbezogenen Leidenschaften so zu reinigen vermag, dass sie sich in Charismen und göttliche Kräfte zurückwandeln, die dem Leben und der Gemeinschaft dienen.

Die Wüstenväter des 4. Jahrhunderts sprechen immer wieder davon, dass der Weg der Heiligung, Läuterung und „Vergottung" des Menschen zwei wesentliche Aufgaben umfasst, die sich komplementär ergänzen: Kampf *und* Kontemplation. Der „Kampf" gilt den Leidenschaften. Durch aufmerksame Selbstbeobachtung und asketische Übungen soll ich versuchen, ihnen auf die Schliche zu kommen, und sie möglichst schon im Vorfeld daran hindern, von mir Besitz zu ergreifen. Freilich birgt diese Art von Selbsttherapie die Gefahr, dass ich mich erst recht mit mir selbst befasse, um mich selbst kreise und in religiös-therapeutische Werkgerechtigkeit verfalle. Schon die Wüstenväter wuss-

Gebet
ist der innige Umgang des Menschen mit Gott.

ten, dass Heiligung nicht „machbar“ ist. Asketische Verbissenheit ohne jene Gelassenheit und Barmherzigkeit (auch sich selbst gegenüber), die Frucht der Gottesgnade sind, produziert keine Heiligen, sondern Pharisäer. Deshalb ist wichtiger als alle Übung und aller Kampf die *Kontemplation,* die liebevolle, absichtslose Ausrichtung auf Gott, das „reine“ Gebet. Evagrius Pontikus, der Vater der christlichen Leidenschaftslehre, ist zugleich der Vater der christlichen Kontemplation.

Gebet ist für Evagrius der innige Umgang des Menschen mit Gott. Es setzt voraus und bewirkt, dass sich der Mensch durch authentische Selbsterkenntnis und wahre Reue mehr und mehr von den Leidenschaften löst. Die „Kunst“ des Betens besteht darin, sich nicht von Sorgen und Gedanken von der Ausrichtung auf Gott abhalten zu lassen. Der Geist soll „ganz taub und still“ werden. Eine weitere Voraussetzung des Gebets ist für Evagrius die Versöhnungsbereitschaft, weil Groll einen Schatten über das Gebet wirft. „Ein Gebet, das durch nichts mehr abgelenkt wird, ist das Höchste, das der Mensch zuwege bringt.“ Wichtig ist für Evagrius ferner, dass das echte Gebet „bildlos“ ist: „Halte deinen Geist frei von jeglicher Form! Du darfst dir nichts vorstellen!“ Es geht letztlich darum, dass der innerste Raum in uns (das „gottförmige Vakuum“) entleert wird und leer bleibt, damit Gott selbst ihn füllen

Beten ist kein Werk des Menschen,
sondern die Erfahrung, dass Gott selbst
in unserem Innersten wohnt und betet.

kann. Damit Gott selbst kommen kann, müssen auch unsere Gottesbilder verschwinden. Ferner schärft Evagrius ein, dass man beim Beten nicht viele Worte machen soll und

dass das Gebet eher dem des Zöllners („Gott sei mir Sünder gnädig!") als dem des Pharisäers („Ich danke dir, dass ich nicht so bin wie die anderen ...") gleichen soll.

Bei Evagrius gehören „Lasterlehre" und „Gebetsschule" zusammen. Das ist bis heute aktuell. Mehrfach habe ich Exerzitien unter dem Titel „Enneagramm und Jesusgebet" angeboten. Die Erfahrungen dieser Einkehrtage haben mich ermutigt. Denn die Krise der westlichen Religion ist nicht zuletzt eine Krise des Gebets. Viele Menschen, auch viele treue Kirchgänger, erleben die traditionelle Gebetssprache als sinnentleert. Die vorformulierten Gebete des Pfarrers erreichen meist kaum den Kopf und noch seltener das Herz. Und nur wenige Christen praktizieren eine regelmäßige Form des persönlichen Gebets, die sie wirklich mit Freude und Kraft erfüllt. Das Gebet ist zwar nach christlicher Lehre die wesentlichste und innigste Lebensäußerung des Glaubens, aber die Kirchen versuchen und vermögen kaum, die Menschen beten zu lehren. Die Jünger Jesu kannten ihr eigenes Unvermögen und baten den Herrn: „Lehre uns beten!"

Die Gebetswände großer Kirchen sind zwar übersät mit Zetteln, auf denen viele Hilferufe und auch einige Danksa-

gungen an die Adresse Gottes Niederschlag finden. Die Gebetsnot ist gewaltig. Aber nach biblischer Lehre ist Beten mehr als Danke und Bitte sagen. Beten ist inniger und vertrauter Umgang mit Gott selbst, ein Beziehungsgeschehen.
Beten ist kein Werk des Menschen, sondern die Erfahrung, dass Gott selbst in unserem Innersten wohnt und betet, weit über unsere Worte hinaus: „Wir wissen nicht, was wir beten sollen ... Aber der Geist selbst tritt mit unaussprechlichem Seufzen für uns ein“ (Römer 8,26). Beten ist weniger ein Reden mit Gott oder zu Gott, sondern es bedeutet, in Gott zu sein und zu ruhen. Kann man lernen und üben, in Gott zu ruhen? Wenn Gott ewige Gegenwart ist (sein hebräischer Name bedeutet „Ich bin da“), dann können wir ihm nur begegnen, wenn wir selbst „da sind“ – in der Gegenwart.

Viele Suchende – Kirchennahe wie Kirchenferne – haben in den letzten Jahrzehnten die Zen-Meditation entdeckt. Sie sitzen unter kundiger Anleitung in der Stille, lauschen dem eigenen Atem und versuchen, ganz wach in der Gegenwart da zu sein, bis die vielen Gedanken, Erinnerungen, Pläne und Sorgen zur Ruhe kommen. Die Aufmerksamkeit richtet sich auf keinen Gegenstand, auch nicht auf „Gott“, nicht zuletzt, weil der Buddhismus ohne den Glauben an einen persönlichen Gott auskommt, der uns „Du“ und Gegenüber ist und uns beim Namen ruft. Es geht zunächst einmal darum, radikal leer zu werden – auch leer von bisherigen Gottesbildern. Derselbe Gedanke findet sich auch bei Evagrius!

300 Andere Sucher unserer Zeit gelangen durch die Körperübungen des hinduistischen Yogas zu spiritueller Sammlung. Wieder andere singen oder sprechen fernöstliche Mantren, wiederholen einen fremden, geheimnisvollen Gottesnamen. All das sind religiöse Erfahrungen, wie sie die meisten in der Kirche so intensiv nie machen konnten. Einige Zen Praktizierende bezeugen, dass sie gerade auf diesem Weg einen neuen Zugang zur Transzendenz und zum Glauben gefunden haben. Das stille Verweilen in der Gegenwart hat sie wieder empfänglich gemacht für die Kraft der christlichen Botschaft. Wenn der Glaube aus dem Hören kommt, wie Paulus sagt, müssen wir lernen, leer zu werden, zu schweigen und zu hören, um glauben zu können. Freilich können solche Praktiken auch dazu beitragen, dass Menschen der Kirche und dem christlichen Glauben endgültig den Rücken kehren, weil sie dort diesen Raum der Stille und Leere nicht finden. Die Übertritte zum Buddhismus haben sprunghaft zugenommen: Weshalb Christ bleiben, wenn die überzeugendsten Anleitungen zeitgemäßer Spiritualität aus den östlichen Religionen kommen?

Andere haben sich unter dem Eindruck östlicher Praktiken erneut auf die Suche nach genuin christlichen Meditations-

Das Herzensgebet stellt eine Brücke zwischen Christentum und östlichen Religionen dar.

formen gemacht und sind unter anderem auf das ostkirchliche Herzensgebet gestoßen. Auch das christliche Herzensgebet setzt wie Zen und Yoga beim Körper, beim Atem und beim Leerwerden an und wie hinduistische Mantra-Meditationen bei der Wiederholung eines Gottesnamens – in diesem Falle des Namens Jesu Christi. Deshalb stellt es eine Brücke zwischen Christentum und östlichen Religionen dar. Aber inhaltlich zielt es ausdrücklich auf die Verwurzelung des Betenden in Jesus Christus.

Viele versuchen auf eigene Faust, diese schlichte Art des Betens zu praktizieren. Methodische Anleitung und Hilfe finden sie selten, weil es in den Kirchen des Westens keine Starzen und nur wenige geistlich erfahrene Seelenführer/innen gibt. Neben Abt Emmanuel Jungclaussen aus Niederalteich ist es vor allem der ungarische Jesuit Franz Jalics, der diese schlichte Weise des Betens methodisch lehrt und Tausenden die Tür zu einer ausdrücklich auf Jesus Christus ausgerichteten Form der Meditation und Kontemplation („betrachtendes Gebet“) geöffnet hat. Ihm habe auch ich die Hinführung zum Herzensgebet zu verdanken. Sein Buch „Kontemplative Exerzitien – Eine Einführung in die kontemplative Lebenshaltung und in das Jesusgebet“ ist ein Leitfaden, der in zehn Kapiteln die Einübung des Herzensgebets im Selbststudium ermöglicht, sich aber auch als Begleitlektüre für Exerzitienkurse eignet.

Einem Vogel lauschen,
einen Baum oder eine Blume betrachten,
den Wind auf der Haut spüren –
der Weg zum „Sinn“ führt über die Sinne.

Die Grundeinsicht aller kontemplativen Gebetsweisen besagt: „Gott ist immer da. Gott ist ewige Gegenwart. Aber wir sind nicht da. Wir sind zerstreut, sind mit Gedanken, Sorgen und Plänen in der Vergangenheit und Zukunft, kreisen um uns selbst. Gott aber können wir nur in der Gegenwart begegnen.“ Deswegen beginnt kontemplatives Beten mit Übungen, die uns helfen, „da zu sein“, die Gegenwart wahrzunehmen. Die Natur ist nach Jalics eine vorzügliche Lehrmeisterin des „Da-Seins“. Konsequenterweise schickt er seine Schülerinnen und Schüler zu Beginn der Exerzitien auf lange Spaziergänge. Dabei sollen sie üben, allmählich die Alltagsgedanken hinter sich zu lassen und wahrzunehmen, was jetzt da ist. Einem Vogel lauschen, einen Baum oder eine Blume betrachten, den Wind auf der Haut spüren – der Weg zum „Sinn“ führt über die Sinne.

Eine zweite Übung findet im Sitzen statt: Der Körper kommt auf einem Stuhl oder einem Meditationshocker zur Ruhe. Ich beginne, den eigenen Leib wahrzunehmen, aufmerksam hinzuspüren, wo er zum Beispiel Bodenkontakt hat. Dann wende ich mich dem eigenen Atem zu. Ich kontrolliere ihn nicht, ich verändere ihn nicht, ich „beobachte“ ihn nicht einmal. Ich versuche, ihn kommen und gehen zu lassen und ihm mit wachem Interesse zu lauschen – und stetig dabeizubleiben. Auch das klingt einfacher, als es für die meisten ist. Unser Schulsystem und die Gewohnheit lehren uns, nur für Bruchteile von Sekunden wahrzunehmen, was ist – um dann gleich Urteile zu fällen und zur Tat zu schreiten. Das Jesusgebet wendet sich wie Zen und jede andere Form kontemplativen Betens der Gegenwart interessiert und achtsam zu.

Schließlich richtet sich die Aufmerksamkeit auf die Innenfläche der Hände, wo nach christlicher Tradition die Wundmale Jesu „eingezeichnet" sind. Ich spüre in die Mitte der Handflächen hinein, wo sich Blut- und Nervenbahnen treffen. Auch die Hände helfen mir, in der Gegenwart zu sein. Nach einer Weile spüren viele Übende in der Mitte der Hand Wärme oder den eigenen Puls. Gedanken, Gefühle und Körperschmerzen lasse ich dabei zu, aber ich fixiere mich nicht auf sie, sondern kehre immer wieder zurück zum Atem und zur Wahrnehmung der Hände. Wenn es mir eine Weile gelingt, so gegenwärtig zu sein, verbinde ich den Atem mit dem Namen Jesu Christi.

Die Langform des Jesusgebetes besteht aus dem Satz „Herr Jesus Christus, erbarme dich meiner", wobei meist beim Einatmen der Name ausgesprochen wird, beim Ausatmen die Gebetsbitte. In der konzentrierten Form des Jesusgebets, wie sie Franz Jalics lehrt, besteht das Gebet nur aus dem Namen: Beim Ausatmen spreche ich innerlich den Namen „Jesus", beim Einatmen den Namen „Christus". Dabei lausche ich, ob sich Namen und Atem verbinden und ob sie gemeinsam in den Händen „ankommen“. Es geht nicht darum, den Namen mit irgendwelchen Bildern und Gefühlen zu verbinden. Das ruhige Aussprechen des Namens „rei-

nigt“ ihn vielmehr vom Wust religiöser Vorstellungen.
Kontemplativ beten bedeutet, nichts mehr erreichen zu wollen, sondern sich loszulassen in Gottes Hand. Die Zeit, in der ich versuche, vor Gott da zu sein, schenke ich ihm. Bei einem Schweigekurs mit dem Jesusgebet können das vier bis acht Stunden täglich sein, die ich in der stillen Anrufung verweile. Diese Zeit entzieht sich meiner Verfügung. Ich bin bereit, das zu empfangen, was Gott mir zumutet oder schenkt. Oft löst die Stille Körperschmerzen aus. Verdrängte Gefühle kommen ans Licht. Zur Kontemplation gehört aber die Leidensbereitschaft: Ich lasse auch die dunklen Gefühle, Zeiten der Zerstreuung, Ängste und Schmerzen zu und überlasse Gott die Heilung. Viele, die so beten, erleben, dass in der Stille innere Wunden aufbrechen – und heilen. Viele erleben, dass sie allmählich fähig werden, sich von innen heraus mit sich selbst und mit ihren Mitmenschen zu versöhnen.
Das große Loch inmitten des Enneagrammsymbols hat eine doppelte Botschaft. Heilung und Verwandlung kommen aus der „unanschaulichen Mitte“ und geschehen auf dem Weg des Leerwerdens und Loslassens. Die Leere ist aber kein Selbstzweck, sondern dient der göttlichen Fülle. Jesus ist

Kontemplativ beten bedeutet,
nichts mehr erreichen zu wollen,
sondern sich loszulassen
in Gottes Hand.

nach seinen eigenen Worten gekommen, damit wir das „Leben in Fülle" haben. Deshalb ist das Christentum letztlich keine asketische Religion. Die Übung dient dem Leben und die Wüstenzeit dient dem Fest. Am Ende erwarten Juden und Christen keine Auflösung in einem wie auch immer gearteten „Nirwana", sondern ein Fest, bei dem der Wein fließt, bei dem alle Tränen getrocknet sind, bei dem wir Gott loben. Die Praxis des kontemplativen Gebets ist – wie das Abendmahl – ein Vorgeschmack auf das Fest, bei dem wir Gott schauen.

Eine andere Weise, das Herzensgebet zu lehren, hat der Schweizer *Franz-Xaver Jans-Scheidegger* entwickelt. Er bietet Kurse im Schweizer Flüeli an (www.viacordis.ch). In Deutschland gibt es ein ähnliches Angebot im ehemaligen Kloster Wennigsen (www.via-cordis-wennigsen.de). Adressen zu Übungsangeboten des Herzensgebets nach Franz Jalics: info@haus-gries.de.

Exerzitien auf der Straße

Die kontemplativen Exerzitien mit dem Jesusgebet sind *eine* Weiterentwicklung des ignatianischen Übungswegs, der am Ende auf das kontemplative Einswerden mit Gott zielt. Eine scheinbar völlig anders geartete Form von Exerzitien

Im Angesicht Gottes, der da ist
und dessen Leidenschaft für die versklavten
Menschen brennt und sich doch nicht verzehrt,
erfährt der Mensch, wer er selbst ist.

hat der Berliner Jesuit *Christian Herwartz* entwickelt. Er gründete mit Ordensbrüdern vor über 25 Jahren mitten in Kreuzberg eine offene Wohngemeinschaft, in der alle Menschen willkommen sind, die eine Zuflucht suchen oder Teil einer geistlichen Gemeinschaft sein wollen. Manche bleiben nur kurz, andere über Jahre. Die Exerzitien auf der Straße sind entstanden, als ein junger Jesuit Christian Herwartz bat, bei ihm Exerzitien machen zu können. Nicht im Wald, nicht bei der Bibellektüre, nicht in kontemplativer Versenkung, sondern mitten im Leben, mitten in der Stadt wollte er sich auf die Suche nach den Spuren Gottes machen. Hatte nicht Ignatius von Loyola dazu eingeladen, „Gott in allen Dingen zu suchen"?

Christian Herwartz forderte den jungen Mann auf, tagsüber in Berlin mit offenem Herzen unterwegs zu sein. Abends wurde dann das Erlebte gemeinsam ausgewertet. Aus diesem persönlichen Impuls eines Einzelnen ist inzwischen eine ganze Bewegung entstanden: die Exerzitien auf der Straße, die in vielen Städten angeboten werden.

Die bis zu zehn Teilnehmerinnen und Teilnehmer wohnen während der zehntägigen Exerzitien in einer einfachen Unterkunft, in Kreuzberg zum Beispiel in einem ehemaligen Notquartier für Obdachlose im Keller einer Kirchengemeinde. Tagsüber gehen sie aufmerksam durch die Stadt und suchen nach Orten, wo ihre Interessen, ihre Gefühle und ihre Sehnsüchte angesprochen werden. Dort bleiben sie stehen, ziehen (innerlich oder tatsächlich) die Schuhe aus und verweilen in Achtsamkeit. Sie meditieren, beten, versuchen vor ihren Ängsten nicht zu fliehen, werden ansprechbar oder nehmen selbst Kontakt auf.

Die Übung des Schuheausziehens entstammt der biblischen Geschichte, wie sie im 2. Buch Mose erzählt wird: Mose, ein Ziegenhirt in der Wüste Sinai, sieht mitten in seinem Alltag etwas Ungewöhnliches. Das geschieht in dem Augenblick, in dem er mit seiner Herde eine Grenze überschreitet und das bisher gewohnte Weideland hinter sich lässt: Ein Dornbusch brennt und verbrennt doch nicht. Mose wird neugierig und will sich das Geschehen aus der Nähe ansehen. Da hört er eine Stimme: „Zieh deine Schuhe aus! Du stehst auf heiligem Boden." Mose hört neu von der Versklavung seines Volkes (und damit auch von der eigenen verdrängten Not) und begreift, dass ihm bei der Befreiung der versklavten Hebräer eine wichtige Rolle zugedacht ist. Er wehrt sich und fragt die Stimme: „Wie heißt du?" Er bekommt die Antwort: „Ich bin da!" Im Angesicht des Gottes, der *da ist* und dessen Leidenschaft für die versklavten Menschen brennt und sich doch nicht verzehrt (wie der Dornbusch), erfährt Mose, wer er selbst ist. Er erlebt sein eigenes Da-Sein, seine eigene Identität, und wird als Mitwirkender hineingezogen in das rettende Handeln Gottes.

Die Schuhe auszuziehen ist ein Bild für die Bereitschaft, verwundbar und offen zu sein, mit Respekt zuzuhören, sich berühren zu lassen. Die Schuhe stehen für Distanz, für Schutz- und Abwehrmechanismen, die wir Menschen zum Überleben brauchen. Verwandlung und die Begegnung mit Gott und unserem wahren Selbst aber ereignen sich in Momenten der Entblößung, der Wehrlosigkeit im Schutze der liebenden Gegenwart Gottes.
Unsere Schuhe können sehr unterschiedliche Namen haben. Jedes Enneagrammmuster steht auch für ganz bestimmte Abwehr- und Schutzmechanismen. Vielleicht muss sich die EINS von den Schuhen des Rechthabens und des Perfektionismus lösen, die ZWEI von den Helferschuhen, die DREI von den Schuhen des Erfolgs, die VIER von den Schuhen des Außerordentlichen, die FÜNF von den Schuhen des Beobachters, die SECHS von den Schuhen der Angst und des Misstrauens, die SIEBEN von den Schuhen der Genusssucht, die ACHT von den Schuhen der Stärke und die NEUN von den Schuhen der Passivität und Trägheit.
Mit nackten Füßen berührt der Mensch die oft dornige Realität, in der sich Gott verbirgt, um in dieser unmittelbaren Berührung die eigenen Verletzungen und Widerstände, die eigenen (und fremden Sehnsüchte) und Impulse zu einem erfüllten Leben zu suchen. Die Schuhe auszuziehen kann der Beginn sein, mitten in der Welt der Meinungen und

Verwandlung und die Begegnung mit Gott
und unserem wahren Selbst
ereignen sich in Momenten der Wehrlosigkeit
im Schutze der liebenden Gegenwart Gottes.

Vorurteile neu in ein Nichtwissen zu treten, respektvoller zu werden gegenüber den Mitmenschen und ihrer Wirklichkeit, aber auch gegenüber der eigenen Geschichte und Realität. Es geht darum, an dem „heiligen Ort“ der Aufmerksamkeit neu zu hören, zu sehen, zu riechen, zu tasten.

Die Teilnehmerinnen und Teilnehmer der Exerzitien auf der Straße suchen unter Obdachlosen oder Drogenabhängigen, in einem türkischen Cafe oder in einer Moschee, bei Prostituierten, an einem Holocaustdenkmal einen Ort, wo sie spüren, dass das eigene Herz zu „brennen“ beginnt. Niemand schreibt ihnen vor, wo oder wie sie suchen müssen. Jede Exerzitiengeschichte ist einmalig und unvergleichbar. Es geht darum, sich von Gottes Geist unmittelbar führen zu lassen. Die Exerzitanten nehmen die Umwelt und die eigenen Gefühle wahr und beginnen zu ahnen, weshalb sie sich gerade diesen Ort „ausgesucht“ haben oder hierher geführt worden sind – an einen Ort, der Fragen aufwirft, denen sie bisher vielleicht ausgewichen sind.

Die Spiritualität des Enneagramms enthält unter anderem die Einladung, die eigenen *Vermeidungsstrategien* wahrzunehmen und dem Vermiedenen nicht länger auszuweichen. EINSer meiden beispielsweise das Schmutzige und Unvollkommene, ZWEIer die eigene Bedürftigkeit, DREIer Scheitern und Misserfolg, VIERer das Banale und Gewöhn-

Eine echte Gottesbegegnung ist immer überraschend, fremd, anziehend und heilend.

liche, FÜNFer Verwirrung und mangelnden Durchblick, SECHSer das Illegale und Verbotene, SIEBENer das Dunkle, Krankheit und Schmerz, ACHTer Hilflosigkeit und Schwäche und NEUNer fokussiertes Handeln. Zu Beginn der Exerzitien auf der Straße steht deshalb für die Teilnehmerinnen und Teilnehmer die Besinnung darüber, was sie wütend oder traurig macht, was sie vermeiden, wo sie Gott am liebsten *nicht* begegnen möchten. Fast immer erleben sie, wie sie von Gott Schritt für Schritt behutsam *genau dahin* geführt werden, wohin sie – zunächst – nicht gehen wollen, weil gerade da Verwandlung und Integration möglich werden (so wie die SIEBEN Franziskus, der Leidvermeider, sein tiefstes Bekehrungserlebnis hatte, als er den bisher gemiedenen Aussätzigen umarmte).

Weshalb Menschen bei diesen Exerzitien gerade an diesen oder jenen Ort geführt werden und bestimmten Mitmenschen begegnen, bleibt geheimnisvoll. Im Rückblick erkennen viele eine überwältigende höhere Regie in den „Inszenierungen“, die sie bei den Exerzitien erleben. Abends kommen die Übenden zurück in die Herberge und nach einem gemeinsamen, selbst zubereiteten Essen und nach einem Gottesdienst erzählen sie in der Kleingruppe (bis zu fünf Teilnehmerinnen und Teilnehmer und zwei Begleiter/innen) von ihren Wegen, ihrem Suchen, ihrem Stehenbleiben, ihrer behutsamen Annäherung an die Orte, die sie persönlich als wichtig, aufwühlend und heilig erfahren haben. Sie berichten auch von den entdeckten Schwierigkeiten, den Ängsten, den Dornbüschen in ihrem Leben. Oft entdecken und verstehen sie erst beim Erzählen und durch die Nachfragen und Impulse der Gruppe die tiefere Bedeutung des Erlebten und bekommen dadurch wesentliche Impulse für den nächsten Tag.

Zur Gottessuche bei den Alltagsexerzitien gehört auch die Frage nach dem Namen Gottes. Mithilfe der Gruppe fragen die Exerzitanten danach, *welchen* Gott sie suchen, oder sie versuchen am Ende eines Tages zu benennen, welcher Aspekt (Name) Gottes ihnen begegnet ist. Vielleicht begegnet die EINS dem großzügigen Gott, die ZWEI dem Gott, der ihre Einsamkeit und Bedürftigkeit sieht, die DREI dem Verlierergott, die VIER dem hässlichen Gott, die FÜNF dem einfältigen Gott, die SECHS dem Gott, der ihr etwas zutraut, die SIEBEN dem leidenden Gott, die ACHT dem schwachen Gott und die NEUN dem Gott, der sie sieht und wahrnimmt. Eine echte Gottesbegegnung ist jedenfalls immer überraschend (manchmal auch erschreckend), fremd, anziehend und heilend.

Die Schlussphase der Exerzitien beginnt mit dem Ritual der Fußwaschung (Johannes 13) und mit der Meditation der Geschichte von den beiden Jüngern, denen Jesus auf ihrem Trauerweg von Jerusalem nach Emmaus begegnet (Lukas

24). Obwohl sie ihn nicht gleich erkannt haben, begreifen sie im Nachhinein, dass ihr brennendes Herz Indiz seiner Gegenwart gewesen ist („Brannte nicht unser Herz, als er mit uns redete auf dem Weg ...“). Erst als er das Brot mit ihnen bricht, fällt es ihnen wie Schuppen von den Augen. Sie eilen zurück nach Jerusalem und begegnen anderen, die gleichzeitig, aber auf eigene und andere Weise, dieselbe Erfahrung gemacht haben: Jesus lebt.

Schließlich reflektieren die Exerzitanten noch einmal in der großen Gemeinschaft den ganzen Weg, den sie gegangen sind. Sie teilen einander mit, wo ihr eigenes Herz gebrannt hat, welche Schuhe sie ausgezogen haben, welcher Gott ihnen begegnet ist. Beim abschließenden Gottesdienst in der gastgebenden Gemeinde drängt es in der Regel einige von ihnen, „Zeugnis“ abzulegen und den Mitgliedern der gastgebenden Gemeinde etwas von dem mitzuteilen, was sie in dieser Zeit, in dieser Stadt, in dieser Gemeinde und Kirche erfahren haben. Sie sprechen von Verwandlungen, die sie dabei erfahren haben. Vielleicht spricht die EINS jetzt von der Begegnung mit dem unvollkommenen und schmutzigen Gott, die ZWEI vom Gott, der ihre tiefsten Sehnsüchte und Bedürfnisse sieht, die DREI vom Verlierergott, die VIER vom Gott, der das Gewöhnliche außergewöhnlich macht, die FÜNF vom Gott, der berührt und überwältigt, die SECHS vom Gott, der zur Grenzüberschreitung

Menschen machen auf je eigene Weise die gemeinsame Erfahrung: Jesus lebt.

einlädt, die SIEBEN vom Gott, der mitten im Dunkel aufleuchtet, die ACHT vom unschuldigen und wehrlosen Gott, die NEUN vom Gott, der inspiriert und zum Handeln ermutigt. Vielleicht. Vielleicht begegnet ihnen Gott auch noch
einmal ganz anders.

Die Exerzitien auf der Straße sind ein praktisch geldfreies Projekt. Die Teilnahme ist gratis (erforderlich ist nur ein wenig Geld für die gemeinsame Kasse, aus der Lebensmittel gezahlt werden); die Begleiter tun ihren Dienst ehrenamtlich. Termine, Berichte und Anmeldung im Internet unter: www.con-spiration.de/exerzitien.

Re-Naturierung: Tiefe Ökologie, Visionssuche, Pilgern

Aus den ignatianischen Exerzitien haben sich noch zahlreiche weitere Übungsangebote entwickelt, zum Beispiel *Garten-* und *Reiter-Exerzitien,* wie sie von den Schwestern der Christusbruderschaft Selbitz in Kloster Wülfinghausen entwickelt worden sind (www.kloster-wuelfinghausen.de). Dabei geht es vor allem darum, den verlorenen Kontakt zur *Erde* (Garten) und zu *Tieren* (Pferde) neu aufzunehmen und aus dieser Begegnung heraus offen zu werden für tiefere geistliche Fragen.

Die Visionssuche ist ein in vielen Kulturen praktiziertes Ritual, mit dem Menschen Schwierigkeiten bewältigt und Übergänge markiert haben.

Überkonfessionell ist die Bewegung der *Tiefen Ökologie*, der es darum geht, dass sich der Mensch wieder als Teil der Schöpfung versteht. Tiefe Ökologie sieht die Erde als lebendigen Organismus, in dem alles miteinander verbunden und voneinander abhängig ist und in dem jedem Lebewesen sein Eigenwert zukommt. Gleichzeitig ist Tiefe Ökologie eine internationale Bewegung für soziale, kulturelle, ökonomische und ökologische Veränderungen.

Tiefe Ökologie fördert persönliches Wachstum im Sinne eines In-Beziehung-Seins mit allem Lebendigen. Sie ist eine Anleitung dazu, unser Handeln im Alltag in die Entwicklung von anpassungs- und lebensfähigen Systemen und Prozessen hineinzustellen. Sie öffnet neue Erfahrungsräume, indem sie fragt, was und wer wir sind, woher wir kommen, wo unser Platz im größeren Zusammenhang des Lebens ist und worin unsere Verantwortung besteht.

Tiefe Ökologie steht vor allem für eine radikale Kritik an den Grundüberzeugungen unserer Kultur und Gesellschaft, unserer Politik, unserer Wirtschaft und unseres Erziehungssystems. Ihr Anliegen ist es, der Entfremdung des Menschen von sich selbst und von der Gemeinschaft aller lebenden Wesen der Erde entgegenzuwirken. Dabei verfolgt sie einen ganzheitlichen Ansatz, der konzeptionelle, emotionale, spirituelle und praktische gesellschaftspolitische Arbeit in wechselseitigen Austausch miteinander bringt.

Zum Trainingsprogramm der Tiefen Ökologie gehört die *Visionssuche,* ein Exerzitium, das unter anderem auf indianische Initiationsriten zurückgeht: vier Tage und Nächte allein in der Wildnis, fastend und ohne schützende und trennende Wände zwischen Mensch und Natur. Die Übenden gehen nach mehrtägiger Vorbereitungszeit in der Gruppe mit minimaler Ausrüstung allein in den Wald (meist in einer einsamen, abgelegenen Gegend). Die Visionssuche ist ein klar strukturierter, ritueller Raum, in dem ungeklärte Lebensfragen, die Suche nach dem Sinn des eigenen Daseins, nach der innersten persönlichen Eigenart und Bestimmung, nach Neuorientierung im Leben und nach einem sinnerfüllten Alltag im Dienst an der Gemeinschaft Platz haben. Die Zeit des einsamen Fastens wird von drei Grunderfahrungen geprägt: Verzicht auf Nahrung, Verzicht auf ein Dach über dem Kopf, Verzicht auf Kontakt zu anderen Menschen (jedoch zu Bäumen, Tieren, Steinen und sich selbst).

Die Visionssuche ist ein in vielen Kulturen praktiziertes Ritual, mit dem Menschen Schwierigkeiten bewältigt und Übergänge von einer Lebensphase in eine andere markiert haben: Wandel vom Jugendlichen zur erwachsenen Frau und zum erwachsenen Mann, Eintritt in das Familienleben, Lebensmitte, Eintritt ins Alter. Wichtige Entscheidungen – seien es Partnerschaft oder Trennung, berufliche Neuori-

entierung oder der Umgang mit Krankheit – verlangen einen Rückzug aus dem Alltagsleben, sodass innere Klarheit und Stärke für den nächsten Schritt entstehen können. In-
 formationen: www.visionssuche.net.

Schließlich ist in den letzten Jahren die uralte Tradition des *Pilgerns,* die es in allen Religionen gibt, gerade in Europa wiederentdeckt worden. Die Anzahl der Menschen, die sich auf den mittelalterlichen Jakobsweg ins spanische Santiago de Compostela machen, nimmt von Jahr zu Jahr exponentiell zu. Der spanische Jakobsweg ist im Sommer inzwischen so überlaufen, dass viele Pilgerinnen und Pilger auf einsamere Wege ausweichen. Die weitgehend ausgeschilderten Jakobswege im deutschsprachigen Raum sind (noch) relativ still. Auch andere Pilgerwege und Wallfahrten werden neu entdeckt.

Die Erfahrung des Pilgerns ist ganzheitlich. Sie beansprucht als Erstes den Leib; danach tragen das stetige Gehen und der Kontakt mit der Natur zur Klärung seelischer und geistlicher Prozesse bei. Die Begegnung mit Menschen aus anderen Kulturen und Konfessionen, die dennoch alle Suchende sind, weitet den Horizont. Bücher und Internetseiten können dazu beitragen, den für sich selbst richtigen Einstieg ins Pilgern zu finden.

Das stetige Gehen und der Kontakt mit der Natur tragen zur Klärung seelischer und geistlicher Prozesse bei.

Körperarbeit

Da der spirituelle Weg mit dem Leib beginnt, wird er immer auch Aspekte der Leibesübung enthalten. Das kann regel-
mäßige Morgengymnastik, Spazierengehen und strammes Wandern oder Mannschaftssport sein. Aus dem Fernen Osten kommen Kampfsportarten wie *Karate* und *Judo,* aber auch sanftere Wege wie *Hata-Yoga, Taijiquan* (Tai Chi) oder *Chi Qong.* Sie alle dienen der Harmonisierung von Körperwahrnehmung, Atem, Bewegung und Geist.

Aus dem europäischen Raum stammt die *Alexander-Technik. Frederick Matthias Alexander*, ein australischer Schauspieler, entwickelte sie in den 30er Jahren des 20. Jahrhunderts. Sie soll die Schüler befähigen, ihre Haltungs- und Bewegungsgewohnheiten zu beobachten und zu analysieren und körperlich dysfunktionale Gewohnheiten abzulegen. Die *Eutonie,* eine behutsame Methode, die von der Deutschen *Gerda Alexander* entwickelt und in den 50er Jahren der Öffentlichkeit präsentiert wurde, leitet dazu an, sich selbst besser wahrzunehmen und eine Balance der Spannungen im Körper zu finden. Der israelische Judolehrer *Moshe Feldenkrais* entwickelte in der zweiten Hälfte des 20. Jahrhunderts eine Methode, deren Ziel ist es, ererbte und anerzogene Selbstbilder und Muster durch angeleitete Bewegungsübungen zu überwinden und

Der Körper kennt viele Antworten,
die Seele und Geist alleine nicht finden.

so Sinnesempfindung, Gefühl und Denken zu verändern und zu entwickeln (*Feldenkrais-Methode*).

Die unterschiedlichen körpertherapeutischen Ansätze, die in den letzten 50 Jahren entwickelt wurden, sind inzwischen kaum noch zu zählen. Sie alle gehen davon aus, dass Lebenskrisen und Traumata, aber auch ungelebte Möglichkeiten und Ressourcen körperlich verankert sind und damit auch über den Körper bearbeitet werden können. Ziel der Behandlung ist die Heilung von psychosomatischen Beschwerden und Hilfe zur Selbstfindung. In den 50er Jahren entwickelte beispielsweise die amerikanische Biochemikerin *Ida Wolf* die wissenschaftlich umstrittene Heilbehandlung des *Rolfing,* bei der durch spezifisch Massagen verklebte Bindegewebsschichten gelöst, Verkürzungen im Gewebe gedehnt und verhärtete Stellen geschmeidig gemacht werden, wodurch der leib-seelische Organismus wieder in Balance kommen soll. Andere Techniken heißen *Rebalancing, Polarity* oder *Rebirthing.* Bei all diesen Methoden kommt es natürlich auf die Kompetenz der Anleiter und Anleiterinnen an. Hoch effektive Angebote stehen neben Scharlatanerie. Allen liegt jedoch die zutreffende Erfahrung und Einsicht zugrunde, dass sich Seele und Geist nicht vom Leib trennen lassen und dass der Körper viele Antworten kennt, die Seele und Geist alleine nicht finden.

Der Weg aus der Abhängigkeit: Zwölf Schritte

Abhängigkeit und Sucht sind wesentliche Merkmale der westlichen Gesellschaft. Große Teile der kapitalistischen Wirtschaft basieren darauf, Sucht zu erzeugen und zu bedienen. Zum Wesen der Sucht gehört, dass sie tabuisiert und geleugnet wird. In dem Augenblick, in dem sie erkannt und benannt wird, beginnt die Heilung.

Auch die Fixierung im Enneagrammmuster trägt suchthafte Züge, solange sie nicht entlarvt ist. *Richard Rohr* hat einmal scherzhaft gesagt, man müsste Selbsthilfegruppen für „Anonyme DREIer", „Anonyme ACHTer" usw. entwickeln.

Zu den wesentlichsten spirituellen Errungenschaften der westlichen Welt gehören die Einsichten des Zwölf-Schritte-Programms, das die US-Amerikaner *William Griffith Wilson* und *Robert Holbrook Smith* ausgehend von ihren eigenen Erfahrungen des Alkoholismus in den 30er Jahren des 20. Jahrhunderts entwickelt haben. Diese Selbsthilfegruppen helfen Menschen mit den verschiedensten Suchtproblemen. Sie haben eine gemeinsame spirituelle Grundlage. C. G. Jung hat sie „spiritus contra spiritum" (Heiliger Geist gegen Weingeist) genannt. Sie beinhalten folgende Grundgedanken:

1. Anerkennen, dass man seinem Problem machtlos gegenüber steht. Das können Alkohol, Drogen, Sexsucht, die eigenen Gefühle usw. sein.

2. Zum Glauben kommen, dass nur eine höhere Macht als man selbst helfen kann.
3. Den Entschluss fassen, seinen Willen und sein Leben Gott anzuvertrauen.
4. Eine gründliche und furchtlose Inventur von sich selbst machen.
5. Vor sich selbst und einem anderen Menschen gegenüber seine Fehler eingestehen.
6. Die Bereitschaft, Charakterfehler von Gott entfernen zu lassen.
7. Demütig darum bitten, dass Gott sämtliche persönliche „Fehler“ beseitigt.
8. Auflistung aller Personen, denen Schaden widerfahren ist, und die Bereitschaft und den Willen zur Wiedergutmachung entwickeln.
9. Wo immer möglich, die Menschen entschädigen, außer wenn sie oder andere dadurch verletzt werden.
10. Innere Inventur fortsetzen und zugeben, wenn man im Unrecht ist.
11. Durch Gebet und Besinnung versuchen, die Beziehung zu Gott zu verbessern, und um die Erkenntnis beten, seinen Willen zu erkennen und die Kraft zu bekommen, das Erkannte umzusetzen.
12. Nach der nun erfahrenen spirituellen Erweckung versuchen, die Botschaft an andere Betroffene weiterzu-

Nicht alle Konflikte des Lebens haben individuelle Ursachen.

geben und seinen Alltag nach den Grundsätzen der Zwölf-Schritte- Gruppe auszurichten.

Weltweit gibt es mehr als 150 000 Gruppen, die nach dem Ansatz der Zwölf Schritte arbeiten. Die Mitglieder kennen einander nur mit Vornamen. Sie treffen sich regelmäßig zum Austausch. Zu Beginn steht jedes Mal die Vorstellung mit dem Vornamen und dem Bekenntnis: „Ich bin Alkoholiker“ (bzw. drogensüchtig usw.).
Auch hier heilt die „Gemeinschaft der Verwundeten“. Die Kirche könnte von der Aufrichtigkeit, Unmittelbarkeit und Schlichtheit dieses spirituellen Ansatzes unendlich viel lernen.

Verstrickung und Lösung

Nicht alle Konflikte des Lebens haben individuelle Ursachen. Wir sind Teil eines Beziehungsgefüges. Unser Familiensystem vor allem ist es, das unseren Charakter und unser Verhalten prägt. Der Platz, den wir in diesem Gefüge haben, spielt eine entscheidende Rolle im Blick auf unsere Verhaltensmuster.
Die Einsicht ist alt, dass systemische Verstrickungen gelöst werden müssen, damit das Leben ins Fließen kommen

Die verachteten, vergessenen und verleugneten Mitglieder eines Systems müssen gewürdigt und integriert werden, damit das gesamte System heil werden kann.

kann. Schon Paulus ist der Meinung, dass Erkrankungen innerhalb des Gemeindesystems mit ungelösten sozialen Konflikten unter den Gemeindegliedern zu tun haben (1. Korinther 12-14).

Die US-Amerikanerin *Virginia Satir* gilt als „Mutter der systemischen Familientherapie“. Mithilfe von Familienskulpturen und Familienrekonstruktionen konnte sie beachtliche Heilungserfolge erzielen. Eine breite Öffentlichkeit erreicht das Familienstellen nach *Bert Hellinger,* das allerdings in Fachkreisen heftig umstritten ist. Eine der entscheidenden Einsichten Hellingers ähnelt dem, was bereits Paulus schreibt: Die verachteten, vergessenen und verleugneten Mitglieder eines Systems müssen gewürdigt und integriert werden, damit das gesamte System und alle seine Mitglieder heil werden können.

Weniger bekannt ist der christlich-spirituelle Ansatz des anglikanischen Arztes *Kenneth McAll,* der in China erlebte, wie ein Mann, der an „Teufelswahnsinn“ litt, durch das Gebet einer gewöhnlichen Frau geheilt wurde. McAll begann, psychiatrische Krankheiten zu erforschen und sich auf die Behandlung psychisch kranker Patienten zu spezialisieren. Gemeinsam mit seinen Patienten analysierte er ihre Familiengeschichte, stellte mit ihnen ihren Familienstammbaum auf und konnte manifesten Leiden bestimmten Begebenheiten in der Vergangenheit des Familiensystems

zuordnen (zum Beispiel Selbsttötung, Abtreibungen, Fehlgeburten, im Krieg gefallenen Soldaten, gewaltsamer Tod). Durch Fürbitte für die Verstorbenen, Gebet um Befreiung und Heilung sowie die gemeinsame Eucharistiefeier konnten viele Patienten von ihren Krankheiten geheilt werden, auch manche, die als austherapiert galten.
Zusammen mit meinem Freund und Kollegen Tilmann Haberer, der in Gestaltseelsorge ausgebildet ist und als evangelischer Leiter der „Münchner Insel“, einer ökumenischen Beratungsstelle, tätig ist, habe ich im Kontext des Spirituellen Zentrums St. Martin in München behutsam begonnen, einen ähnlichen Weg zu verfolgen. Der Zustrom zum ersten Seminartag zu diesem Thema war enorm. Nachdem wir in die Thematik und unseren Ansatz zwischen Hellinger und McAll eingeführt hatten und die Teilnehmenden kurz gesagt hatten, weshalb sie gekommen waren, hatten sie Gelegenheit, in Einzelarbeit den eigenen Familienstammbaum aufzuzeichnen. In Kleingruppen konnten sie sich dann über Verstrickungen, aber auch über „Segenslinien“ im eigenen System austauschen. Im Rahmen eines Abendmahlsgottesdienstes konnten Einzelne sagen, für wen sie beten wollen. Andere Teilnehmerinnen und Teilnehmer unterstützten sie durch Fürbitte oder Segensworte. Die Rückmeldungen auf diesen Tag sind ermutigend.

Weil jeder etwas zu sagen hat – Thomasmesse und Bibliolog

324 Das Enneagramm entfaltet ein Bild von Gemeinschaft, die von der Vielfalt und der Ergänzung unterschiedlicher und sogar scheinbar gegensätzlicher Kräfte lebt. Wie kann dieses Bild von Gemeinschaft Gestalt annehmen und heilsame Energie entfalten? Das wichtigste neutestamentliche Bild von Kirche und Gemeinde ist das paulinische systemisch-organische Modell vom Leib und den Gliedern. Jedes Glied ist wichtig und bleibt dennoch auf das Zusammenspiel mit allen anderen angewiesen, damit es nicht abstirbt.

1988 entwickelte eine Gruppe von finnischen Christinnen und Christen aus unterschiedlichen Traditionen einen Gottesdienst für Großstadtmenschen, insbesondere für Kirchenferne und „Zweifler“, die wie der Apostel Thomas die Botschaft von der Auferstehung nicht unmittelbar glauben konnten, sondern sich nach einer persönlichen Begegnung und Erfahrung sehnten. Gleichzeitig sollte es ein Gottesdienst sein, bei dessen Gestaltung auch die aktiv Beteiligten, eine große Schar von „Laien“ und wenige „Profis“, Kraft tanken können. Die Initiatoren kreierten gleichsam den Gottesdienst, in den sie gern und freiwillig gehen würden und zu dem sie auch Kirchenferne einladen könnten, ohne rot zu werden: die Thomasmesse.

Das wichtigste neutestamentliche Bild von Kirche und Gemeinde ist das paulinische Modell vom Leib und den Gliedern.

In Skandinavien und im deutschsprachigen Raum gibt es inzwischen Hunderte von Thomasmessen, die bei allen Unterschieden gemeinsame Grundzüge haben: Sie finden in der Regel am Abend statt, dauern etwa zwei Stunden und enthalten neben einer Ansprache (meistens das Lebenszeugnis eines „Laien") und dem Abendmahl eine offene Gebetsphase von etwas 20 Minuten Dauer, in der die Besucherinnen und Besucher sich frei im Kirchenraum bewegen und je nach ihrem persönlichen Bedürfnis verschiedene Angebote wahrnehmen können.

Bei diesem „Gottesdienst für Zweifler und andere gute Christen" in der Münchner Lukaskirche ist es zum Beispiel möglich, Gebete und Fürbitten aufzuschreiben, von denen einige später zu Beginn des Abendmahls öffentlich gebetet werden. Man kann eine Kerze für sich oder einen Mitmenschen anzünden. Wer Schuld auf sich geladen hat, kann sich im Ritual der Handwaschung Vergebung zusprechen lassen. Besonders groß ist der Andrang an den Segnungsstationen: Dort kann man (mit oder ohne ausgesprochenem Anliegen) einen persönlichen Zuspruch empfangen, begleitet von Handauflegung und Salbung mit wohlriechendem Öl. Jeweils 20 bis 30 Menschen wirken aktiv mit, diskutieren im Vorfeld das Thema, kümmern sich um Begrüßung, (zeitgemäße) Musik, seelsorgerliche Gespräche, Segnung und die Austeilung des Abendmahls, zu dem alle

Der Bibliolog ist ein Weg,
die Schrift gemeinsam so auszulegen,
dass verschiedene Sichtweisen einander ergänzen
und befruchten können.

Suchenden eingeladen sind. Die Thomasmesse lebt vom intensiven Vorbereitungsprozess, von der Vielfalt der Gaben und davon, dass alle Teilnehmenden das eigene Maß von Distanz und Nähe selbst frei bestimmen können.

Anders als bei der herkömmlichen Predigt, bei der der Priester oder Pfarrer, exegetisch geschult, die Heilige Schrift monologisch auslegt und bei der seine Sichtweise, einschließlich seiner typenspezifischen Vorurteile und Vorlieben, das Ergebnis bestimmen, ist der *Bibliolog* ein Weg, die Schrift gemeinsam so auszulegen, dass verschiedene Sichtweisen einander ergänzen und befruchten können. „Erfunden“ wurde er von dem jüdischen US-Amerikaner *Peter Pitzele,* einem Nicht-Theologen, vor dem Hintergrund seiner psychodramatischen und literaturwissenschaftlichen Kenntnisse. Der Bibliolog entspricht der rabbinischen Auslegungsweise des *Midrasch,* nach der die Texte der Tora durch eine kreative Füllung ihrer Lücken ausgelegt werden können. Die rabbinische Hermeneutik unterscheidet zwischen dem „schwarzen Feuer“, dem Buchstabengehalt der biblischen Texte, und dem „weißen Feuer“, dem leeren Raum zwischen den Worten. Während das „schwarze Feuer“ feststeht, muss das „weiße Feuer“ ständig neu entfacht werden, ohne dass es jemals zu einer abschließenden und verbindlichen „Lehrmeinung“ kommt. So bleibt die Tradition im Fluss.

Die Teilnehmenden – eine Schulklasse, eine Sonntagsgemeinde, eine Jugendgruppe – versetzen sich beim Bibliolog in die biblischen Gestalten hinein. In diesen Rollen füllen sie das „weiße Feuer“ mit eigenen Ideen und gewinnen dadurch einen lebendigen Zugang zu dem „schwarzen Feuer“ des Textes. Lebensgeschichte und biblische Geschichte verweben sich miteinander und legen sich gegenseitig aus.

Die Bibliologin oder der Bibliologe führt zunächst kurz in die Methode ein und betont, dass es nicht um „richtig“ oder „falsch“ geht und dass niemand sich durch einen Wortbeitrag beteiligen *muss.* Dann liest der Leiter bzw. die Leiterin einen Satz oder einen kurzen Abschnitt aus einer biblischen Geschichte vor und weist der Gemeinde die Rollen der biblischen Gestalten zu und spricht die Menschen in dieser Rolle an, beispielsweise: „Du bist Petrus. Was geht in dir vor, wenn Jesus dich einlädt, das Schiff zu verlassen und auf dem Wasser zu ihm zu kommen? Nach der Antwort wiederholt der Leitende das Gesagte in eigenen Worten („Echo“). Durch diese Spiegelung hören die Teilnehmenden, ob und wie sie verstanden worden sind. Die Verlangsamung durch das Echo schafft Zeit, um das Gehörte nachklingen zu lassen.

Bei Enneagrammseminaren hat sich der Bibliolog hervorragend bewährt, um die Gruppe zum Sprechen zu bringen und die unterschiedlichen, typenspezifischen Färbungen

von Wahrnehmungen lebendig werden zu lassen. Die Geschichte von der Heilung der zehn Aussätzigen zum Beispiel ist geradezu prädestiniert dazu, enneagrammatisch-
 bibliologisch mit „weißem Feuer" erfüllt zu werden:

Als Jesus unterwegs war nach Jerusalem, zog er durch Samarien und Galiläa. Und als er in einen Markt kam, begegneten ihm zehn aussätzige Männer, die standen von ferne und erhoben die Stimme und sprachen: „Jesus, lieber Meister, erbarme dich unser!" Und da er sie sah, sprach er zu ihnen: „Geht und zeigt euch den Priestern!" Und noch während sie auf dem Weg waren, wurden sie rein. Einer aber unter ihnen, als er sah, dass er geheilt war, kehrte um und pries Gott mit lauter Stimme und fiel auf sein Angesicht zu seinen Füßen und dankte ihm. Und das war ein Samariter. Jesus aber sprach: „Sind nicht zehn rein geworden? Wo sind aber die neun? Hat sich sonst keiner gefunden, der wieder umkehrte, um Gott die Ehre zu geben, als dieser Fremdling?" Und er sprach zu ihm: „Stehe auf, geh hin; dein Glaube hat dir geholfen." (Lukas 17,11-19)

Bei Enneagrammkursen habe ich die Teilnehmenden gebeten, sich für diesen Bibliolog in neun musterspezifische Gruppen zu setzen. Zunächst bat ich sie, sich in die Situation der Aussätzigen hineinzuversetzen. Dann sollten sie in die Rolle Jesu schlüpfen. Schon bei diesen ersten beiden Impulsen wurde klar, wie unterschiedlich die „Aus-

Im Ja zum Leben werden die Abwehrmechanismen und Notlösungen überflüssig. Dankbarkeit und Versöhntheit sind Indizien der Freiheit.

sätzigen" je nach Muster ihre Situation wahrnehmen, aber auch, welch unterschiedliche Aspekte Jesu sie empfinden und ausdrücken. Am eindrucksvollsten aber war die Frage an die neun Muster, weshalb sie nicht umgekehrt sind, um sich zu bedanken. EINSer wollten das aufarbeiten, was durch die Krankheit liegen geblieben war, ZWEIer fühlten sich zu Hause gebraucht, DREIer wollten sich an die Presse wenden und die Sensation publik machen, SECHSer trauten dem Frieden noch nicht, NEUNer dachten, das Danken wäre nicht so wichtig, das würden sicher andere stellvertretend übernehmen usw. Danach sollten sich alle in den dankbaren Samariter und in seine Motive zur Umkehr hineinfühlen. Auch hier gab es eine große Bandbreite von Antworten. Die VIER wollte den Dank auf ganz besondere Weise ausdrücken, der FÜNF war klar, dass Dank eine selbstverständliche Form der Höflichkeit ist, die SIEBEN wollte ein Fest feiern und Jesus einladen, die ACHT war so beeindruckt von der Vollmacht Jesu, dass sie sein Jünger werden wollte. In gewisser Weise wurde aber auch klar: Der Zehnte, der Samariter, lässt die Fixierung seines Musters hinter sich, er fällt gleichsam aus dem Rahmen. Denn wo sich das Grundgefühl der Dankbarkeit einstellt, löst sich die Fixierung. Im Ja zum Leben werden die Abwehrmechanismen und Notlösungen überflüssig. Dankbarkeit und Versöhntheit sind Indizien der Freiheit – nicht nur für ZWEIer.

Der spirituelle Weg mit dem Enneagramm – Neun Hinweise

1. Der spirituelle Weg beginnt mit dem Leib. Körperwahrnehmung ist der Anfang der Heilung und Verwandlung. Ausreichend Schlaf, gesunde Ernährung, genügend Bewegung und Körperübung erden uns und verhindern pseudospirituelles Abheben.
2. Das typologische Enneagramm lädt ein zu einer schonungslosen Bilanz. Es stößt uns auf unseren Schatten, unsere Abhängigkeit und Begrenztheit. Um sie zu sehen, brauchen wir einen gewissen Abstand zu unseren mechanischen Verhaltensweisen („innerer Beobachter").
3. Die Identifizierung mit einem der neun Muster dient paradoxerweise der Desidentifizierung. Ich *bin* kein Muster, sondern ich agiere ein Muster aus. Unsere wahre und originelle Persönlichkeit ist nicht fixiert.
4. Gute spirituelle Lektüre, der aufrichtige Austausch mit anderen und die regelmäßige Sammlung in Gebet und Meditation können zur Klärung und Sammlung beitragen. Übungen wie Exerzitien, Meditation oder das Pilgern unterstützen den Prozess der Selbstwerdung ebenso wie verbindliche Beziehungen in Partnerschaft, Familie und Gemeinschaft.
5. Lebenskrisen sind Einladungen, die falsche Person abzulegen und in die echte Person hineinzuwachsen. Dabei wird es Rückfälle geben. Deshalb bedarf es immer wieder des Entschlusses, den Schritt vom unbewussten Ge-

triebenwerden zum bewussten Handeln zu tun, und der Bereitschaft, sich Unterstützung zu suchen.

6. Die spirituelle Entwicklung verläuft spiralförmig und umfasst jeweils die leibliche, psychisch-seelische und geistliche Dimension.
7. Indizien der Befreiung sind Momente der Gelassenheit, Dankbarkeit, Aufrichtigkeit, der inneren Balance, der Fähigkeit zu Distanz und Nähe, des Vertrauens, der Freude, der Klarheit und einer engagierten Liebe, die niemanden verurteilt – auch sich selbst nicht. Dazu gehört auch das Einwilligen in die eigene Endlichkeit und den Tod.
8. Spirituell gereifte Menschen können sich relativieren und als Teil des Ganzen sehen anstatt als Mittelpunkt des Kosmos. Gleichzeitig sind sie bereit, den eigenen Platz im Kosmos einzunehmen und so verantwortlich zur Heilung des Ganzen beizutragen. Das Symbol des Enneagramms unterstützt diese Wahrnehmung.
9. Erlösung ist nicht machbar, sondern ein Geschenk Gottes, das darauf wartet, empfangen und „ausgepackt" zu werden. Unser eigener Beitrag besteht darin, dass wir uns ausrichten auf das Wesentliche und bereit sind, die Schmerzen und Freuden des Prozesses anzunehmen.

Literatur

Zum Enneagramm (in Auswahl)

Almaas, A. H.: Facetten der Einheit. Das Enneagramm der Heiligen Ideen, Bielefeld 2004

Bartels, Johannes: „mitten in die Seele hinein". Das Enneagramm im Kontext religiöser Erwachsenenbildung, Münster 2003

Beesing, Maria/Nogosek, Robert J./O'Leary Patrick H.: Das wahre Selbst entdecken. Eine Einführung in das Enneagramm, Würzburg 1992

Böschemeyer, Uwe: Das heitere Enneagramm, Hamburg 2002

Böschemeyer, Uwe: Vom Typ zum Original. Die neun Gesichter der Seele und das eigene Gesicht, Laar 1994

Ebert, Andreas u.a.: Erfahrungen mit dem Enneagramm. Sich selbst und Gott begegnen, München 1991

Gallen, Maria-Anne/Neidhardt, Hans: Das Enneagramm unserer Beziehungen. Verwicklungen, Wechselwirkungen, Entwicklungen, Hamburg 1994

Hurley, Kathleen V./Dobson, Theodore E.: Wer bin ich? Persönlichkeitsfindung mit dem Enneagramm, Freiburg 1994

Jaxon-Bear, Eli: Die neun Zahlen des Lebens. Das Enneagramm – Charakterfixierung und spirituelles Wachstum, München 1992

Jaxon-Bear, Eli: Das spirituelle Enneagramm. Neun Pfade der Befreiung, München 2001
Kohlhoff, Arno: Das Typenmodell und das Prozessmodell – Integration beider Sichtweisen, EnneaForum 33, 2008, 38ff.
Küstenmacher, Marion: Das Enneagramm der Weisheit. Spirituelle Schätze aus drei Jahrtausenden, München 1996
Küstenmacher, Werner/Seiwert, Lothar J.: Simplify Your Life, Frankfurt/Main 2004 (mit Kurzeinführung ins Enneagramm)
Maitri, Sandra: Neun Porträts der Seele. Die spirituelle Dimension des Enneagramms, Bielefeld 2001
Naranjo, Claudio: Erkenne dich selbst im Enneagramm. Die neun Typen der Persönlichkeit, München 1994
Naranjo, Claudio: Das Enneagramm der Gesellschaft. Die Übel der Welt, das Übel der Seele, Petersberg 1998
Ouspensky, Piotr Demianowitsch: Auf der Suche nach dem Wunderbaren. Perspektiven der Welterfahrung und Selbsterkenntnis, Bern/München/Wien 1966 (Hinweise auf Gurdjieffs Enneagrammlehre)
Palmer, Helen: Das Enneagramm. Sich selbst und andere verstehen, München 1991
Palmer, Helen: Das Enneagramm in Liebe und Arbeit, München 1995
Riso, Don Richard: Die neun Typen der Persönlichkeit und das Enneagramm, München 1989

Riso, Don Richard/Hudson, Russ: Die Weisheit des Enneagramms. Entdecken Sie Ihren inneren Reichtum, München 2000
Rohr, Richard/Ebert, Andreas: Das Enneagramm. Die neun Gesichter der Seele, München 1989
Rohr, Richard: Enneagram II. Advancing Spiritual Discernment, New York 1995
Schulz, Michael Th.: Enneagramm, Spiritualität und Theologie der Zukunft, Neukirchen 2006
Schwartz, Tony: Was wirklich zählt. Auf der Suche nach Weisheit und Lebenssinn heute, München 1996
Vollmar, Klausbernd: Das Enneagramm. Praktische Lebensbewältigung mit Gurjieffs Typenlehre, München 1993
Zink, Ludwig: Das Phänomen der Achtsamkeit im persönlichen Beratungsgespräch. Eine Anleitung zum Umgang mit dem Prozessmodells des Enneagramms, Diplomarbeit, Zumikon, Februar 2007
Zuercher, Suzanne: Neun Wege zur Ganzheit. Die Spiritualität des Enneagramms, Freiburg 1995
Zuercher, Suzanne: Spirituelle Begleitung. Das Enneagramm in Seelsorge, Beratung und Therapie, München 1999

Evagrius und die Tradition der Wüstenväter

Bunge, Gabriel: Drachenwein und Engelsbrot. Die Lehre des Evagrios Pontikos von Zorn und Sanftmut, Würzburg 1999

Bunge, Gabriel: Akedia. Die geistliche Lehre des Evagrios Pontikos vom Überdruß, Würzburg 1995

Bunge, Gabriel: Evagrios Pontikos: Praktikos oder Der Mönch. Hundert Kapitel über das geistliche Leben, Köln 1989

Evagrius Pontikos: Briefe aus der Wüste, übersetzt und eingeleitet von Gabriel Bunge, Trier 1986

Evagrius Pontikos: Praktikos und über das Gebet, übersetzt und eingeleitet von John Eudes Bamberger, Münsterschwarzach 1986

Evagrius Pontikos: Über die acht Gedanken, übersetzt und eingeleitet von Gabriel Bunge, Würzburg 1992

Grün, Anselm: Der Himmel beginnt in dir. Das Wissen der Wüstenväter für heute, Freiburg 1999

Grün, Anselm: Der Umgang mit dem Bösen. Der Dämonenkampf im alten Mönchtum, Münsterschwarzach 1980

Grün, Anselm: Einreden. Der Umgang mit den Gedanken, Münsterschwarzach 1982

Grün, Anselm: Gebet und Selbsterkenntnis, Münsterschwarzach 1984

Grün, Anselm: Geistliche Begleitung bei den Wüstenvätern, Münsterschwarzach 1991
Miller, Bonifaz (Übersetzung): Weisung der Väter. Apophtegmata Patrum, Trier 1986

Mystik

Küstenmacher, Marion/Louis, Hildegard: Mystik für Kinder, München 2004
Küstenmacher, Marion: Vom Zauber der Blumen und einfachen Dinge, München 2004
Leppin, Volker: Die christliche Mystik, München 2007
Nigg, Walter: Heimliche Weisheit. Mystisches Leben in der evangelischen Christenheit, Zürich 2000
Reschika, Richard: Praxis christlicher Mystik. Einübungen – von den Wüstenvätern bis zur Gegenwart, München 2007
Sölle, Dorothee: Mystik und Widerstand. „Du stilles Geschrei", Hamburg 1997
Wehr, Gerhard: Europäische Mystik, Wiesbaden 2005
Wehr, Gerhard: Die deutsche Mystik, Köln 2008
Zink, Jörg: Die goldene Schnur, Anleitung zu einem inneren Weg, Stuttgart 1999
Zink, Jörg: Dornen können Rosen tragen. Mystik – die Zukunft des Christentums, Stuttgart 1987
Zink, Jörg: Jesus, Meister der Spiritualität, Freiburg 2001

Spiritualität, Exerzitien, Kontemplation

Ebert, Andreas: Auf Schatzsuche. Zwölf Expeditionen ins Innere des Christentum, München 1998

Enomiya-Lassalle, Hugo M.: Zazen und die Exerzitien des heiligen Ignatius. Einübung in das wahre Dasein, Köln 1982

Grün, Anselm/Stutz, Pierre/Jäger, Willigis/Ruppert, Fidelis: Sich dem Geheimnis öffnen. Texte zu Mystik und Kontemplation, Münsterschwarzach 2007

Haberer, Tilmann: Die Thomasmesse, München 2000

Herwartz, Christian: Auf nackten Sohlen. Exerzitien auf der Straße, Würzburg 2006

Ignatius von Loyola: Geistliche Übungen, Würzburg 1998

Jalics, Franz: Kontemplative Exerzitien. Eine Einführung in die kontemplative Lebenshaltung und in das Jesusgebet, Würzburg 2001

Jalics, Franz: Der kontemplative Weg, Würzburg 2006

Koller, Dietrich: Heilige Anarchie. Eine Streitschrift gegen die Ämterherrschaft in den Kirchen für das Charisma der Leitung und die Chance der Laien, München 1999

May, Gerald: Sehnsucht, Sucht und Gnade, München 1993

McAll, Kenneth: Familienschuld und Heilung, Salzburg 1991

Pohl-Patalong, Uta: Bibliolog. Gemeinsam die Bibel entdecken, Stuttgart 2005

Rohr, Richard: Von der Freiheit loszulassen. Letting Go, München 2000

Rohr, Richard: Wer loslässt, wird gehalten. Das Geschenk des kontemplativen Gebets, München 2001

Steffensky, Fulbert: Schwarzbrot-Spiritualität, Stuttgart 2006

Stutz, Pierre: Verwundet bin ich und aufgehoben. Für eine Spiritualität der Unvollkommenheit, München 2003

Ware, Kallistos/Jungclaussen, Emmanuel: Hinführung zum Herzensgebet, Freiburg 2004

Wilber, Ken: Integrale Spiritualität. Spirituelle Intelligenz rettet die Welt, München 2007